Henri Pirenne (1862-1935)

Mahomet et Charlemagne

(1937)

HENRI PIRENNE (1862-1935)

Mahomet et Charlemagne

1ᵉ édition Bruxelles, 1937.

Publié par Omnia Veritas Ltd

www.omnia-veritas.com

PREMIÈRE PARTIE
L'EUROPE OCCIDENTALE AVANT L'ISLAM 7

CHAPITRE I
Continuation de la civilisation méditerranéenne en Occident après les invasions germaniques 9
- I. La « *Romania* » avant les Germains 9
- II. Les invasions 12
- III. Les Germains dans la « *Romania* » 27
- IV. Les États germaniques en Occident 40
- V. Justinien (527-565) 59

CHAPITRE II
La situation économique et sociale après les invasions et la navigation méditerranéenne 75
- I. Les personnes et les terres 75
- II. La navigation orientale. Syriens et Juifs 82
- III. Le commerce intérieur 101
- IV. La monnaie et la circulation monétaire 114

CHAPITRE III
La vie intellectuelle après les invasions 127
- I. La tradition antique 127
- II. L'Église 133
- III. L'art 140
- IV. Caractère laïque de la société 148
- Conclusion 152

DEUXIEME PARTIE
L'ISLAM ET LES CAROLINGIENS 159

CHAPITRE I
L'expansion de l'islam dans la méditerranée 161
- I. L'invasion de l'Islam 161
- II. La fermeture de la Méditerranée occidentale 180

III. Venise et Byzance 192

CHAPITRE II
Le coup d'état carolingien et la volte-face du pape ... 205
   I. La décadence mérovingienne 205
   II. Les maires du palais carolingien 223
   III. L'Italie, le pape et Byzance 232
   La volte-face de la papauté 232
   IV. Le nouvel Empire 248

CHAPITRE III
Les débuts du moyen age *261*
   I. L'organisation économique et sociale 261
   II. L'organisation politique 294
   III. La civilisation intellectuelle 304
   Conclusion 315

Carte I. *317*
Carte II *318*
Carte III *319*

Première Partie

L'Europe Occidentale

Avant l'Islam

HENRI PIRENNE

CHAPITRE I

CONTINUATION DE LA CIVILISATION MÉDITERRANÉENNE EN OCCIDENT APRÈS LES INVASIONS GERMANIQUES

I. LA « *ROMANIA* » AVANT LES GERMAINS

De tous les caractères de cette admirable construction humaine que fut l'Empire romain[1], le plus frappant et aussi le plus essentiel est son caractère méditerranéen. C'est par là que, quoique grec à l'Orient, latin à l'Occident, son unité se communique à l'ensemble des provinces. La mer, dans toute la force du terme la *Mare nostrum*, véhicule des idées, des religions, des marchandises[2]. Les provinces du Nord, Belgique, Bretagne, Germanie, Rhétie, Norique, Pannonie, ne sont que des glacis avancés contre la barbarie. La vie se concentre au bord du grand lac. Il est indispensable à l'approvisionnement de Rome en blés d'Afrique. Et il est d'autant plus bienfaisant que la navigation y est absolument en sécurité, grâce à la disparition séculaire de la piraterie. Vers lui converge aussi, par les routes, le mouvement de toutes les provinces. A mesure qu'on s'écarte de la mer, la civilisation se fait plus raréfiée. La dernière grande ville du Nord est Lyon. Trèves ne dut sa grandeur qu'à son rang

---

[1] C'est au IVe siècle qu'apparait le mot *Romania* pour désigner tous les pays conquis par Rome. Eug. ALBERTINI, *L'Empire romain*, dans la collection « Peuples et civilisations », publiée sous la direction de L. HALPHEN et Ph. SAGNAC, t. IV, Paris, 1929, p. 388. Cf. le compte rendu par A. GRENIER, de Holland ROSE, *The Mediterranean in the ancient world*, 2e éd., 1934, *Revue historique*, t. 173, 1934, p. 194.

[2] C'est elle qui, sans doute, a empêché la diarchie après Théodose de donner lieu à deux empires.

de capitale momentanée. Toutes les autres villes importantes, Carthage, Alexandrie, Naples, Antioche, sont sur la mer ou près de la mer.

Ce caractère méditerranéen s'affirme davantage depuis le IVe siècle, car Constantinople, la nouvelle capitale, est, avant tout, une ville maritime. Elle s'oppose à Rome, qui n'est que consommatrice, par sa nature de grand entrepôt, de fabrique, de grande base navale. Et son hégémonie est d'autant plus grande que l'Orient est plus actif ; la Syrie est le point d'arrivée des voies qui mettent l'Empire en rapport avec l'Inde et la Chine ; par la mer Noire, elle correspond avec le Nord.

L'Occident dépend d'elle pour les objets de luxe et les fabricats.

L'Empire ne connaît ni Asie, ni Afrique, ni Europe. S'il y a des civilisations diverses, le fond est le même partout. Mêmes murs, mêmes coutumes, mêmes religions sur ces côtes qui, jadis, ont connu des civilisations aussi différentes que l'Égyptienne, la Tyrienne, la Punique.

C'est en Orient que se concentre la navigation[3]. Les Syriens, ou ceux qu'on appelle ainsi, sont les routiers des mers. Par eux le papyrus, les épices, l'ivoire, les vins de luxe se répandent jusqu'en Bretagne. Les étoffes précieuses arrivent d'Égypte tout comme les herbes pour ascètes[4]. Il y a partout des colonies de Syriens. Marseille est un port à moitié grec.

---

[3] Cette suprématie de l'Orient, depuis le IIIe siècle (mais déjà avant), est mise en relief par BRATIANU, dans son article : La distribution de l'or et les raisons économiques de la division de l'Empire romain, *Istros, Revue roumaine d'archéologie et d'histoire ancienne*, t. I, 1934, fasc. 2. Il y voit le point de départ de la séparation de l'Occident et de l'Orient que l'Islam achèvera. Cf. aussi l'étude de PAULOVA sur L'Islam et la civilisation méditerranéenne, dans les *Vestnik ceské Akademie* (*Mémoires de l'Académie tchèque*), Prague, 1934.

[4] P. PERDRIZET, Scété et Landevenec, dans *Mélanges N. Jorga*, Paris, 1933, p. 145.

En même temps que ces Syriens, se rencontrent des Juifs, éparpillés ou plutôt, groupés, dans toutes les villes. Ce sont des marins, des courtiers, des banquiers dont l'influence a été aussi essentielle dans la vie économique du temps que l'influence orientale qui se décèle à la même époque dans l'art et dans les idées religieuses. L'ascétisme est arrivé d'Orient en Occident par la mer comme, avant lui, le culte de Mithra et le christianisme.

Sans Ostie, Rome est incompréhensible. Et si, d'autre part, Ravenne est devenue la résidence des empereurs *in partibus occidentis*, c'est à cause de l'attraction de Constantinople.

Par la Méditerranée l'Empire forme donc, de la manière la plus évidente, une unité économique. C'est un grand territoire avec des péages, mais sans douanes. Et il bénéficie de l'avantage immense de l'unité monétaire, le sou d'or constantinien, pièce de 4,55 g d'or fin, ayant cours partout[5].

On sait que, depuis Dioclétien, il y a eu un fléchissement économique général. Mais il paraît certain que le IVe siècle a connu un redressement et une plus active circulation monétaire.

Pour assurer la sécurité de cet Empire entouré de Barbares, il a suffi, pendant longtemps, de la garde des légions aux frontières le long du Sahara, sur l'Euphrate, sur le Danube, sur le Rhin. Mais derrière la digue, l'eau s'accumule. Au IIIe siècle, les troubles civils aidant, il y a des fissures, puis des brèches. De toutes parts, c'est une irruption de Francs, d'Alamans, de Goths qui pillent la Gaule, la Rhétie, la Pannonie, la Thrace, descendent même jusqu'en Espagne.

Le coup de balai des empereurs illyriens refoule tout cela et rétablit la frontière. Mais du côté des Germains, il ne suffit plus

---

[5] ALBERTINI, *op. cit.*, p. 365.

du *limes*, il faut maintenant une résistance en profondeur. On fortifie les villes de l'intérieur, ces villes, qui sont les centres nerveux de l'Empire. Rome et Constantinople deviennent deux places fortes modèles.

Et il n'est plus question de se fermer aux Barbares. La population diminue, le soldat devient un mercenaire. On a besoin des Barbares pour le travail des champs et pour la troupe. Ceux-ci ne demandent pas mieux que de s'embaucher au service de Rome. Ainsi, l'Empire, sur ses frontières, se germanise par le sang, mais non pour le reste, car tout ce qui y pénètre se romanise[6]. Tous ces Germains qui y entrent, c'est pour le servir en en jouissant. Ils ont pour lui le respect des Barbares pour le civilisé. À peine y sont-ils qu'ils adoptent sa langue, et aussi sa religion, c'est-à-dire le christianisme, depuis le IVe siècle ; et en se christianisant, en perdant leurs dieux nationaux, en fréquentant les mêmes églises, ils se confondent peu à peu avec la population de l'Empire.

Bientôt l'armée presque tout entière sera composée de Barbares et beaucoup d'entre eux, tels le Vandale Stilicon, le Goth Gaïnas ou le Suève Ricimer y feront carrière[7].

II. LES INVASIONS

C'est au cours du Ve siècle, on le sait, que l'Empire romain a perdu ses parties occidentales au profit des Barbares germaniques.

---

[6] Cependant, en 370 ou 375 (?), une loi de Valentinien et Valens interdit les mariages entre *provintiales* et *gentiles*, sous peine de mort (*Code Theod.*, III, 14, 1). Cf. F. LOT, *Les invasions germaniques*, Paris, 1935 (Bibl. hist.), p. 168.

[7] ALBERTINI, *op. cit.*, p. 412 ; F. LOT, PFISTER et GANSHOF, *Histoire du Moyen Age*, t. I, p. 79-90, dans l' « Histoire générale », publiée sous la direction de G. GLOTZ. Déjà sous Théodose, Arbogast est maître des soldats. Cf. LOT, *ibid.*, p. 22.

Ce n'est pas la première fois qu'il avait été attaqué par eux. La menace était ancienne et c'est pour y parer que la frontière militaire Rhin-*limes*-Danube avait été établie. Elle avait suffi à défendre l'Empire jusqu'au IIIe siècle ; mais après la première grande ruée des Barbares, il avait fallu renoncer à la belle confiance de jadis, adopter une attitude défensive, réformer l'armée en affaiblissant les unités pour les rendre plus mobiles et la constituer finalement presque entièrement de mercenaires Barbares[8].

Grâce à cela, l'Empire s'est encore défendu pendant deux siècles.

Pourquoi finalement a-t-il cédé ?

Il avait pour lui ses forteresses, contre lesquelles les Barbares étaient impuissants, ses routes stratégiques, la tradition d'un art militaire plusieurs fois séculaire, une diplomatie consommée qui savait diviser et acheter les ennemis — ce fut un des côtés essentiels de la résistance — et l'incapacité de ses agresseurs à s'entendre. Il avait surtout pour lui la mer dont on verra le parti qu'il sut tirer jusqu'à l'établissement des Vandales à Carthage.

Je sais bien que la différence d'armement entre l'Empire et les Barbares n'était pas ce qu'elle serait aujourd'hui, mais tout de même la supériorité romaine était éclatante contre des gens sans intendance, sans discipline apprise. Les Barbares avaient sans doute la supériorité du nombre, mais ils ne savaient pas se ravitailler : qu'on se souvienne des Wisigoths mourant de faim en Aquitaine après avoir vécu sur le pays, et d'Alaric en Italie !

Mais l'Empire avait contre lui — outre l'obligation d'avoir des armées sur ses frontières d'Afrique et d'Asie pendant qu'il devait faire front en Europe — les troubles civils, les

---

[8] ALBERTINI, *op. cit.*, p. 332.

usurpateurs nombreux qui n'hésitaient pas à s'entendre avec les Barbares, les intrigues de cour qui, à un Stilicon, opposaient un Rufin, la passivité des populations incapables de résistance, sans esprit civique, méprisant les Barbares, mais prêtes à en subir le joug. Il n'y avait donc pas l'appoint, pour la défense, de la résistance morale, ni chez les troupes, ni à l'arrière. Heureusement, il n'y avait pas non plus de forces morales du côté de l'attaque. Rien n'animait les Germains contre l'Empire, ni motifs religieux, ni haine de race, ni moins encore de considérations politiques. Au lieu de le haïr, ils l'admiraient. Tout ce qu'ils voulaient, c'était s'y établir et en jouir. Et leurs rois aspiraient aux dignités romaines. Rien de semblable au contraste que devaient présenter plus tard Musulmans et Chrétiens. Leur paganisme ne les excitait pas contre les dieux romains et il ne devait pas les exciter davantage contre le Dieu unique. Dès le milieu du Ve siècle, un Goth, Ulfila, converti à Byzance à l'arianisme, l'avait transporté chez ses compatriotes du Dniéper qui l'avaient eux-mêmes introduit chez d'autres Germains, Vandales et Burgondes[9]. Hérétiques sans le savoir, leur christianisme les rapprochait néanmoins des Romains.

Ces Germains orientaux n'étaient pas, d'autre part, sans initiation à la civilisation. Descendus au bord de la mer Noire, les Goths étaient entrés en contact avec l'ancienne culture gréco-orientale des Grecs et Sarmates de Crimée ; ils y avaient appris cet art ornemental, cette orfèvrerie chatoyante qu'ils devaient répandre en Europe sous le nom d'*Ars barbarica*.

La mer les avait mis en rapport avec le Bosphore où venait en 330 de se fonder Constantinople, la nouvelle grande ville, sur l'emplacement de la grecque Byzance (11 mai 330)[10]. C'est d'elle, qu'avec Ulfila, leur était venu le christianisme, et il faut certainement admettre qu'Ulfila ne fut pas le seul d'entre eux

---

[9] L. HALPHEN, *Les Barbares*, dans « Peuples et civilisations », t. V, 1926, p. 74.

[10] ALBERTINI, *op. cit.*, p. 359.

qui fut attiré par la brillante capitale de l'Empire. Le cours naturel des choses les destinait à subir par la mer l'influence de Constantinople comme, plus tard, devaient la subir les Varègues.

Ce ne fut pas spontanément que les Barbares se jetèrent sur l'Empire. Ils y furent poussés par la ruée hunnique qui devait ainsi déterminer toute la suite des invasions. Pour la première fois, l'Europe devait ressentir, à travers l'immense trouée de la plaine sarmate, le contrecoup des chocs de populations dans l'extrême Asie.

L'arrivée des Huns refoula les Goths sur l'Empire. Il semble que leur manière de combattre, leur aspect peut-être, leur nomadisme si terrible pour les sédentaires, les aient rendus invincibles[11].

Les Ostrogoths défaits furent rejetés sur la Pannonie, et les Wisigoths fuirent sur le Danube. C'était en 376, en automne. Il fallut les laisser passer. Combien étaient-ils[12] ? Impossible de rien préciser. L. Schmidt suppose 40000 âmes dont 8 000 guerriers[13].

Ils franchirent la frontière avec leurs ducs, comme un peuple, du consentement de l'empereur, qui les reconnut comme fédérés obligés de fournir des recrues à l'armée romaine.

C'est là un fait nouveau d'une extrême importance. Avec eux, un corps étranger entre dans l'Empire. Ils conservent leur droit national. On ne les divise pas, mais on les laisse en groupe

---

[11] On verra sur le nomadisme les excellentes remarques de F. GAUTIER, *Genséric, roi des Vandales*, Paris, 1932, *in fine*.

[12] F. DAHN, *Die Könige der Germanen*, t. VI, 1871, p. 50.

[13] L. SCHMIDT, *Geschichte der deutschen Stämme bis zum Ausgang der Völkerwanderung. Die Ostgermanen*, 2ᵉ éd., Munich, 1934, p. 400-403.

compact. C'est une opération bâclée. On ne leur a pas assigné de terre et, installés dans de mauvaises montagnes, ils se révoltent dès l'année suivante (377). Ce qu'ils convoitent, c'est la Méditerranée, vers laquelle ils déferlent.

Le 9 août 378, à Andrinople, l'empereur Valens, battu, est tué. Toute la Thrace est pillée, sauf les villes que les Barbares ne peuvent prendre. Ils viennent jusque sous Constantinople qui leur résiste, comme plus tard elle résistera aux Arabes.

Sans elle, les Germains pouvaient s'installer aux bords de la mer et toucher ainsi le point vital de l'Empire. Mais Théodose les en éloigne. En 382, il les établit en Mésie après les avoir vaincus. Mais ils continuent à y former un peuple. Ils ont remplacé durant la guerre, et sans doute pour des motifs militaires, leurs ducs par un roi : Alaric. Rien de plus naturel qu'il ait voulu s'étendre et risquer la prise de Constantinople qui le fascine. Il ne faut pas voir là, comme le fait L. Schmidt, sur la foi d'Isidore de Séville (!)[14], une tentative de constituer en Orient un royaume national germanique. Quoique leur nombre ait dû être considérablement augmenté par des arrivages d'au-delà du Danube, le caractère germanique des Goths s'est déjà bien affaibli par l'appoint des esclaves et des aventuriers qui sont venus se joindre à eux.

Contre eux, l'Empire n'a pris aucune précaution, si ce n'est sans doute la loi de Valentinien et Valens, de 370 ou 375, défendant sous peine de mort le mariage entre Romains et Barbares. Mais, en empêchant ainsi leur assimilation par la population romaine, il les a maintenus à l'état de corps étranger dans l'Empire et a contribué probablement à les jeter dans de nouvelles aventures.

Trouvant le champ libre devant eux, les Goths pillent la Grèce, Athènes, le Péloponnèse. Stilicon, par mer, va les combattre et

---

[14] L. SCHMIDT, *op. cit.*, p. 426.

les refoule en Épire. Ils restent dans l'Empire cependant et Arcadius les autorise à s'installer, toujours comme fédérés, en Illyrie ; espérant sans doute ainsi le soumettre à l'autorité de l'empereur, il décore Alaric du titre de *Magister militum per Illyricum*[15]. Voilà du moins les Goths écartés de Constantinople. Mais proches de l'Italie qui n'a pas encore été ravagée, ils s'y lancent en 401. Stilicon les bat à Pollenza et à Vérone et les refoule en 402. D'après L. Schmidt, Alaric aurait envahi l'Italie, pour la réalisation de ses « plans universels ». Il suppose donc qu'avec les 100000 hommes, qu'il lui prête, il aurait eu l'idée de substituer à l'Empire romain un Empire germanique.

En réalité, c'est un condottiere qui cherche son profit. Il a si peu de convictions qu'il se met à la solde de Stilicon moyennant 4 000 livres d'or, pour agir contre cet Arcadius avec lequel il a traité.

L'assassinat de Stilicon vient à point pour ses affaires. Avec son armée grossie d'une grande partie des troupes de ce dernier, il reprend en 408 le chemin de l'Italie[16]. Déjà en Alaric, le Barbare se mue en un intrigant militaire romain. En 409, Honorius refusant de traiter avec lui, il fait proclamer empereur le sénateur Priscus Attalus[17], qui le hausse au grade supérieur de *Magister utriusque militiae praesentialis*. Puis, pour se rapprocher d'Honorius, il trahit sa créature. Mais Honorius ne veut pas devenir un second Attalus. Alors Alaric pille Rome dont il s'empare par surprise et ne la quitte qu'en emmenant avec lui Galla Placidia, sœur de l'empereur. Sans doute va-t-il retourner dès lors contre Ravenne ? Au contraire. Il s'enfonce vers le sud de l'Italie qui reste à piller, comptant de là passer en Afrique, le

---

[15] L. HALPHEN, *op. cit.*, p. 16.

[16] Alaric voudrait bien s'arrêter, mais il ne le peut pas ; il lui faudrait l'autorisation de l'empereur et celui-ci se garde bien de laisser les Barbares disposer de l'Italie, pas plus qu'en Orient on ne les a laissés disposer de la Thrace.

[17] F. LOT, PFISTER et GANSHOF, *Histoire du Moyen Age* (coll. Glotz), t. I, p. 35.

grenier de Rome et la plus prospère des provinces occidentales. C'est toujours une marche de pillages pour vivre. Alaric ne devait pas atteindre l'Afrique ; il mourut à la fin de l'année 410. Ses funérailles, dans le Busento, furent celles d'un héros d'épopée[18].

Son beau-frère Athaulf, qui lui succède, reprend le chemin du Nord. Après quelques mois de pillage, il marche vers la Gaule où l'usurpateur Jovin vient de prendre le pouvoir. À tout prix, il lui faut un titre romain. Brouillé avec Jovin, qui sera tué en 413[19], éconduit par Honorius qui reste inébranlable, il épouse en 414 à Narbonne la belle Placidia, qui fait de lui le beau-frère de l'empereur. C'est alors qu'il aurait prononcé la fameuse phrase rapportée par Orose[20] : « J'ai d'abord désiré avec ardeur effacer le nom même des Romains et changer l'Empire romain en Empire gothique. La *Romania,* comme on dit vulgairement, serait devenue *Gothia* ; Athaulf eût remplacé César Auguste. Mais une expérience prolongée m'a appris que la barbarie effrénée des Goths était incompatible avec les lois. Or, sans lois il n'y a pas d'État *(respublica).* J'ai donc pris le parti d'aspirer à la gloire de restaurer dans son intégrité et d'accroître le nom romain grâce à la force gothique. J'espère passer à la postérité comme le restaurateur de Rome, puisqu'il m'est impossible de la supplanter »[21].

---

[18] Voy. C. DAWSON, *The Making of Europe* (New York, 1932), trad. franç. *Les origines de l'Europe* (Paris, 1934), p. 110.

[19] F. LOT, PFISTER et GANSHOF, *Histoire du Moyen Age* (coll. Glotz), t. I, p. 43.

[20] OROSE, *Adversus Paganos,* VII, 43, éd. K. Zangemeister, 1882, p. 560. L. SCHMIDT, *op. cit.*, p. 453, attribue à Athaulf l'idée d'une *antirömische, nationalgotische Politik.* E. STEIN, *Geschichte des Spätrömischen Reiches,* t. I, 1928, p. 403, ne dit pas un mot de ceci mais il observe qu'Athaulf donne, depuis son mariage, une allure *Römerfreundlich* à sa politique.

[21] F. LOT, PFISTER et GANSHOF, *Histoire du Moyen Age,* t. I, p. 44. C'est certainement, sur ce mot célèbre que L. Schmidt bâtit sa thèse du « Germanisme » d'Athaulf. Mais si Athaulf a pensé à substituer à l'Empire un État « Gothique » il ne dit pas « un état d'esprit germanique » ; en fait, c'eût été un Empire romain dont lui

C'était une avance à Honorius. Mais l'empereur, inébranlable, refuse de traiter avec un Germain qui, de Narbonne, peut prétendre dominer la mer.

Alors Athaulf, incapable de se faire conférer à lui-même la dignité impériale, refait Attalus empereur d'Occident, pour reconstruire l'Empire avec lui.

Le malheureux est cependant forcé de continuer ses razzias, car il meurt de faim. Honorius ayant fait bloquer la côte, il passe en Espagne, se dirigeant peut-être vers l'Afrique, et y meurt assassiné en 415 par un des siens, recommandant à son frère Wallia de rester fidèle à Rome.

Affamé lui aussi en Espagne par le blocus des ports, Wallia cherche à passer en Afrique, mais est rejeté par une tempête. L'Occident est, à ce moment, dans un état désespéré. En 406, les Huns, avançant toujours, avaient poussé devant eux, au-delà du Rhin cette fois, les Vandales, Alains, Suèves et Burgondes qui, bousculant Francs et Alamans, étaient descendus à travers la Gaule jusqu'à la Méditerranée, et atteignaient l'Espagne. Pour leur résister, l'empereur fit appel à Wallia. Poussé par la nécessité, il accepta. Et, ayant reçu de Rome 600000 mesures de blé[22], il se retourna contre le flot des Barbares qui, comme ses Wisigoths, cherchaient à se frayer un chemin vers l'Afrique.

En 418, l'empereur autorisait les Wisigoths à s'établir en Aquitaine Seconde, reconnaissant à Wallia, comme jadis à Alaric, le titre de fédéré.

---

et les Goths auraient exercé le gouvernement. S'il ne l'a pas fait, c'est parce qu'il a vu que les Goths étaient incapables d'obéir aux lois, ce qui veut dire aux lois romaines. Maintenant, il veut mettre la force de son peuple au service de l'Empire, ce qui prouve bien que l'idée de détruire la *Romania* lui est étrangère.

[22] E. STEIN, *op. cit.*, p. 404.

Fixés entre la Loire et la Garonne, au bord de l'Atlantique, écartés de la Méditerranée qu'ils ne menacent plus, les Goths obtiennent enfin les terres qu'ils n'avaient cessé de réclamer[23].

Cette fois, ils sont traités comme une armée romaine et les règles du logement militaire leur sont appliquées[24]. Mais cela à titre permanent. Les voilà donc fixés au sol et éparpillés au milieu des Romains. Leur roi ne règne pas sur les Romains. Il n'est que roi de son peuple, *rex Gothorum*, en même temps qu'il est leur général ; il n'est pas *rex Aquitaniae*. Les Goths sont campés au milieu des Romains et réunis entre eux par l'identité du roi. Au-dessus l'empereur subsiste, mais pour la population romaine, ce roi germain n'est qu'un général de mercenaires au service de l'Empire. Et la fixation des Goths ne fut considérée par la population que comme une preuve de la puissance romaine.

En 417, Rutilius Namatianus vante encore l'éternité de Rome[25].

La reconnaissance des Wisigoths comme « fédérés de Rome », leur installation légale en Aquitaine, ne devaient pas cependant amener leur pacification. Vingt ans après, alors que Stilicon a dû rappeler les légions de Gaule pour défendre l'Italie, et que Genséric a réussi la conquête de l'Afrique, les Wisigoths se jettent sur Narbonne (437), battent les Romains à Toulouse

---

[23] Au début, on cantonne les fédérés dans de mauvaises provinces : les Wisigoths en Mésie et plus tard en Aquitaine Seconde, les Burgondes en Savoie, les Ostrogoths en Pannonie. On comprend qu'ils aient voulu en sortir.

[24] Suivant H. BRUNNER, *Deutsche Rechtsgeschichte* (Leipzig, 2ᵉ éd., 1906), t. I, p. 67, l'application des règles de la *tercia* aux Goths serait postérieure en date.
Sur le règlement de partage, voyez E. STEIN, *op. cit.*, p. 406.

[25] F. LOT, PFISTER et GANSHOF, *Histoire du Moyen Age*, t. I, p. 57, constatent qu'en 423, quand meurt Honorius, l'Empire a rétabli son autorité en Afrique, Italie, Gaule, Espagne.

(439), et cette fois obtiennent un traité qui, probablement, les a reconnus comme indépendants, et non plus comme fédérés[26].

Le fait essentiel, qui détermina cet effondrement de la puissance impériale en Gaule, avait été le passage des Vandales en Afrique sous Genséric.

Réalisant ce que les Goths n'avaient pu faire, Genséric réussit, en 427, grâce aux bateaux de Carthagène, à passer le détroit de Gibraltar et à débarquer 50000 hommes sur la côte africaine. Ce fut pour l'Empire le coup décisif. C'est l'âme même de la République qui disparaît, dit Salvien. Quand Genséric en 439 a pris Carthage, c'est-à-dire la grande base navale de l'Occident, puis, peu après, la Sardaigne, la Corse et les Baléares, la situation de l'Empire en Occident est ébranlée à fond. Il perd cette Méditerranée qui avait été pour lui jusqu'alors le grand instrument de sa résistance.

L'approvisionnement de Rome est en péril, comme aussi le ravitaillement de l'armée, et ce sera le point de départ du soulèvement d'Odoacre. La mer est au pouvoir des Barbares. En 441, l'empereur envoie contre eux une expédition qui, cette fois, échoue, car entre les forces en présence la partie est égale, les Vandales combattant sans nul doute la flotte de Byzance avec celle de Carthagène. Et Valentinien ne peut que reconnaître leur établissement dans les parties les plus riches de l'Afrique, à Carthage, dans la Byzacène et la Numidie (442)[27].

Mais ce n'est qu'une trêve.

On a considéré Genséric comme un homme de génie. Ce qui explique son grand rôle, c'est sans doute la position qu'il

---

[26] E. STEIN, *op. cit.*, p. 482.

[27] F. LOT, PFISTER et GANSHOF, *Histoire du Moyen Age*, t. I, p. 63.

occupe. Il a réussi là où Alaric et Wallia ont échoué. Il tient la province la plus prospère de l'Empire. Il vit dans l'abondance. Il est casé et du grand port qu'il domine, il peut dès lors se livrer à une fructueuse piraterie. Il menace autant l'Orient que l'Occident, et se sent assez redoutable pour braver l'Empire dont il n'ambitionne pas les titres.

Ce qui explique l'inaction de l'Empire vis-à-vis de lui pendant plusieurs années après la trêve de 442, ce sont les Huns.

En 447, des plaines du Theiss, Attila pille la Mésie et la Thrace jusqu'aux Thermopiles. Puis il se retourne contre la Gaule, franchit le Rhin au printemps de 451 et dévaste tout jusqu'à la Loire.

Aétius, appuyé par les Germains, Francs, Burgondes et Wisigoths[28] qui agissent en bons fédérés, l'arrête aux environs de Troyes. L'art militaire romain et la vaillance germanique ont collaboré. Théodoric Ier, roi des Wisigoths, réalisant le mot de Wallia sur la gloire de restaurer l'Empire, se fait tuer. La mort d'Attila en 453 ruine son œuvre éphémère et libère l'Occident du péril mongol. L'Empire alors se retourne vers Genséric. Celui-ci se rend compte du danger et prend les devants.

En 455, il profite de l'assassinat de Valentinien pour refuser de reconnaître Maximus. Il entre à Rome le 2 juin 455 et met la ville au pillage[29].

Saisissant le même prétexte, Théodoric II, roi des Wisigoths, (453-466) rompt avec l'Empire, favorise l'élection de l'empereur gaulois Avitus, se fait envoyer par lui contre les Suèves, en Espagne, et aussitôt entreprend sa marche vers la

---

[28] L. HALPHEN, *op. cit.*, p. 32.

[29] E. GAUTIER, *Genséric*, p. 233-235.

Méditerranée. Vaincu et pris par Ricimer, Avitus devient évêque[30], mais la campagne des Wisigoths n'en continue pas moins. De leur côté les Burgondes qui, après avoir été vaincus par Aétius, avaient été établis comme fédérés en Savoie en 443[31], s'emparent de Lyon (457).

Majorien, qui vient de monter sur le trône, fait face au danger. Il reprend Lyon en 458, puis, allant au plus pressé, se tourne contre Genséric. Pour le combattre, il passe en 460 les Pyrénées afin de gagner l'Afrique par Gibraltar, mais meurt assassiné en Espagne (461).

Aussitôt Lyon retombe aux mains des Burgondes qui s'étendent dans toute la vallée du Rhône jusqu'aux limites de la Provence.

De son côté, Théodoric II reprend ses conquêtes. Après avoir échoué devant Arles, dont la résistance sauve la Provence, il s'empare de Narbonne (462). Après lui, Euric (466-484) attaque les Suèves d'Espagne, les rejette en Galice et conquiert la Péninsule. Une trêve feinte et des brûlots en eurent raison devant le cap Bon. La partie, dès lors, est perdue.

Pour résister, il faut coûte que coûte que l'Empire reprenne la maîtrise de la mer. L'empereur Léon, en 468, prépare une grande expédition contre l'Afrique. Il y aurait dépensé 9 millions de solidi et équipé 1100 vaisseaux.

À Ravenne, l'empereur Anthemius est paralysé par le maître de la milice Ricimer. Tout ce qu'il peut, c'est retarder par des

---

[30] A. COVILLE, *Recherches sur l'histoire de Lyon du Ve siècle au IXe siècle (450-800)*, Paris, 1928, p. 121.

[31] Leur établissement en Savoie se fait suivant le principe de la *tercia*. Comme le fait observer BRUNNER, *op. cit.*, t. I, 2ᵉ éd., p. 65-66, ce sont des vaincus. Ce genre d'établissement, étendu aux Wisigoths et aux Ostrogoths, est donc d'origine romaine.

négociations (car il n'a plus de flotte), l'occupation de la Provence menacée par Euric. Celui-ci est déjà maître de l'Espagne et de la Gaule qu'il a conquise jusqu'à la Loire (en 469).

La chute de Romulus Augustule livrera la Provence aux Wisigoths (476) ; toute la Méditerranée occidentale dès lors sera perdue.

En somme, on se demande comment l'Empire a pu durer si longtemps et on ne peut s'empêcher d'admirer son obstination à résister à la fortune. Un Majorien, qui reprend Lyon aux Burgondes et marche sur Genséric par l'Espagne, est encore digne d'admiration. Pour se défendre, l'Empire n'a que des fédérés qui ne cessent de le trahir, comme les Wisigoths et les Burgondes, et des troupes de mercenaires dont la fidélité ne supporte pas le malheur et que la possession de l'Afrique et des îles par les Vandales empêche de bien ravitailler.

L'Orient, menacé lui-même le long du Danube, ne peut rien. Son seul effort se porte contre Genséric. Sûrement si les Barbares avaient voulu détruire l'Empire, ils n'avaient qu'à s'entendre pour y réussir[32]. Mais ils ne le voulaient pas.

Après Majorien (d. 461), il n'y a plus à Ravenne que des empereurs falots vivant à la merci des maîtres barbares et de leurs troupes de Suèves : Ricimer (d. 472), le Burgonde Gundobald qui, retourné en Gaule pour y devenir roi de son peuple, est remplacé par Oreste d'origine hunnique, lequel dépose Julius Nepos, et donne le trône à son propre fils Romulus Augustule.

---

[32] L. HALPHEN, *op. cit.*, p. 35, parle à tort des efforts « méthodiques » des Barbares.

Mais Oreste, qui refuse des terres[33] aux soldats, est massacré et le général Odoacre[34] est proclamé roi par les troupes. Il n'a en face de lui que Romulus Augustule, créature d'Oreste, qu'il envoie à la villa de Lucullus au cap Misène (476).

Zénon, empereur d'Orient, faute de mieux, reconnaît Odoacre comme patrice. En fait, rien n'est changé. Odoacre est un fonctionnaire impérial.

En 488, pour détourner les Ostrogoths de la Pannonie où ils sont menaçants[35], Zénon les lance sur l'Italie pour la reconquérir, employant Germains contre Germains, après avoir accordé à leur roi Théodoric le titre de patrice. Et c'est alors en 489 Vérone, puis en 490 l'Adda, et enfin en 493 la prise et l'assassinat d'Odoacre à Ravenne. Théodoric, avec l'autorisation de Zénon, prend le gouvernement de l'Italie en restant roi de son peuple qui est casé suivant le principe de la *tercia*.

C'en est fait, il n'y aura plus d'empereur en Occident (sauf un moment, au VIe siècle) avant Charlemagne. En fait, tout l'Occident est une mosaïque de royaumes barbares : Ostrogoths en Italie, Vandales en Afrique, Suèves en Galice, Wisigoths en Espagne et au sud de la Loire, Burgondes dans la vallée du Rhône. Au nord de la Gaule, ce qui restait encore de romain sous Syagrius est conquis par Clovis en 486, qui écrase les Alamans dans la vallée du Rhin et rejette les Wisigoths en Espagne. Enfin, en Bretagne, se sont fixés les Anglo-Saxons.

---

[33] L. SCHMIDT, *op. cit.* p. 317. C'est parce que les magasins impériaux ne peuvent les ravitailler. Toujours la Méditerranée ! Ils voulaient être casés tout en restant soldats romains.

[34] Le 23 août 476, Odoacre commande, non à un peuple, mais à toutes sortes de soldats. Il est roi mais non national. Il s'empare du pouvoir par un pronunciamiento militaire. Odoacre renvoie les insignes impériaux à Constantinople ; il ne les prend pas pour lui.

[35] L. HALPHEN *op. cit.*, p. 45. Quoiqu'ils y aient été établis comme fédérés après la mort d'Attila, ils avaient en 487 menacé Constantinople (*ibid.*, p. 46).

Ainsi, au commencement du VIe siècle, il n'y a plus un pouce de terre en Occident qui obéisse à l'empereur. La catastrophe semble énorme à première vue, si énorme qu'on date de la chute de Romulus comme un second acte du monde. À y regarder de plus près, cependant, elle apparaît moins importante.

Car l'empereur n'a pas disparu en droit. Il n'a rien cédé en souveraineté. La vieille fiction des fédérés continue. Et les nouveaux parvenus eux-mêmes reconnaissent sa primauté.

Les Anglo-Saxons seuls l'ignorent. Pour les autres, il reste comme un souverain éminent. Théodoric gouverne en son nom. Le roi burgonde Sigismond lui écrit en 516-518 : *Vester quidem est populus meus*[36]. Clovis se fait gloire de recevoir le titre de consul[37]. Pas un n'ose prendre le titre d'empereur[38]. Il faudra attendre pour cela Charlemagne. Constantinople reste la capitale de cet ensemble. C'est elle que les rois wisigoths, ostrogoths et vandales prennent comme arbitre de leurs querelles. L'Empire subsiste en droit par une sorte de présence mystique ; en fait — et ceci est beaucoup plus important — survit la *Romania*.

---

[36] *Lettres de Saint-Avit*, éd. Peiper, M. G. H. SS. Antiq., t. VI2, p. 100.

[37] GRÉGOIRE DE TOURS, *Hist. Franc.*, II, 38. [css : sur Gallica, la table des matières de l'*Histoire des Francs*, de Grégoire de Tours, est à cette adresse. Noter que les notes de '*Mamomet...*' référençant à Grégoire de Tours étant très nombreuses, il est intéressant de télécharger les deux tomes de l'*Histoire des Francs*, en mode image de bonne qualité. Utiliser la table des matières pour pointer : 1ᵉ page du chapitre référencé en chiffres romains, plus le nombre de pages en chiffres arabes, plus quelques peu nombreuses pages]

[38] Pas même Odoacre ne l'osa. Et ceci prouve qu'il est inexact de croire avec Schmidt, qu'Alaric et Wallia auraient voulu substituer un empire germanique à l'Empire romain. Tous ceux qui ont eu la force, Ricimer, etc., ont fait nommer comme empereurs des fantoches romains. Odoacre est le premier qui y ait renoncé pour reconnaître l'empereur de Constantinople.

III. LES GERMAINS DANS LA « *ROMANIA* »

En réalité, ce qui a été perdu par la *Romania* est peu de chose. C'est une bande frontière au nord et la Grande-Bretagne, où les Anglo-Saxons se sont substitués aux Bretons, plus ou moins romanisés, dont une partie émigre en Bretagne. La partie perdue au nord[39] peut s'évaluer en comparant l'ancienne ligne *limes*-Rhin-Danube avec la frontière linguistique actuelle entre la langue germanique et la langue romane. Là, il y a eu glissement de la Germanie sur l'Empire. Cologne, Mayence, Trèves, Ratisbonne, Vienne sont aujourd'hui des villes allemandes et les *extremi hominum* sont en pays flamand[40]. Sans doute, la population romanisée n'a pas disparu d'un coup. Si elle semble s'être complètement effacée à Tongres, à Tournai ou à Arras, en revanche il subsiste des Chrétiens, donc des Romains, à Cologne et à Trèves, mais ceux qui ont subsisté se sont peu à peu germanisés. Les *Romani*, visés par la Loi Salique, attestent la présence de ces survivants et la *Vita Sancti Severini* permet de surprendre, dans le Norique, l'état intermédiaire[41]. On sait, de plus, que des Romains se sont maintenus longtemps dans les montagnes du Tyrol et de la Bavière[42]. Ici, il y a donc eu colonisation, substitution d'une population à une autre, germanisation. L'établissement en masse des Germains occidentaux, sur leurs propres frontières, contraste étrangement avec les formidables migrations qui ont amené les Goths du Dniéper en Italie et en Espagne, les Burgondes de l'Elbe au Rhin, les Vandales de la Theiss en Afrique. Les premiers se sont

---

[39] F. LOT, *Les invasions*, p. 128, l'estime pour la Gaule à 1/7. Et il faut remarquer qu'elle ne comprend aucune région essentielle.

[40] A. DEMANGEON et L. FÈBVRE, *Le Rhin. Problèmes d'histoire et d'économie*, Paris, 1935. p. 50 et ss.

[41] Ed. H. Sauppe, M. G. H. SS. Antiq., t. I2, 1877.

[42] Sur les vestiges romains en Alsace, Suisse, Bavière, voyez LOT, *Les invasions*, p. 217 et 220.

bornés à passer le fleuve où César les avait fixés. Est-ce là une question de race ? Je ne le crois pas du tout. Les Francs, au IIIe siècle, s'étaient bien avancés jusqu'aux Pyrénées et les Saxons ont envahi l'Angleterre.

Je croirais plus volontiers que cela s'explique par la situation géographique. En s'installant sur les frontières de l'Empire, ils ne menaçaient pas directement Constantinople, Ravenne, l'Afrique, les points vitaux de l'Empire. On a donc pu les laisser s'établir sur le sol, s'y fixer, ce que les empereurs ont toujours refusé aux Germains orientaux avant le cantonnement des Wisigoths en Aquitaine. Pour les maintenir aux frontières, Julien d'ailleurs fit des expéditions contre les Francs et les Alamans ; la population romaine recule devant eux, ils ne sont pas installés, comme des troupes mercenaires, suivant le système de la *tercia,* mais colonisent lentement le pays occupé, s'y fixent au sol, comme un peuple qui prend racine. C'est pourquoi lorsqu'en 406, les légions eurent été retirées, ils se sont laissé arrêter par les petits postes et *castella* de la frontière romaine de la ligne Bavai-Courtrai-Boulogne et Bavai-Tongres[43]. Ce ne fut que très lentement qu'ils avancèrent vers le sud, pour s'emparer de Tournai en 446. Ils ne constituent pas une armée conquérante, mais un peuple en mouvement qui s'installe au fur et à mesure sur les terres fertiles qui s'offrent à lui. C'est dire qu'ils ne se mélangent pas à la population gallo-romaine, qui, peu à peu, leur cède la place ; c'est ce qui explique qu'ils conservent ce qu'on pourrait appeler l'esprit germanique, leurs mœurs, leurs traditions épiques. Ils importent leur religion et leur langue, donnent aux localités du pays des noms nouveaux. Les vocables germaniques en *ze(e)le,* en *inghem,* rappellent les noms des familles des premiers colons.

---

[43] G. des MAREZ, *Le problème de la colonisation franque et du régime agraire dans la Basse-Belgique*, Bruxelles, 1926, p. 25.

Au sud du territoire qu'ils submergent entièrement, ils s'infiltrent lentement, créant ainsi une zone de population mélangée qui correspondrait plus ou moins à la Belgique wallonne, au nord de la France, à la Lorraine ; là, les noms de lieux attestent en beaucoup d'endroits la présence d'une population germanique qui devait plus tard se romaniser[44].

Cette infiltration a pu s'avancer jusque vers la Seine[45].

Mais, en somme, la germanisation ne s'est faite en masse que là où la langue s'est conservée. La *Romania* n'a disparu que dans les dernières conquêtes de Rome, le long du glacis avancé qui protégeait la Méditerranée : les deux Germanies, une partie des Belgiques, la Rhétie, le Norique et la Pannonie.

À part cela, la *Romania* s'est conservée intacte et il n'en pouvait pas être autrement. L'Empire romain est resté romain comme les États-Unis d'Amérique, malgré l'immigration, restent anglo-saxons.

Les nouveaux venus n'étaient en effet qu'une infime minorité. Il faudrait pouvoir donner des chiffres pour permettre quelque précision scientifique. Mais nous n'avons aucun document qui nous le permette. Quelle était la population de l'Empire[46] ? 70 millions d'habitants ? Il ne semble pas que l'on puisse suivre C. Jullian qui attribue à la Gaule une population de 40 à 20

---

[44] Ce sont les noms en *baix*, *stain* (*stein*), etc. Cf. F. LOT, De l'origine et de la signification historique et linguistique des noms de lieux en -ville et en court, *Romania*, t. LIX (1933). p. 199 et ss. Voir aussi les observations de M. BLOCH dans les *Annales d'histoire économique et sociale*, 1934, p. 254-260, et de J. VANNÉRUS, dans la *Revue belge de philologie et d'histoire*, t. XIV, 1935, p. 541 et ss. G. KURTH, dans ses *Études franques*, t. I, p. 262, ne relève presque pas de noms francs en Touraine.

[45] GAMILLSCHEG, *Romania Germanica*, t. I, 1934, p. 46 : *Das Land zwischen Seine und Loire ist fränkisches Kulturgebiet, aber nicht mehr Siedlungsgebiet.*

[46] E. STEIN, *op. cit.*, p. 3, dit 50 millions à la fin du IIIe siècle.

millions d'âmes[47]. Toute précision est impossible. Ce qui seulement est évident, c'est que les Germains disparaissaient dans la masse.

Dahn[48] estime que les Wisigoths, admis dans l'Empire par Valens, auraient compté un million d'habitants ; d'après Eutrope, en se fondant sur les chiffres donnés pour la bataille d'Andrinople, L. Schmidt admet 8000 guerriers et en tout 40000 âmes[49]. Il est vrai qu'ils ont dû se grossir, dans la suite, de Germains, d'esclaves, de mercenaires, etc. Schmidt admet que, quand Wallia est entré en Espagne (416), les Wisigoths étaient 100000.

Gautier[50] évalue les tribus réunies des Vandales et des Alains, hommes, femmes, vieillards, enfants, esclaves, lorsqu'elles franchirent le détroit de Gibraltar, au nombre de 80000. Le chiffre est donné par Victor de Vita : *Transiens quantitas universa*[51]. Gautier[52] le croit exact parce qu'il a été facile d'évaluer la capacité de la flotte[53]. Il[54] admet d'autre part, assez vraisemblablement, que l'Afrique romaine a pu compter une population égale à celle d'aujourd'hui ; elle aurait donc eu de 7 à 8 millions d'habitants, c'est-à-dire que la population romaine

---

[47] C. JULLIAN, *Histoire de la Gaule*, t. V, p. 27, estime à 40 millions la population de la Gaule au IIe siècle ; il admet qu'au IVe siècle ce chiffre avait diminué de moitié (*ibid.*, t. VII, p. 29).

[48] DAHN, *Die Könige des Germanen*, t. VI, p. 50.

[49] L. SCHMIDT, *op. cit.*, p. 403.

[50] E. GAUTIER, *Genséric*, p. 97.

[51] *Historia persecutionis Africanae provinciae*, I, I, éd. Hahn, M. G. H. SS. Antiq., t. III1, p. 2.

[52] *Ibid.*, p. 138.

[53] E. STEIN, *Gesch. des Spät. Röm. Reiches*, t. I, 1928, p. 477, admet aussi ce chiffre.

[54] E. GAUTIER, *Genséric*, p. 141.

aurait été cent fois plus nombreuse que les bandes des envahisseurs vandales.

Il est difficile d'admettre que les Wisigoths aient été beaucoup plus nombreux dans leur royaume qui s'étendait de la Loire à Gibraltar, ce qui peut donc rendre vraisemblable le chiffre de 100000 donné par Schmidt.

Les Burgondes[55] ne semblent guère avoir compté plus de 25000 âmes dont 5 000 guerriers.

Au Ve siècle, d'après Doren[56], on estime la population totale de l'Italie à 5 ou 6 millions. Mais sans en rien savoir. Quant au nombre d'Ostrogoths, Schmidt[57] évalue à 100000 âmes, dont 20000 guerriers[58].

Tout cela est conjectural. On sera sans doute au-dessus de la vérité si, pour les provinces occidentales en dehors du *limes,* on estime l'apport germanique à 5% de la population.

À vrai dire, une minorité peut transformer un peuple quand elle veut le dominer effectivement, quand elle n'a pour lui que mépris, et le considère comme une matière à exploiter ; ce fut le

---

[55] L. SCHMIDT, *op. cit.,* p. 168. En 406 ils étaient établis en Germanie. Cf. à ce propos la théorie récente exposée par M. H. GRÉGOIRE, La patrie des Nibelungen, *Byzantion,* t. IX, 1934, p. 1-40, et les objections formulées par M. F. GANSHOF dans la *Revue belge de philologie et d'histoire,* t. XIV, 1935, p. 195-210. Leur roi Gundachar, ayant voulu s'étendre en Belgique, fut écrasé en 435-436 par Aétius. En 443, Aétius transporte ce qui en reste, en *Sapaudia.* Cf. LOT, PFISTER et GANSHOF, *Histoire du Moyen Age,* t. I, p. 58-59. COVILLE, *op. cit.,* p. 153 et ss., aboutit à 263 700 têtes par des combinaisons arbitraires.

[56] DOREN, *Italienische Wirtschaftsgeschichte* (coll. Brodnitz), t. I, 1934, p. 29.

[57] L. SCHMIDT, *op. cit.,* p. 293.

[58] Pour L. HARTMANN, *Das Italienische Königreich,* t. I, p. 72 (dans *Geschichte Italiens im Mittelalter,* t. I), qui suit Dahn, Théodoric doit avoir conduit des centaines de milliers d'hommes avec lui.

cas pour les Normands en Angleterre, pour les Musulmans partout où ils apparurent, et même pour les Romains dans les provinces conquises. Mais les Germains ne voulaient ni détruire, ni exploiter l'Empire. Au lieu de le mépriser, ils l'admiraient. Ils n'avaient rien à lui opposer comme forces morales. Leur période héroïque a cessé avec leur installation. Les grands souvenirs poétiques qui devaient en rester[59], tels les Niebelungen, ne se sont développés que plus tard et dans la Germanie. Aussi les envahisseurs triomphants font-ils partout aux provinciaux une situation juridique égale à la leur. C'est qu'en tous domaines ils ont à apprendre de l'Empire. Comment résisteraient-ils à l'ambiance ?

Encore s'ils formaient des groupes compacts ! Mais, sauf les Vandales, ils sont dispersés par « l'hospitalité » au milieu des Romains. Le partage des domaines les oblige à se plier aux usages de l'agriculture romaine.

Et les mariages ou les rapports avec les femmes ? Il est bien vrai qu'il y eut absence de *connubium* jusqu'au VIe siècle, sous Reccared. Mais cet obstacle juridique n'était pas un obstacle social. Le nombre d'unions entre Germains et femmes romaines a dû être constant et l'enfant parle, on le sait, la langue de sa mère[60]. Évidemment, ces Germains ont dû se romaniser avec une étonnante rapidité. On admet que les Wisigoths ont conservé leur langue, mais on l'admet parce que l'on veut l'admettre[61]. On ne peut rien citer qui le confirme. Pour les Ostrogoths, on sait par Procope, qu'il y en avait encore qui parlaient gothique dans l'armée de Totila, mais ce devaient être quelques rares isolés du Nord.

---

[59] DAWSON, *The making of Europe*, 1932, p. 98.

[60] Pour la disparition de la langue chez les Wisigoths, voir GAMILLSCHEG, *Romania Germanica*, t. I, 1934, p. 394 et suiv., et L. SCHMIDT, *op. cit.*, p. 527.

[61] MARTROYE, *Genséric. La conquête vandale en Afrique et la destruction de l'Empire d'Occident*, Paris, 1907, p. 308.

Pour que la langue se conservât, il eût fallu une culture comparable à celle que l'on trouve chez les Anglo-Saxons. Or, elle fait totalement défaut. Ulfila n'eut pas de successeur. Nous n'avons pas un texte, pas une charte en langue germanique. La liturgie dans les Églises anciennes se faisait en langue germanique et cependant elle n'a rien laissé. Seuls, peut-être, les Francs ont-ils rédigé la Loi Salique, à l'époque anté-mérovingienne, en langue vulgaire ; les gloses malbergiques en seraient les vestiges. Mais Euric, le plus ancien législateur germanique dont nous soient parvenus quelques textes, écrit en latin et tous les autres rois germains en firent autant.

Quant à un art ornemental original, on n'en trouve plus trace chez les Wisigoths après l'adoption du catholicisme en 589, et encore Zeiss[62] admet qu'il n'a existé que dans le peuple.

Sans doute l'arianisme a pu, durant un certain temps, empêcher un contact intime entre Romains et Germains. Il ne faut pas cependant en exagérer l'importance. Les seuls rois qui aient vraiment favorisé l'arianisme sont des Vandales, pour des motifs militaires. Gondobald est soupçonné d'avoir été catholique. Sigismond l'est dès 516. Il y a cependant encore des Ariens en 524. Et puis il y a la conquête franque qui marque le triomphe du catholicisme orthodoxe. En somme, l'arianisme a été faible même chez les Burgondes[63]. Partout il a disparu très tôt. Les Vandales l'abandonnent avec la conquête de Justinien en 533 ; chez les Wisigoths, il est aboli par Reccared (586-601)[64]. Cet arianisme d'ailleurs était à fleur de peau, car on ne vit nulle part d'agitation quand on le supprima. D'après

---

[62] H. ZEISS, *Die Grabfunde aus dem Spanischen Westgotenreich*, Berlin, 1934, p. 126 et p. 138.

[63] COVILLE, *op. cit.*, p. 167 et ss.

[64] La conversion de Reccared est de 589.

Dahn[65], la langue gothique aurait disparu lors de l'adoption du catholicisme par Reccared, ou du moins n'aurait plus végété depuis que dans le petit peuple.

On ne voit donc pas comment l'élément germanique aurait pu se maintenir. Il aurait au moins fallu pour cela un appoint constant de forces fraîches venues de la Germanie. Or, il n'y en a pas. Les Vandales ne reçoivent aucun apport ; ni les Wisigoths, coupés de tout contact avec la Germanie. Peut-être les Ostrogoths restèrent-ils quelque peu en liaison avec les Germains par les Alpes ? Pour les Francs de Gaule, la conquête achevée, l'apport barbare n'augmente plus. Il suffit de lire Grégoire de Tours pour s'en convaincre.

Il y a d'ailleurs un argument irréfutable. Si la langue s'était conservée, elle aurait laissé des traces dans les langues romanes. Or, à part l'emprunt de certains mots, cela ne se constate pas. Ni la phonétique, ni la syntaxe n'indiquent la moindre influence germanique[66].

On peut dire la même chose du type physique. Où donc retrouve-t-on le type vandale en Afrique[67], le wisigothique en Italie ? Il y a des blonds en Afrique, mais Gautier[68] a fait observer qu'il y en avait déjà avant l'arrivée des Barbares. Pourtant, dira-t-on, il y a le droit qui est personnel, romain pour les Romains, germanique pour les Germains, et c'est vrai. Mais

---

[65] *Op. cit.*, t. V, p. 170.

[66] Pour ce qui est du vocabulaire emprunté, on ne le trouve qu'en français (cf. LOT, *Invasions*, p. 225 et ss., et GAMILLSCHEG, *op. cit.*, t. I, p. 293-295), c'est-à-dire là où, depuis le IVe siècle la population est en contact avec les Germains. Rien de tel en Aquitaine, en Espagne (Wisigoths), Afrique (Vandales), Italie (Ostrogoths). Pour le français, l'apport germanique serait de 300 mots.

[67] L'Espagne ne nous montre pas de population ayant conservé le type germanique. E. PITTARD, *Les races et l'histoire*, 1924, p. 135.

[68] GAUTIER, *op. cit.*, p. 316.

ce droit germanique est déjà tout interpénétré de romanisme dans la législation d'Euric. Et, après lui, l'influence romaine ne cesse de s'accentuer.

Chez les Ostrogoths, il n'y a pas de code spécial pour les Ostrogoths qui sont soumis au droit territorial romain. Mais comme soldats, ils ne relèvent que des tribunaux militaires qui sont purement gothiques[69]. C'est là le fait essentiel. Les Germains sont soldats et ariens et c'est peut-être pour les maintenir soldats que les rois ont protégé l'arianisme.

Chez les Burgondes et les Vandales, l'influence du droit romain sur le droit germanique est aussi manifeste que chez les Wisigoths[70]. Comment, d'ailleurs, admettre la conservation du pur droit germanique là où la famille consanguine, la *sippe*, cellule essentielle de l'ordre juridique, a disparu ?

En fait, il a dû en être de la personnalité des lois comme du *connubium*. Il ne s'est conservé de droit germanique que dans les pays colonisés par les Anglo-Saxons, les Francs Saliens et Ripuaires, les Alamans et les Bavarois[71].

Croire que la Loi Salique a été le droit de la Gaule après Clovis est une erreur certaine. En dehors de la Belgique, il n'y avait presque pas de Saliens, sauf les grands dans l'entourage du roi.

---

[69] HARTMANN, *op. cit.*, t. I, p. 93.

[70] H. BRUNNER, *Deutsche Rechsgeschichte*, t. I, 2ᵉ éd. 1906, p. 504. Remarquez que, quoique cinquante ans à peine se soient passés entre l'établissement des Burgondes en Gaule et la rédaction de la *Lex Gundobada*, celle-ci trahit les *Starke Einflüsse des Römischen Kultur* et elle manque de cette *frischen germanischen Ursprünglichkeit*, qui se rencontrera plus tard dans les lois lombardes.

[71] Ce que dit F. Lot, dans F. LOT, PFISTER et GANSHOF, *Histoire du Moyen Age*, t. I, p. 390, de l'interpénétration de la population à l'époque mérovingienne me paraît tout à fait inexact. Il se contredit quand, dans *Les invasions*, p. 274, il dit : « Si ethniquement, la France (contemporaine) renferme quelques éléments germaniques, ils sont antérieurs à la conquête de la Gaule par Clovis. »

On ne voit pas une seule allusion à cette loi et à sa procédure dans Grégoire de Tours. Il faut donc restreindre sa sphère d'application à l'extrême Nord.

On ne trouve point, en effet, de rachimbourgs au sud de la Seine. Y voit-on des *sculteti* ou des *grafiones* ? La glose malbergique prouve d'ailleurs que nous avons à faire à un code établi pour une procédure qui se fait en germanique. Combien de comtes, presque tous romains, auraient pu la comprendre ? Tout ce qu'elle nous apprend sur les usages agraires, sur la disposition des maisons, ne vaut que pour le nord, colonisé par les Germains. Il faut être aveuglé par le préjugé pour supposer qu'une loi aussi rudimentaire que la Loi Salique ait pu être appliquée au sud de la Loire.

Dira-t-on que les Germains apportaient avec eux la moralité d'un peuple jeune, c'est-à-dire d'un peuple chez qui les liens personnels de fidélité l'emportent sur la sujétion à l'État ? C'est un thème convenu. C'est en même temps un thème romantique et un dogme chez certaine école germanique. Et on a beau jeu à citer Salvien et son parallèle entre la décadence morale des Romains et les vertus des Barbares. Mais ces vertus n'ont pas résisté au casement des Germains au milieu des romanisés. *Mundus senescit,* lit-on, au début du VIIe siècle, dans la chronique du pseudo-Frédégaire[72]. Et il suffit de parcourir Grégoire de Tours pour trouver chez lui, à chaque pas, les traces de la plus grossière décadence morale : ivrognerie, débauche, cupidité, adultères, meurtres, cruautés abominables, et une perfidie qui règne de haut en bas de l'ordre social. La cour des rois germanique atteste autant de crimes que celle de Ravenne. Hartmann[73] fait observer que la *Germanische Treue* est une fable convenue. Théodoric fait assassiner Odoacre, après lui avoir juré la vie sauve. Gontran demande au peuple de ne pas

---

[72] Ed. B. Krusch, M. G. H. SS. rer. Merov., t. II, p. 123.

[73] *Das Italienische Königreich*, t. I, de la *Geschichte Italiens*, p. 76.

l'assassiner. Tous les rois wisigoths, sauf de rares exceptions, meurent par le couteau.

Chez les Burgondes, en 500, Godégisile trahit son frère Gondebaud en faveur de Clovis[74]. Clodomir, fils de Clovis, fait jeter dans un puits son prisonnier Sigismond, roi des Burgondes[75]. Le roi wisigoth Théodoric Ier trahit les Romains. Et voyez comment Genséric se conduit à l'égard de la fille du roi des Wisigoths, sa bru.

La cour des Mérovingiens est un lupanar ; Frédégonde, une mégère épouvantable. Théodahat fait assassiner sa femme. Ce ne sont que guets-apens ; partout règne un manque de moralité presque incroyable. L'histoire de Gondebaud est, à cet égard, caractéristique. L'ivrognerie semble être la manière d'être de tous. Des femmes font assassiner leur mari par leur amant. Tout le monde est à vendre pour de l'or. Et tout cela sans distinction de race, aussi bien chez les Romains que chez les Germains. Le clergé même — et jusqu'aux religieuses[76] — est corrompu, encore que ce soit chez lui que la moralité se soit réfugiée. Mais, dans le peuple, la religiosité ne s'élève pas au-dessus d'une grossière thaumaturgie. Ce qui a disparu en partie, ce sont les vices urbains, les mimes, les courtisanes, et encore pas partout. Tout cela se conserve chez les Wisigoths et, surtout, en Afrique chez les Vandales, les plus germaniques pourtant des Barbares du Sud. Ils sont efféminés, amateurs de bains, de luxueuses villas. Les poésies composées sous Hunéric et Thrasamund sont émaillées de traits priapesques.

On peut conclure que, dès leur établissement dans l'Empire, tous les côtés héroïques et originaux du caractère barbare

---

[74] L. SCHMIDT, *op. cit.*, p. 151.

[75] *Ibid.*, p. 163.

[76] GRÉGOIRE DE TOURS, *Hist. Franc.*, X, 15.

disparaissent pour faire place à une imbibition romaine. Le sol de la *Romania* a bu la vie barbare. Et comment aurait-il pu en être autrement quand l'exemple vient d'en haut ? Au début, sans doute, les rois ne se sont qu'assez imparfaitement romanisés. Euric et Genséric savent mal le latin. Mais que dire du plus grand de tous, Théodoric ? On en a fait Dietrich von Bern au-delà des Alpes, mais ce qui domine en lui, c'est le Byzantin.

Il a été donné à sept ans comme otage par son père à l'empereur[77] et a été élevé à Constantinople jusqu'à l'âge de dix-huit ans. Zénon le fait *magister militum* et patrice et va même, en 474, jusqu'à l'adopter. Il épouse une princesse impériale[78]. En 484, il est fait consul par l'empereur. Puis après une campagne en Asie Mineure, on lui élève une statue à Constantinople. Sa sœur est dame d'honneur de l'impératrice.

En 536, Evermud, son beau-fils, se rend tout de suite à Bélisaire, préférant aller vivre en patricien à Constantinople, plutôt que de défendre la cause de ses compatriotes barbares[79]. Sa fille Amalasonthe est toute Romaine[80]. Théodahat, son gendre, se vante d'être platonicien[81].

Et même chez les Burgondes, quel beau type de roi national que Gondebaud (480-516) qui, en 472, après la mort de Ricimer, lui a succédé comme patrice d'Olybrius et fait nommer

---

[77] HARTMANN, *op. cit.*, t. I, p. 64.

[78] Voyez sa lettre au roi des Thuringiens en lui envoyant sa nièce. CASSIODORE, *Variae*, IV, I, 2, éd. Th. Mommsen, M. G. H. SS. Antiq., t. XII, p. 114. Cf. SCHMIDT, *op. cit.*, p. 340.

[79] HARTMANN, *op. cit.*, t. I, p. 261.

[80] *Ibid.*, p. 233.

[81] PROCOPE, éd. Dewing (*The Loeb classical Library*), t. III, p. 22-24.

à la mort de celui-ci, Glycère[82], puis, en 480, succède lui-même à son frère Chilpéric comme roi des Burgondes !

D'après Schmidt[83], il est hautement cultivé, éloquent, instruit, s'intéresse aux questions théologiques et est en rapports constants avec saint Avit.

Il en est de même des rois vandales.

Chez les Wisigoths, la même évolution se remarque. Sidoine vante la culture de Théodoric II. Il cite parmi ses courtisans le ministre Léon qui avait été historien, juriste et poète, Lampridius, professeur de rhétorique et poète[84]. C'est Théodoric II qui, en 455, fait Avitus empereur. Ces rois sont entièrement détachés des vieux souvenirs de leurs peuples que Charlemagne fera rassembler.

Et chez les Francs, il y a le roi-poète Chilpéric[85] !

Plus on avance, plus la romanisation s'accentue. Gautier[86] remarque qu'après Genséric, les rois vandales rentrent dans l'orbite de l'Empire. Chez les Wisigoths, les progrès de la romanisation sont incessants. L'arianisme a disparu partout à la fin du VIe siècle.

Encore une fois, ce n'est qu'au nord que le germanisme se maintient, en même temps que le paganisme qui ne s'y effacera qu'au VIIe siècle. Quand les armées d'Austrasie viennent en Italie au secours des Ostrogoths, elles font horreur à ces

---

[82] COVILLE, *op. cit.*, p. 175 et ss.

[83] SCHMIDT, *op. cit.*, p. 146 et 149.

[84] SCHMIDT, *op. cit.*, p. 527-528.

[85] GRÉGOIRE DE TOURS, *Hist. Franc.*, V, 44 et VI, 46.

[86] GAUTIER, *op. cit.*, p. 270.

derniers[87] ; vraisemblablement, ils aiment encore mieux appartenir à Byzance qu'aux Francs.

En somme donc la *Romania*, légèrement réduite vers le nord, subsiste dans son ensemble[88]. Évidemment, elle est fort atteinte. Dans tous les domaines, arts, lettres, sciences, la régression est manifeste. *Pereunte... liberalium cultura litterarum,* dit très bien Grégoire de Tours[89]. La *Romania* vit par sa masse. Mais rien ne l'a remplacée. Personne ne proteste contre elle. On ne conçoit pas, ni les laïques, ni l'Église, qu'il y ait une autre forme de civilisation. Au milieu de la décadence, il n'y a qu'une force morale qui résiste : l'Église, et pour l'Église, l'Empire subsiste encore. Grégoire le Grand écrit à l'empereur qu'il règne sur des hommes, les Barbares sur des esclaves[90]. L'Église a beau avoir maille à partir avec les empereurs de Byzance, elle leur reste fidèle. Ne sait-elle pas, par ses Pères, que l'Empire romain est voulu par Dieu et qu'il est indispensable au christianisme ? N'a-t-elle pas modelé sur lui son organisation ? N'en parle-t-ellepas la langue ? N'en conserve-t-elle pas le droit et la culture ? Et ses dignitaires ne se recrutent-ils pas tous dans les anciennes familles sénatoriales ?

IV. LES ÉTATS GERMANIQUES EN OCCIDENT

Il est trop évident pour qu'il faille y insister, que les institutions tribales des Germains n'ont pu se conserver dans les nouveaux royaumes fondés sur le sol de l'Empire[91], au milieu d'une

---

[87] HARTMANN, *op. cit.*, t. I, p. 284.

[88] D'emprunts aux Germains, il n'y a que les noms propres, qui ne prouvent rien pour la nationalité. Ils sont donnés par courtisanerie.

[89] *Hist. Franc*. *Praefatio*, éd. Arndt, M. G. H. SS. rer. Merov. t. I, p. 7.

[90] GRÉGOIRE LE GRAND, *Regist.*, XIII, 34, éd. Hartmann, M. G. H. Epist., t. II, p. 397.

[91] Il ne peut être question de parler, comme le font certains auteurs, de la politique sociale de ces rois et de leur *Konservative Haltung* à l'égard des institutions impériales.

population romaine. Elles ne pouvaient se maintenir que dans de petits royaumes, comme ceux des Anglo-Saxons, peuplés de Germains.

Sans doute, les rois germaniques installés dans l'Empire ont été des rois nationaux pour leurs peuples, des *reges gentium*, comme dit Grégoire le Grand[92]. Ils s'appellent *reges Gothorum, Vandalorum, Burgondionum, Francorum*. Mais, pour les Romains, ils sont des généraux romains auxquels l'empereur a abandonné le gouvernement de la population civile. C'est sous cette étiquette romaine qu'ils leur apparaissent[93]. Et ils sont glorieux de l'afficher devant eux : il suffit de rappeler la cavalcade de Clovis quand il a été fait consul honoraire.

L'état de choses le plus simple apparaît sous Théodoric. Il est, en fait, un vice-roi romain. Il ne publie que des édits et non des lois.

Les Goths ne forment que l'armée[94]. Toutes les magistratures civiles sont romaines et toute l'administration romaine est conservée autant qu'il se peut. Le Sénat subsiste. Mais tout le pouvoir est concentré dans le roi et dans sa cour, c'est-à-dire dans le sacré palais. Théodoric ne prend même que le simple titre de *rex*, comme s'il voulait faire disparaître son origine barbare. Il réside à Ravenne comme les empereurs. La division des provinces avec leurs *duces, rectores, praesides*, la constitution municipale avec les *curiales* et *defensores*, l'organisation des impôts, tout est conservé. Il frappe monnaie, mais au nom de

---

[92] JAFFÉ-WATTENBACH, *Regesta pontificum Romanorum*, t. I, 2ᵉ éd., p. 212, n° 1899.

[93] On a vainement cherché à leur conserver un caractère germanique. Voir la joyeuse histoire du char à bœufs. H. PIRENNE, Le char à bœufs des derniers Mérovingiens. Note sur un passage d'Eginhard, *Mélanges Paul Thomas*, 1930, p. 555-560.

[94] Cassiodore les appelle officiellement : *barbari* ou *milites*. Cf. L. SCHMIDT, Zur Geschichte Rätiens unter der Herrschaft der Ostgoten, *Zeitschrift für Schweizerische Geschichte*, t. XIV, 1934, p. 451.

l'empereur. Il adopte le nom de Flavius[95], signe qu'il prend la nationalité romaine. Des inscriptions l'appellent *semper Augustus, propagator Romani nominis*. La garde du roi est organisée sur le modèle byzantin, ainsi que tout le cérémonial de la cour. L'organisation judiciaire est toute romaine, même pour les Goths ; l'édit de Théodoric est tout romain. Pas de droit spécial pour les Goths. En fait, Théodoric combat les guerres privées et la barbarie germanique. Le roi n'a pas protégé le droit national de son peuple[96]. Les Goths forment les garnisons des villes, vivant de leurs revenus en terre[97], recevant une solde. Ils ne peuvent revêtir d'emplois civils. Pas la moindre action ne leur est possible sur le gouvernement, si ce n'est à ceux qui font partie, avec les Romains, de l'entourage du roi. Dans ce royaume où leur roi commande, ils sont en réalité des étrangers, mais des étrangers bien rentés, une caste militaire vivant grassement de son emploi. C'est cela, ce n'est pas un soi-disant caractère national, qui les relie les uns aux autres et expliquera l'énergie de leur résistance sous Justinien. L. Schmidt[98] reconnaît que, dès son établissement en Italie, la conception gothique de la royauté est perdue[99]. Théodoric n'est plus qu'un fonctionnaire de Zénon. À peine est-il arrivé en Italie, que l'Église et la population le reconnaissent comme le représentant de la légalité. Le pouvoir personnel du roi s'exerce par des *sajones* dont le nom gothique n'empêche pas qu'ils soient une imitation des *agentes in rebus* romains[100]. En somme, les Goths

---

[95] Son titre est *Flavius Theodoricus rex*.

[96] SCHMIDT, *op. cit.*, p. 387.

[97] Les Goths sont soumis à l'impôt foncier. Mais le roi veille à ce qu'ils aient le blé à bon marché.

[98] SCHMIDT, *op. cit.*, p. 292 : *das gotische Volkskönigtum Theoderichs war erloschen*.

[99] Pourtant, les Ostrogoths étaient plus germaniques que les Wisigoths quand ils se sont établis en Italie.

[100] HARTMANN, *op. cit.*, t. I, p. 100.

sont la base militaire du pouvoir royal qui, à part cela, est romain.

Sans doute, on ne trouve pas d'empreinte romaine aussi profonde chez les autres Barbares. Chez les Vandales, en dépit de la rupture avec l'Empire, tout caractère germanique est absent de l'organisation de l'État. Pourtant ici, malgré la fiction des traités, il y a bien rupture complète avec l'Empire et ce serait se moquer que de voir en Genséric un fonctionnaire. Il fait contraste avec Théodoric. Au lieu de ménager et de flatter comme lui la population romaine, il la traite avec rigueur et persécute sa foi. Pas de *tercia* ici. Les Vandales sont établis en masse dans la Zeugitane (Tunisie septentrionale), dont ils dépossèdent ou exproprient les propriétaires romains. Ils vivent de leurs colons, en rentiers. Ils sont exempts de l'impôt. Leur organisation en *tausendschaften*[101], que Procope appelle *chiliarques*, est toute militaire.

Mais tout droit germanique, toute institution plutôt, a disparu quand, en 442, Genséric, après avoir vaincu une insurrection de la noblesse qui cherchait à maintenir à son profit des restes d'organisation tribale, a établi la monarchie absolue[102]. Son gouvernement est romain. Il frappe des monnaies à l'effigie d'Honorius. Les inscriptions sont romaines. Genséric s'établit à Carthage comme Théodoric à Ravenne ; il y a un *palatium*. Il ne touche ni à la vie économique, ni aux réalités de l'existence quotidienne.

Il semble même que les rois vandales continuent à verser à Rome et à Constantinople les prestations d'huile[103]. Quand Genséric établit l'ordre de succession au trône, il le fait par un

---

[101] GAUTIER, *op. cit.*, p. 207.

[102] SCHMIDT, *op. cit.*, p. 113.

[103] ALBERTINI, Ostrakon byzantin de Négrine (Numidie), dans *Cinquantenaire de la Faculté des Lettres d'Alger*, 1932, p. 53-62.

codicille rédigé suivant les prescriptions de la législation romaine[104].

Les Berbères romanisés ont continué à vivre sous les Vandales la même vie qu'à l'époque antérieure[105]. La chancellerie est romaine[106] ; à sa tête, il y a un *referendarius*, Petrus, dont on a conservé quelques vers. Sous Genséric sont construits les thermes de Tunis. La littérature reste vivante[107]. Victor Tonnennensis croit encore à l'immortalité de l'Empire[108]. Les rois marchent dans les sentiers de Rome comme la Restauration dans les sentiers de Bonaparte. Par exemple, en 484, l'édit de Genséric contre les catholiques est copié sur celui d'Honorius de 412 contre les Donatistes[109]. Et l'on voit, par ce même dit, que les classes de la population sont restées exactement les mêmes. Bref, chez les Vandales, il y a encore moins de traces de germanisme que chez les Ostrogoths. Il est vrai que l'Afrique, au moment où ils s'y sont établis, était la plus vivante des provinces de l'Occident et qu'elle s'est tout de suite imposée à eux.

L'Espagne et la Gaule avaient autrement souffert des invasions et n'étaient pas d'ailleurs romanisées autant que l'Italie et l'Afrique. Et pourtant, le caractère germanique des envahisseurs y cède également devant les mœurs et les institutions romaines.

---

[104] MARTROYE, Le testament de Genséric, dans *Bulletin de la Société des Antiquaires de France*, 1911, p. 235.

[105] ALBERTINI, Actes de vente du Ve siècle, trouvés dans la région de Tébessa (Algérie), *Journal des Savants*, 1930, p. 30.

[106] R. HEUBERGER, *Über die Vandalische Reichskanzlei und die Urkunden des Königes des Vandalen*, Mitteilungen des Öster. Institut für Geschichtsforschung, XI Ergänzungsband, O. Redlich... Zugeeignet, 1929, p. 76-113.

[107] Voir plus bas, p. 120 et suiv.

[108] *Chronicon*, éd. Mommsen, M. G. H. SS. Antiq., t. XI, p. 184-206.

[109] Ch. SAUMAGNE, Ouvriers agricoles ou rôdeurs de celliers ? Les Circoncellions d'Afrique, *Annales d'histoire économique et sociale*, t. VI, 1934, p. 353.

Chez les Wisigoths, avant la conquête de Clovis, les rois vivent à la romaine dans leur capitale de Toulouse ; plus tard, ce sera Tolède. Les Wisigoths, établis selon « l'hospitalité », ne sont pas considérés comme juridiquement supérieurs aux Romains. Le roi appelle l'ensemble de ses sujets *populus noster*. Mais chacun conserve son droit et il n'y a pas entre Romains et Germains de *connubium*. Peut-être la différence de culte, les Wisigoths étant Ariens, est-elle une des raisons de cette absence d'union légale entre les anciens citoyens romains et les envahisseurs. L'interdiction du *connubium* disparaîtra sous Léovigild (d. 586), et l'arianisme sous Reccared. La communauté du droit entre Romains et Goths est établie sous Reccesvinth.

Les *sortes* des Goths sont libres d'impôts. Les provinces sont conservées avec leurs *rectores*, ou *judices provinciarum, consulares, praesides* ; elles sont divisées en *civitates*. Rien de germanique non plus, d'après Schmidt, dans l'organisation agricole.

Le roi est absolu : *dominus noster gloriosissimus rex*. Il est héréditaire et le peuple ne participe pas au pouvoir. Les traces d'assemblées de l'armée que Schmidt signale, faute de pouvoir découvrir de vraies assemblées nationales, sont des faits divers comme on en trouve beaucoup, d'ailleurs, sous le Bas-Empire.

Le roi nomme tous ses agents. Il y a, à sa cour, des grands germaniques et romains ; ceux-ci beaucoup plus nombreux d'ailleurs. Le Premier Ministre d'Euric et d'Alaric II, Léon de Narbonne, unit les fonctions de *quaestor sacri palatii* et de *magister officiorum* de la cour impériale. Le roi n'a pas de « truste » guerrière, mais des *domestici* à la romaine. Les ducs des provinces, les *comites* des cités, sont surtout des Romains.

Dans les villes, la *curia* subsiste avec un *defensor* ratifié par le roi. Les Wisigoths se divisent en *Tausendschaften, Fünfhundertschaften, Hundertschaften, Zehnschaften*, avec des chefs militaires sur les attributions desquels on est très mal renseigné. Aussi longtemps qu'a duré le royaume de Toulouse, il ne semble pas que les

Romains aient été soumis au service militaire. La situation est donc la même que chez les Ostrogoths. Il semble que, pendant un temps, les Wisigoths ont eu dans le *millenarius* un magistrat à part, comme les Ostrogoths. Mais déjà sous Euric, ils sont soumis à la juridiction du *comes* qui juge à la romaine avec des *assessores*, légistes. Pas la plus petit trace de germanisme dans l'organisation du tribunal[110].

Le code d'Euric, promulgué en 475 pour régler les rapports des Goths avec les Romains, est rédigé par des juristes romains ; ce document est tout romanisé. Quant au Bréviaire d'Alaric (507), fait pour les Romains, c'est du droit romain à peu près pur. Il y continuation de l'impôt romain et le système monétaire lui aussi est romain.

Les fonctionnaires du roi sont soldés. Quant à l'Église, elle est soumise au roi, qui ratifie l'élection des évêques. Il n'y a pas de vraie persécution contre les catholiques, sauf par exception. À mesure qu'on avance, la romanisation augmente. Léovigild (568-586) supprime les restes de la juridiction spéciale qui existait pour les Goths, autorise le mariage entre les deux races, introduit la parenté romaine pour les Wisigoths.

Le roi a eu, au début, les insignes germaniques qu'il échange plus tard contre des insignes romains[111]. Son autorité est un pouvoir public et non une simple tyrannie personnelle. L'ancien caractère militaire des Barbares, lui aussi, s'efface. Les Wisigoths sont tellement amenuisés, qu'en 681, Ervige oblige

---

[110] M. M. BLOCH a signalé, dans la *Revue historique* de mars-avril 1930, p. 336, combien est grotesque la croyance à certaines pseudo-persistances du germanisme.

Sur la romanisation extraordinairement rapide des Wisigoths, voyez GAMILLSCHEG *Romania Germanica*, t. I, p. 394 et ss.

[111] LOT, *La fin du monde antique et le début du Moyen Age*, dans la collection « L'Évolution de l'humanité », Paris, 1927, p. 329 : Reccesvinth, vers 630, adopte le costume byzantin.

les propriétaires à amener à l'armée le dixième de leurs esclaves en armes.

Sous Reccared (586-608), l'amalgame judiciaire est complet. Le *Liber judiciorum*, promulgué par Reccesvinth en 634, l'atteste. L'esprit en est romain et ecclésiastique, car depuis la conversion de Reccared, l'Église joue un rôle énorme. Les dix-huit conciles, qui se réunissent de 589 à 701, sont convoqués par le roi. Il y appelle d'ailleurs des laïques de la cour à côté des évêques. On consulte les conciles, non seulement en matière ecclésiastique, mais civile[112].

Cette Église, dont le roi continue à nommer les dignitaires, est très royaliste, même à l'égard des rois ariens.

Quand Athanagild se révolte contre Léovigild, elle reste fidèle à celui-ci. Elle proclame l'électivité du roi par elle et les grands (633), et introduit le sacre[113].

Ceci ne change d'ailleurs en rien l'absolutisme royal que l'Église soutient : *Nefas est in dubium deducere ejus potestatem cui omnium gubernatio superno constat delegata judicio*[114].

Chindasvinth, élu en mai 642, fait mettre à mort ou réduire en esclavage 700 aristocrates qui prétendent s'opposer à sa toute-puissance[115].

---

[112] LOT, *op. cit.*, p. 329.

[113] L'onction royale est attestée par Wamba en 672, mais elle est sans doute plus ancienne et remonte peut-être à Reccared (586-608), M. BLOCH, *Les rois thaumaturges*, 1924, p. 461.

[114] Texte du 30ᵉ canon du VIe Concile de Tolède, cité par ZIEGLER, *Church and State in Visigothic Spain*, 1930, p. 101.

[115] F. LOT, *op. cit.*, p. 329.

Le roi ne s'est appuyé sur l'Église que pour tenir tête à l'aristocratie[116]. Mais cette Église, dont il nomme les évêques, est servile à son égard. Il n'y a pas de théocratie. La royauté évolue vers le système byzantin. Le roi légifère comme les empereurs en matière religieuse. Leur élection, que Lot[117] semble prendre au sérieux, est considérée par Ziegler comme une fantasmagorie. En réalité, il y a là, comme à Byzance, un mélange d'hérédité, d'intrigues, de coups de force. Léovigild épouse une princesse byzantine, ce qui ne l'empêche pas de repousser les Byzantins : Et ces rois wisigoths ont des *spatharii* tout comme les empereurs[118].

Les rois burgondes, dont l'éphémère royaume fut annexé par les rois francs en 534[119], sont dans les meilleurs termes avec l'Empire, après avoir réussi à s'emparer de Lyon. Les Burgondes sont établis, comme les Ostrogoths et les Wisigoths, suivant l'*hospitalitas*[120].

Au moment de leur établissement, Sidoine les décrit comme des barbares naïfs et brutaux. Mais leurs rois sont absolument romanisés. Gondebaud a été *magister militum praesentialis*. À leur cour abondent les poètes et les rhéteurs. Le roi Sigismond se vante d'être un soldat de l'Empire et dit que son pays est une partie de l'Empire[121]. Ces rois ont un *quaestor palatii* et des *domestici*. Sigismond est un instrument de Byzance qui reçoit de l'empereur Anastase le titre de patrice. Les Burgondes sont les soldats de l'empereur contre les Wisigoths.

---

[116] ZIEGLER, *op. cit.*, p. 126.

[117] *Op. cit.*, p. 329.

[118] P. GUILHIERMOZ, *Essai sur l'origine de la noblesse en France au Moyen Age*, 190 p. 13, n. 55.

[119] Voir les récits très détaillés dans COVILLE, *op. cit.*, p. 77-238.

[120] En 443, en *Sapaudia*, COVILLE, *op. cit.*, p. 109.

[121] HARTMANN, *op. cit.*, t. I, p. 218-219.

Aussi se considèrent-ils comme faisant partie de l'Empire. Ils datent par année des consuls, c'est-à-dire des empereurs ; le roi est *magister militum* au nom de l'empereur.

Pour le surplus, le pouvoir royal est absolu et unique. Il ne se partage pas ; quand le roi a plusieurs fils, il en fait des vice-rois[122]. La cour surtout est composée de Romains. Aucune trace de bande guerrière ; à la tête des *pagi* ou *civitates*, se trouve un *comes*. À côté de lui pour rendre la justice, il y a un *judex deputatus*, également nommé par le roi et jugeant suivant l'usage romain.

La *Sippe* primitive a disparu, bien que son souvenir subsiste dans le nom de *Faramanni* (libres). L'organisation municipale romaine subsiste à Vienne et à Lyon. De même, l'organisation des impôts et celle de la monnaie sont entièrement romaines.

Le roi burgonde, comme le roi wisigothique, paie des traitements à ses agents. Dans ce royaume si profondément romanisé, les Burgondes et les Romains ont la même condition juridique « *una conditione teneantur* »[123]. Il semble qu'à la différence des autres États germaniques, dits fédérés, les Romains servent dans l'armée et ont le *connubium* avec les Burgondes.

Ainsi donc Ostrogoths, Wisigoths, Vandales, Burgondes gouvernent à la romaine. De « principes germaniques » pas trace, ou si peu que rien. C'est, sous des rois nouveaux, l'ancien régime qui dure, avec bien des pertes sans doute. Une seule nouveauté : l'armée gratuite grâce au partage des terres. L'État est allégé de ce terrible budget de la guerre qui écrasait les populations.

---

[122] L. SCHMIDT, *op. cit.*, p. 169 et p. 178.

[123] *Lex Gundobada*, X, éd. R. de Salis, M. G. H. Leges, t. II 1, p. 50.

L'administration, d'ailleurs devenue rudimentaire, coûte moins aussi. L'Église se charge du reste. Mais encore une fois, tout ce qui vit et fonctionne est romain. Des institutions germaniques, des assemblées d'hommes libres, il ne subsiste rien. Tout au moins trouve-t-on, çà et là, dans le droit, des infiltrations germaniques telles que le *Wehrgeld*. Mais c'est un petit ruisseau qui se perd dans le fleuve de la romanisation juridique : procédure civile, contrats, testament, etc. L'Occident rappelle ces palais italiens devenus maisons de location et qui, si dégradés qu'ils soient, conservent leur ancienne architecture. Décadence certes, mais décadence romaine dans laquelle aucun germe de civilisation nouvelle ne paraît. La seule caractéristique des Germains, l'arianisme, est lui-même une vieille hérésie sans rien d'original et qui n'a eu guère de portée que chez les Vandales au début.

On croit qu'il en a été autrement chez les Francs[124], auxquels on attribue dès le début des invasions une importance extraordinaire parce qu'ils ont, en effet, refait l'Europe à l'époque carolingienne. Mais en est-il ainsi dès le VIe siècle ? Je crois qu'il faut répondre très nettement.

Sans doute, l'État franc est le seul qui, dans ses régions du Nord, ait conservé une population purement germanique. Mais durant la période mérovingienne, elle ne joue aucun rôle. À peine la conquête entamée, les rois s'installent au sud, en pays romain, à Paris[125], à Soissons, à Metz, à Reims, à Orléans et

---

[124] C'est le point de vue que défendent notamment H. BRUNNER, dans sa *Deutsche Rechtgeschichte*, et G. WAITZ dans sa *Deutsche Verfassungsgeschichte*.

[125] Quand un roi d'Austrasie devient roi de tout le royaume, il se hâte d'aller s'établir à Paris. F. LOT, *Les invasions*, p. 208. Les remarques archéologiques d'ABERG, *Die Franken und Westgothen in der Völkerwanderungszeit*, Upsala, 1922, et philologiques de GAMILLSCHEG, *Romania Germanica*, t. I, p. 294, prouvent que, depuis le milieu du VIe siècle, les Francs de Gaule n'exercent plus d'influence sur les régions de la Germanie.

dans leurs banlieues[126]. Et s'ils ne vont pas plus au sud, c'est sans doute pour pouvoir mieux résister à la Germanie, vis-à-vis de laquelle ils adoptent l'attitude défensive des empereurs romains[127].

En 531, Thierry, avec l'aide des Saxons, détruit les Thuringiens[128]. En 555, Clotaire fait une expédition en Saxe et en Thuringe et soumet la Bavière[129]. En 556[130] et en 605[131], de nouvelles guerres sont entreprises contre les Saxons. En 630-631 a lieu l'expédition de Dagobert contre Samo[132]. En 640, la Thuringe se soulève et redevient indépendante[133]. En 689, Pépin combat les Frisons.

De ces pays germaniques n'est venue durant la période mérovingienne aucune influence. L'État franc jusqu'à sa soumission aux Carolingiens, est essentiellement neustrien et roman, depuis le bassin de la Seine jusqu'aux Pyrénées et à la mer. Les Francs qui se sont établis là sont d'ailleurs très peu nombreux.

Nous n'avons de renseignements sur les institutions mérovingiennes qu'après l'époque de la conquête des terres

---

[126] R. BUCHNER, *Die Provence in Merowingischer Zeit*, 1933, p. 2, n. 5. D'après cet auteur, Clovis diffère des autres rois germains purement méditerranéens, parce qu'il vise à la fois la Méditerranée et la Germanie. Il ne voit pas que, de ce côté, son attitude, et surtout celle de ses successeurs, est purement défensive.

[127] G. RICHTER, *Annalen des fränkischen Reichs im Zeitalter der Merowinger* (1873), p. 48, et F. LOT, PFISTER et GANSHOF, *Histoire du Moyen Age*, t. I, p. 205.

[128] RICHTER, *op. cit.*, p. 61.

[129] *Ibid.*, p. 63.

[130] *Ibid.*, p. 102.

[131] *Ibid.*, p. 160.

[132] *Ibid.*, p. 165.

[133] *Ibid.*, p. 177.

wisigothiques et burgondes. Il est certain que l'état de choses trouvé là, ainsi que dans le territoire que gouvernait Syagrius, aura exercé une influence sur les institutions franques[134]. Une grande différence pourtant sépare les Francs des Wisigoths et des Burgondes ; ils n'ont pas connu l'*hospitalitas*, ni, par conséquent, de défense du *connubium* avec les Romains. Et, de plus, les Francs sont catholiques. Leur fusion avec la population gallo-romaine se fait donc avec la plus grande facilité.

Et pourtant, il est vrai que leur romanisation fut moins effective parce que leurs rois vécurent à Paris dans un milieu moins romanisé que ne l'étaient les villes de Ravenne, Toulouse, Lyon ou Carthage. En outre, la Gaule septentrionale venait de traverser une période de guerre et d'invasions successives qui y avaient accumulé les ravages.

Pourtant, des anciennes institutions romaines, ils conservent tout ce qu'ils peuvent et ce n'est pas la bonne volonté qui leur manque. Leur État est plus barbare, mais il n'est pas plus germanique[135]. Ici aussi l'organisation des impôts[136] et de la monnaie est conservée. Ici aussi il y a des comtes dans chaque cité, les provinces ayant disparu.

Le *grafio*, le *thunginus*, les *rachimburgi* n'existent que dans le Nord[137]. Le *leudesamio*, germanique d'après Waitz, est d'origine

---

[134] Les agents du roi mérovingien s'appellent *judices* comme ceux de l'empereur.

[135] H. von SYBEL, *Entstehung des Deutschen Königthums*, 2ᵉ éd., 1881, a bien vu cela. Voyez la polémique soutenue contre lui par G. WAITZ, *Deutsche Verfassungsgeschichte*, t. II, Iʳᵉ partie, 3ᵉ éd., 1882, p. 81 et ss.

[136] WAITZ, *op. cit.*, t. II, 2ᵉ partie, 3ᵉ éd., p. 273, allègue le refus des Germains de payer l'impôt personnel parce qu'il est considéré comme incompatible avec l'*ingenuitas*. Mais cela n'a rien de germanique. Il cite, n. 3, un texte de concile qui le prouve jusqu'à l'évidence.

[137] WAITZ, *op. cit.*, t. II, 2ᵉ partie, 3ᵉ éd., p. 122 et ss., s'efforce de prouver que les fonctionnaires mérovingiens ne sont pas Romains. Il n'y a plus de séparation du militaire et du civil ; le roi leur donne le ban, ils n'ont pas de traitement ! Il avoue

romaine d'après Brunner[138] ; la *commendatio* aussi est d'origine romaine[139].

Presque tous les agents du roi, si pas tous, sont recrutés parmi les Gallo-Romains. Même le meilleur général de l'époque, Mummolus, semble avoir été un Gallo-Romain[140].

Et jusque dans les bureaux qui l'entourent, le roi a des *referendarii* gallo-romains[141].

Il ne subsiste pas de trace d'assemblées publiques[142]. Le roi lui-même semble, certes, plus germanique que les rois des autres peuples barbares. Et pourtant, qu'a-t-il de spécifiquement germain ? Ses longs cheveux[143] ? Le préjugé est si fort qu'on a été jusqu'à invoquer en faveur de sa nature germanique la caricature qu'a faite Éginhard des derniers rois mérovingiens. De tous les Mérovingiens, seul Thierry, fils aîné de Clovis (d. 534), a laissé son nom dans la poésie germanique, sans doute à cause de sa terrible expédition de Thuringe. Il est le Hugdietrich de l'épopée[144]. Les autres n'ont pas laissé, dans la mémoire de leur peuple, le souvenir de héros nationaux.

Le pouvoir royal, d'ailleurs, est bien dans la conception impériale. Le roi franc, comme les autres rois germaniques, est

---

d'ailleurs que l'administration était étrangère aux Germains (p. 124), et oublie les fonctionnaires esclaves et romains.

[138] BRUNNER, *op. cit.*, t. II, 2ᵉ éd., p. 77-80.

[139] *Ibid.*, p. 364-365.

[140] F. LOT, PFISTER et GANSHOF, *Histoire du Moyen Age*, t. I, p. 271.

[141] H. BRESSLAU, *Handbuch der Urkundenlehre*, t. I, 2ᵉ éd., 1912, p. 360-362.

[142] WAITZ, *op. cit.*, t. II, 2ᵉ partie, 3ᵉ éd., p. 241.

[143] Ce que WAITZ, *op. cit.*, t. II, Iʳᵉ partie, 3ᵉ éd., p. 205 et ss., dit du caractère germanique du roi est sans aucune pertinence.

[144] F. LOT, PFISTER et GANSHOF, *Histoire du Moyen Age*, t. I, p. 200, n. 98.

le centre de toute autorité[145]. C'est un despote absolu. Il inscrit dans ses *praeceptiones* : *Si quis praecepta nostra contempserit oculorum evulsione multetur*[146], affirmant ainsi cette notion romaine entre toutes du *crimen laesae majestatis*[147].

S'il est vrai que le roi se considère comme le propriétaire de son royaume, la royauté n'a pourtant pas un caractère aussi privé qu'on l'a soutenu. Le roi distingue sa fortune privée du fisc public[148]. Sans doute, la notion du pouvoir royal est plus primitive que chez les Wisigoths. À la mort du roi, ses États se partagent entre ses fils, mais c'est là une conséquence de la conquête, et qui n'a rien d'ailleurs de germanique[149].

Sans doute aussi, les rois francs n'ont pas de titres romains, sauf sporadiquement sous Clovis. Mais ils cherchent à maintenir le contact avec les empereurs de Byzance[150].

Ainsi donc, même chez les Francs, le romanisme traditionnel se conserve.

---

[145] Quoique le mot « ban » désigne le pouvoir, celui-ci n'est pas germanique. Le vieux mot militaire s'est conservé et c'est tout.

[146] GRÉGOIRE DE TOURS, *Hist. Franc.*, VI, 46 ; WAITZ, *op. cit.*, t. II, Ire partie, 3e éd., p. 212, cite GRÉGOIRE DE TOURS, *Hist. Franc.*, IX, 8 : *agendo contra voluntate vestram atque utilitatem publicam*.

[147] GRÉGOIRE DE TOURS, *Hist. Franc.*, V, 25 ; VI, 37 ; IX, 13 ; IX, 14 ; X, 19.

[148] Cf. la situation chez les Anglo-Saxons. Voyez W. STUBBS, *Histoire constitutionnelle de l'Angleterre*, éd. et trad. franç. par G. LEFÈBVRE et Ch. PETIT-DUTAILLIS, t. I, 1907, p. 183.

[149] Les partages ne se rencontrent que chez les Francs, peut-être parce qu'au moment de la succession de Clovis il n'y a plus d'empereur en Occident et qu'en tout cas les Francs ne se souviennent pas, en ce moment, de l'empereur.

[150] Théodebert aurait songé à attaquer Byzance. LOT, PFISTER et GANSHOF, *Histoire du Moyen Âge*, t. I, p. 208.

Si l'on envisage l'ensemble de ces royaumes barbares, on y trouve trois traits communs. Ils sont absolutistes, ils sont laïques et les instruments du règne y sont le Fisc et le Trésor.

Et ces trois caractères sont romains ou, si l'on veut, byzantins. Sans doute, l'absolutisme est venu de lui-même. Le roi était déjà très puissant comme chef militaire lors de l'établissement. Après celui-ci, cette force n'a pu, à cause des provinciaux, que prendre la forme de l'absolutisme[151]. Pour qu'il en fût autrement, il eût fallu que le roi fût dans la situation des souverains anglo-saxons. Rien n'est moins germanique que la royauté de ces chefs militaires. C'est le pouvoir personnel, c'est-à-dire exactement ce qui existe dans l'Empire.

Dans tous ces royaumes, l'absolutisme du roi s'explique par sa puissance financière. Partout, comme succédant à l'empereur, il dispose du fisc et des impôts. Or, la fortune du fisc est immense. Ce sont les domaines impériaux, les forêts, les terres vagues, les mines, les ports, les routes. Et ce sont aussi les impôts et la monnaie. Ainsi, le roi est un immense propriétaire foncier et il jouit en même temps d'un formidable trésor en or monnayé. Aucun prince en Occident, avant le XIIIe siècle, n'a dû être aussi fourni d'argent que ces rois-là. La description de leurs trésors est un ruissellement de métal jaune. Avant tout, ils permettent au roi de payer leurs fonctionnaires[152]. Les rois mérovingiens donnent, sur leur trésor, des assignations importantes : avant 695, l'abbé de Saint-Denis obtient une rente de 200 sous d'or sur le trésor et une autre de 100 sous sur les magasins du fisc (*cellarium fisci*)[153] ; ils font des prêts aux villes[154],

---

[151] Aucune hérédité des fonctions. Le roi choisit qui il veut, comme l'empereur.

[152] DAHN, *op. cit.*, t. VI, p. 290.

[153] H. PIRENNE, Le cellarium fisci, Académie royale de Belgique, *Bulletin de la Classe des Lettres et des Sciences morales et politiques*, 5ᵉ série, t. XVI, 1930, nos 5-7, p. 202.

[154] GRÉGOIRE DE TOURS, *Hist. Franc.*, III, 34.

payent les missionnaires, corrompent ou achètent qui ils veulent. La conservation de l'impôt romain et le tonlieu sont les sources essentielles de leur pouvoir. Les considérer, comme en le fait souvent, en ne voyant en eux que de grands propriétaires fonciers, est une erreur manifeste qui ne s'explique que parce qu'on les a vus sous l'aspect des rois postérieurs[155]. Non, ils ressemblent beaucoup plus par leur richesse monnayée aux rois byzantins qu'à Charlemagne.

Et ils font tout pour augmenter ce trésor qui les soutient. De là, les innombrables confiscations. Chilpéric fait faire, dans tout son royaume, des *discriptiones novas et graves*[156]. Il y a là toute une administration financière compliquée avec des registres, des reviseurs, etc. C'est pour s'emparer de leurs trésors que les rois se massacrent[157].

De plus, ils disposent des subsides byzantins qui sont énormes ; l'empereur Maurice envoie 50000 sous d'or à Childebert pour payer son alliance contre les Lombards[158]. La dot donnée à Rigunthis en 584[159], l'aumône de 6000 sous faite par Childebert à l'abbaye de Saint-Germain pour les pauvres[160], la munificence de Dagobert Ier qui recouvre d'argent l'abside de Saint-Denis[161] donnent une idée de la richesse des rois francs. Comme les Byzantins, ils utilisent largement leur trésor à des fins

---

[155] H. PIRENNE, Liberté et propriété en Flandre du VIIe au XIe siècle, Académie royale de Belgique, *Bulletin de la Classe des Lettres*, 1911, p. 522-523.

[156] GRÉGOIRE DE TOURS, *Hist. Franc.*, V, 28.

[157] FUSTEL DE COULANGES, *Les transformations de la royauté pendant l'époque carolingienne*, p. 19.

[158] GRÉGOIRE DE TOURS, *Hist. Franc.*, VI, 42.

[159] *Ibid.*, VI, 45 ; VII, 9 ; VII, 15.

[160] S. DILL, *Roman society in Gaul in the Merovingian Age*, 1926, p. 280.

[161] *Gesta Dagoberti regis*, c. 17, M. G. H. SS. rer. Merov., t. II, p. 406.

politiques ; c'est ainsi que Brunehilde, en 596, détourna par *pecunia* une attaque des Avars sur la Thuringe[162].

Il est donc impossible de dire que les rois ne thésaurisent que pour eux.

Mais les souverains ostrogoths sont encore plus riches. Il suffit de penser aux somptueuses constructions érigées par Théodoric. Et il en est de même des Wisigoths : en 631, le prétendant Sisenand offre 200000 sous d'or à Dagobert pour obtenir son appui contre Svinthila[163] ; et Léovigild en promet 30000 au lieutenant de l'empereur pour qu'il se range à son parti contre son fils[164].

L'importance du revenu du tonlieu chez les Wisigoths se déduit de ce que les abus des fermiers sont punis de mort comme dans le droit romain[165]. Les livres d'impôts se retrouvent toujours chez eux[166] et les rois payent leurs fonctionnaires[167]. La description par Venantius Fortunatus des trésors apportés par Galswinthe permet de se rendre compte de leur grandeur[168].

Bref, l'intervention de l'or est continuelle dans cette politique comme dans celle de Byzance ; les rois achètent et se font acheter.

---

[162] RICHTER, *op. cit.*, t. I, p. 98.

[163] *Ibid.*, p. 161.

[164] GRÉGOIRE DE TOURS, *Hist. Franc.*, V, 38.

[165] DAHN, *Könige des Germanen*, t. VI, p. 290.

[166] DAHN, *op. cit.*, t. VI, p. 260.

[167] *Ibid.*, p. 275.

[168] *Carmina* VI, 5, éd. Krusch, M. G. H. SS. Antiq., t. IV, p. 136 et ss.

Mais il est encore un autre aspect par lequel les États barbares continuent la tradition antique : c'est leur caractère laïque. Toute l'administration, à tous les degrés, est séculière. Si les rois s'entendent généralement bien avec les évêques, pas un de ceux-ci, à la différence de ce qui se passera au Moyen Age, n'a revêtu un office. Au contraire, quantité d'évêques sont d'anciens référendaires royaux[169]. Il y a là un contraste éclatant avec la politique de Charlemagne basée sur les *missi* dont la moitié sont nécessairement des évêques, ou avec celle d'Othon qui confia les rênes du gouvernement aux évêques impériaux. C'est que, au lendemain des invasions, les laïques comme on le verra plus loin, sont encore instruits[170].

L'État profane mérovingien s'oppose ainsi très nettement à l'État religieux carolingien. Et ce qui est vrai des Mérovingiens, l'est aussi de tous les autres : Ostrogoths, Wisigoths, Vandales, Burgondes. À cet égard donc, et il est essentiel, l'ordre ancien des choses continue. Le roi est lui-même un pur laïque et aucune cérémonie religieuse ne concourt à son pouvoir.

L'Église lui est soumise. Si en théorie les évêques sont nommés par le clergé, en fait, très souvent, le roi les nomme directement. Ici encore, c'est la tradition antique de l'Église d'État. Comme en Orient, les évêques francs marchent avec leurs souverains, la main dans la main[171]. Les rois convoquent les conciles. Et si les Mérovingiens s'abstiennent de les diriger, chez les Wisigoths en

---

[169] Didier de Cahors a été trésorier du roi et préfet de Marseille, saint Ouen référendaire en Neustrie.

[170] H. BRESSLAU, *op. cit.*, t. I, 2e éd., p. 364-367, cite des référendaires devenus évêques. Voir aussi H. SPROEMBERG, *Marculf und die fränkische Reichskanzlei, Neues Archiv,* t. XLVII, 1927, p. 124-125.

LOENING, *Geschichte des Deutschen Kirchenrechts,* t. II, 1878, p. 262, voit fort bien que l'État est laïque, encore qu'il se trompe dans l'explication du fait. Voir aussi DAWSON, *op. cit.*, p. 221-222.

[171] L. DUCHESNE, L'Église au VIe siècle, 1925, p. 528.

revanche, les conciles sont, depuis Reccesvinth, associés au gouvernement. L'Église n'en reste pas moins très servilement soumise au roi[172].

Mais cette Église qu'ils dominent, les rois ont pour elle le plus grand respect. L'idéal royal est, d'après Grégoire de Tours, de favoriser les églises et les pauvres[173]. Ils la comblent de faveurs et de richesses, l'entourent de marques de respect, encore que, sauf quelques femmes, ils n'entrent pas au cloître. Il ne paraît pas que leur piété personnelle soit grande. Mais ils voient dans les évêques les chefs de l'Église, c'est-à-dire d'une très grande force divine. Et, de plus, ces évêques jouissent auprès du peuple d'un prestige immense. Ils peuvent être et ils sont, chez les Wisigoths par exemple, un utile contrepoids à l'aristocratie laïque.

V. Justinien (527-565)

Il n'y a pas de plus grande erreur que de croire que l'idée de l'Empire ait disparu après le dépècement des provinces occidentales par les Barbares. Personne ne peut douter que le βασιλεύς qui règne à Constantinople n'étende encore son autorité théorique à tout l'ensemble. Il ne gouverne plus, mais il règne encore et c'est vers lui que se tournent tous les yeux.

L'Église surtout, pour qui l'Empire est une construction providentielle, ne peut se passer de lui. Son chef à Rome, et la

---

[172] Cf. la curieuse anecdote contée par GRÉGOIRE DE TOURS, *Liber vitae patrum*, VI, 3, M. G. H. SS. rer. Merov., t. I, p. 681-682. Il y a là une combinaison d'élection cassée par le roi qui nomme cependant le candidat désiré, moyennant de grands présents et fait célébrer un banquet dans la ville épiscopale. En somme, tout dépend du roi. Voyez *ibid.*, p. 727 et ss., la vie de saint Nicet, évêque de Trèves, nommé par un roi, envoyé en exil par un autre, rétabli par un troisième.

[173] GRÉGOIRE DE TOURS, *Hist. Franc.*, III, 25.

ville de Rome le reconnaissent comme le souverain légitime de l'*ecclesia*[174].

Sauf le roi des Vandales, les rois barbares le considèrent comme leur maître, frappent son effigie sur leurs monnaies, sollicitent et obtiennent de lui, titres et faveurs. Justinien adopte Théodebert[175] comme Maurice adoptera Childebert.

C'est à Constantinople que les rois soumettent leurs différends ou cherchent à nouer des intrigues. De son côté, l'empereur n'a rien cédé. Il est donc tout naturel que, l'occasion se présentant, il cherche à reprendre son bien. Et à cette volonté s'ajoute pour Justinien le souci du rétablissement de l'orthodoxie religieuse. Malgré la perte de presque toutes les côtes méditerranéennes, Byzance est de taille à tenter la grande entreprise de la reconstitution de l'Empire.

Elle a une flotte qui lui donne la maîtrise de la mer. Elle est appuyée par l'Église, avec laquelle Théodoric vient de se brouiller. En Italie, elle peut compter sur l'appui des grandes familles romaines, en Afrique sur la clientèle des réfugiés de l'aristocratie vandale qui ont cherché à la cour impériale un refuge contre les persécutions royales ; peut-être escomptait-elle aussi le soulèvement des populations provinciales.

Afin de mettre de son côté le maximum de chances de succès, Justinien, avant d'entreprendre ses campagnes, fait la paix avec l'Empire perse (532) et fixe, par des subsides, les Barbares de toutes sortes qui rôdent aux frontières.

---

[174] Voyez l'œuvre de Grégoire le Grand, qui date, il est vrai, d'après Justinien. Il suffit de lire les écrits de Marius d'Avenches (d. 594),de Victor Tonnennensis (d. 569), de Jean de Biclaro (d. 590) pour voir que pour eux l'Empire continue. Cf. EBERT, *Histoire de la littérature du Moyen Age en Occident*, trad. AYMERIC et CONDAMIN, t. I, 1883, p. 618.

[175] Théodebert écrit aussi humblement que possible à Justinien. A. VASILIEV, *Histoire de l'Empire byzantin*, trad. franç., Paris, 1932, t. I, p. 203, n. 2.

Byzance n'a pas à faire face à un front unique. Il n'y a aucune politique germanique. Théodoric avait bien essayé de grouper sous son hégémonie les autres États. Mais son but avait été tout simplement de sauvegarder l'Italie. Il avait pour cela soutenu les Wisigoths contre les Francs et empêché leur écrasement complet après la bataille de Vouillé ; il s'était fait céder en 509 la Provence par Clovis, et en 523 était intervenu pour empêcher les Francs d'anéantir la Bourgogne[176].

Loin de lui concilier les rois francs, sa politique avait fait des Mérovingiens ses irréductibles ennemis.

Si Byzance n'était pas intervenue pour empêcher Théodoric de s'établir aussi fortement en Italie, c'est parce qu'elle ne s'en était pas senti la force. Elle en avait toléré l'occupation, avait entretenu avec Théodoric des rapports pacifiques, mais n'avait pas accepté le fait accompli.

Contre les Ostrogoths, Byzance allait trouver des alliés naturels dans les Francs.

En 526, Théodoric mourut. Comme un empereur romain[177], et en contradiction absolue avec la coutume germanique, il avait, en mourant, désigné pour son successeur, son petit-fils Athalaric, âgé de 10 ans, sous la régence de sa mère Amalasonthe.

Celle-ci n'avait pris le pouvoir qu'avec le consentement de Justinien, et elle lui avait marqué à cette occasion une telle déférence qu'il avait pu envisager, peut-être, le retour de l'Italie à l'Empire sans tirer l'épée.

---

[176] BUCANER, *Die Provence in Merowingischer Zeit*, 1933, p. 3.
[177] HARTMANN, *op. cit.*, t. I, p. 229 ; F. LOT, *La fin du monde antique*, p. 303.

Ce fut donc contre les Vandales que Justinien dirigea son offensive. En 533, en une seule campagne, Bélisaire triomphe de l'usurpateur Gélimer qui occupait le trône à ce moment, et s'empare de toute la côte d'Afrique jusqu'à Ceuta.

Justinien se hâte d'y établir un *limes*. Pour le surplus, il reprend immédiatement en main le gouvernement du pays dans lequel tout le système administratif romain avait été conservé.

Les Vandales ne réagirent pas. Ils se fondirent immédiatement dans la masse de la population romaine et, plus jamais, il ne devait être question d'eux.

L'Afrique, la plus riche des provinces de l'Empire, lui était rattachée. Seuls les Maures résistèrent encore pour être enfin soumis en 548[178].

Comme Justinien venait de s'emparer de l'Afrique (533), le jeune roi des Ostrogoths, Athalaric, mourut (534). Sa mère Amalasonthe, pour conserver le pouvoir, épousa son cousin Théodahat ; mais, dès l'année suivante (535), celui-ci la faisait périr.

Aussitôt Justinien intervient. Bélisaire s'empare de la Sicile (535), complétant ainsi la conquête de l'Afrique ; acclamé par la population, il marche au nord, se rend maître de Naples et entre à Rome dès 536.

La dynastie romanisée des Ostrogoths n'offrit pas de résistance. Théodahat se piquait d'être platonicien et de dédaigner les armes, et son frère Evermud se rendit tout de suite à Bélisaire,

---

[178] A. VASILIEV, *op. cit.*, t. I, p. 178.

préférant aller vivre en patricien à Rome plutôt que de défendre la cause de ses compatriotes barbares[179].

Et pourtant, brusquement, Bélisaire se heurta à une résistance acharnée.

Se sentant menacés dans la possession des terres qui leur avaient été allouées, les soldats ostrogoths élèvent sur leurs boucliers un de leurs officiers, Vitigès, et l'acclament roi.

Aussitôt il marche sur Rome où Bélisaire s'est enfermé (537), mais il ne peut forcer la ville et, bientôt contraint de se retirer, il se retranche dans Ravenne.

Craignant d'être assailli au nord par les Francs, il leur cède la Provence, que Justinien s'empresse de leur reconnaître[180].

Puis, incapable de se défendre contre les troupes de Bélisaire, Vitigès négocie.

À condition qu'il leur laisse la vie et leurs terres, les Goths offrent à Bélisaire la couronne royale. Bélisaire accepte ou feint d'accepter et entre dans la ville (540). Un traité est signé. Les garnisons gothiques prêtent serment à leur nouveau roi. Et Bélisaire, ayant terminé sa mission, est rappelé par l'empereur. À la stupéfaction des Goths, qui ne comprennent pas qu'il aille reprendre du service quand il peut être un roi indépendant, Bélisaire obéit. Il emmène Vitigès et une quantité de Goths qui le suivent et qui participeront avec lui aux guerres contre les Perses.

---

[179] I. HARTMANN, *op. cit.*, t. I, p. 261.
[180] F. KIENER, *Verfassungsgeschichte der Provence*, 1900, p. 22.

Cette conduite de Bélisaire, qui amène en Italie un préfet du prétoire et le gouvernement régulier de Rome, constitue une trahison aux yeux des Goths. Ceux du nord de l'Italie, dont le territoire n'a pas encore été occupé par les impériaux, se soulèvent, offrent la couronne à un officier, Uraias, qui la refuse, puis à Ildibald, neveu du roi wisigoth Theudis[181] ; celui-ci va entreprendre de reconquérir l'Italie.

À ce moment, la population italienne est écrasée d'impôts. Bélisaire a emmené la plus grande partie des troupes ; ce qu'il en reste est réparti dans des garnisons, sans commandement général.

Parti de Pavie avec mille hommes, Ildibald, grâce à l'hostilité de la population contre le nouveau gouvernement impérial, remporte de sérieux succès.

Il triomphe de l'armée romaine commandée par le *magister militum per Illyricum*, mais à ce moment périt assassiné[182].

Son successeur Eraric, qui n'est pas un Goth, mais un Rugue, cherche aussitôt à négocier avec Justinien, lui offrant de trahir son armée et d'aller vivre à Constantinople, moyennant l'obtention du titre de patrice. Assassiné avant d'avoir pu mettre son projet à exécution (541), il eut pour successeur Totila, un cousin de Ildibald. Prêt à reconnaître l'autorité de Justinien avant son accession au trône, il devait, une fois roi, déployer une remarquable énergie[183].

---

[181] HARTMANN, *op. cit.*, t. I, p. 289-290.

[182] *Ibid.*, p. 301.

[183] LOT, PFISTER et GANSHOF, *Histoire du Moyen Age*, t. I, p. 157, le disent chevaleresque et ne songeant qu'à sauver son peuple. HARTMANN, *op. cit.*, t. I, p. 302, me semble mieux voir en disant qu'il ne s'est identifié avec le peuple que dans la mesure de ses intérêts.

Son armée se grossit de déserteurs impériaux, d'esclaves, de colons italiens que son hostilité aux grands propriétaires lui amène. Avec elle, il s'empare de Rome (17 décembre 546). Il essaye alors de négocier avec Justinien qui le considère comme un tyran et ne daigne pas l'entendre. Il ne demanderait qu'à faire la paix si Justinien voulait accepter qu'il paye tribut et lui fournisse le service militaire[184]. Il semble difficile, dans ces conditions, de voir en lui un héros national. Mais il est certainement un des plus intelligents et des plus civilisés des rois germaniques et ses succès sont dus, en grande partie, à son humanité qui lui concilie les populations romaines aigries et malheureuses.

Obligé à la guerre par le refus de l'empereur de négocier avec lui, il reprend la Sicile, la Sardaigne, la Corse, se fait une flotte au moyen des navires byzantins capturés, tient grâce à elle l'Adriatique, et ayant reconquis toute l'Italie, il la gouverne comme Théodoric.

Justinien n'avait pas renoncé cependant à l'Italie. En 551, Narsès y débarque avec 20000 hommes. Il écrase Totila qui périt dans la bataille. Son successeur Teias, après avoir lutté en désespéré, est vaincu et tué en 553, au pied du Vésuve.

À bout de forces, les Goths s'adressent aux Francs et aux Alamans.

Mais les bandes franques et alamaniques qui répondent à leur appel, après avoir pillé indifféremment Goths et Romains, sont écrasées par les Byzantins près de Capoue en 554. Le reste des Goths se soumet enfin et est envoyé en Asie combattre les Perses.

---

[184] HARTMANN, *op. cit.*, t. I, p. 328.

L'Italie est réorganisée en province romaine. L'exarque ou patrice s'installe à Ravenne. Mais le pays est exsangue.

Pendant cette lutte de vingt ans entre les Byzantins et les Ostrogoths, la politique franque ne cherche qu'à profiter de la situation. En 532, les Francs s'emparent de la Bourgogne ; en 535, la menace qu'ils font peser sur Vitigès, leur vaut la cession de la Provence que Justinien leur reconnaît aussitôt.

Malgré cela, dès 539, Theudebert descend en Italie avec une grande armée et, Vitigès étant assiégé dans Ravenne, s'empare de la plus grande partie de la Vénétie et de la Ligurie. Obligé de se retirer à cause des maladies qui déciment ses troupes, Theudebert conserve néanmoins une partie de la Vénétie et y laisse un duc qu'il fait plus tard reconnaître par Totila. Peut-être pensait-il de là attaquer Constantinople[185].

C'est de Vénétie que se répandirent en Italie, en 552-553, les bandes franco-alamaniques qui se firent enfin écraser par les Byzantins. La Vénétie, du même coup, fut perdue pour les Francs.

Pas un moment, une alliance ne fut envisagée entre Francs et Ostrogoths pour faire bloc contre l'Empire, qui ne rencontra, pour lui résister, aucune solidarité germanique.

L'Afrique et l'Italie reconquises, Justinien se tourne vers l'Espagne. Ce fut une lutte intestine qui lui permit d'intervenir. Appelé par Athanagild contre le roi Agila, il donne ordre à Libèce qui vient de reconquérir la Sicile, de débarquer en Espagne. Agila, battu à Séville, est tué par ses soldats qui acclament Athanagild, fidèle serviteur de l'empereur, en 554.

---

[185] RICHTER, *op. cit.*, p. 57-58.

Les Romains occupent maintenant toutes les côtes de la mer Tyrrhénienne, sauf la Provence. La royauté wisigothique, qui reconnaît d'ailleurs la suzeraineté impériale[186], est coupée de la mer.

La Méditerranée est redevenue un lac romain.

L'Empire avait réalisé un prodigieux effort. Pour triompher, il avait dû faire face sur tous les fronts : pendant qu'il combattait en Italie, les Perses[187], sollicités par les Ostrogoths, étaient entrés en guerre contre lui ; dans les Balkans, les Slaves avaient dû être refoulés des frontières qu'ils attaquaient.

Au milieu de ces incessantes guerres victorieuses, l'Empire, d'autre part, s'adaptait à l'évolution profonde qui transformait la société et les mœurs. Le Code, qui porte le nom de Justinien, est une des grandes œuvres juridiques de tous les temps.

De nouveau, la civilisation romaine brille du plus vif éclat, et pour commémorer cette admirable renaissance de l'Empire, Sainte-Sophie est élevée au milieu de la capitale comme un immense arc de triomphe érigé à la gloire de Dieu et de Byzance.

À la mort de Justinien, l'Empire est reconstitué, entouré de forteresses, mais profondément épuisé. Et pourtant il va être obligé de faire face à de nouvelles et terribles luttes.

La période qui suit le règne de Justinien, et qui s'étend de 565 à 610, est une des plus désolées de l'histoire byzantine[188]. La

---

[186] Léovigild, successeur d'Athanagild (567), sollicite de l'empereur Justin II qu'il confirme son accession au trône. F. LOT, *La fin du monde antique*, p.310.

[187] VASILIEV, *op. cit.*, t. I, p. 181.

[188] VASILIEV, *op. cit.*, t. I, p. 220-221.

guerre sévit à toutes les frontières : les Perses, les Slaves et les Avars se jettent sur l'Empire et, en 568, les Lombards envahissent l'Italie du Nord.

Pourtant, pour les contemporains, Byzance ne paraît pas déchue ; personne ne prévoit la catastrophe. En somme, elle a repris pied dans tout l'Occident et elle dispose de puissants moyens d'action : sa flotte, grâce à laquelle elle maintient le contact avec Ravenne, l'Afrique et l'Espagne, son trésor, sa diplomatie. Et puis, elle a pour elle l'incapacité où se trouvent ses adversaires de s'entendre entre eux.

Pourtant, l'Empire cède bientôt sur tous les fronts. L'événement le plus important de cette période est sans conteste l'invasion lombarde.

Les Lombards envahissent l'Italie, et bien que, dès 575, ils atteignent Spolète et Bénévent, ils ne parviendront à s'emparer ni de Rome, ni de Ravenne, ni de Naples.

D'autre part, les Wisigoths reconquièrent l'Espagne ; en 614, l'Empire ne conserve que les îles Baléares[189].

La Méditerranée pourtant n'est pas perdue : l'Afrique, la Sicile, le sud de l'Italie restent romains.

Les Lombards qui sont entrés en Italie sont à peu près aussi germaniques que les Anglo-Saxons fixés en Bretagne. Ce sont, pour la première fois sur le continent, de purs envahisseurs n'ayant rien d'une armée romaine, ni de *foederati*. Ils s'imposent à la population, prennent ses terres, la réduisent à la condition de vaincue. Leur occupation forme un contraste frappant avec celle des Goths de Théodoric. Leurs ducs et leurs rois, élus par l'armée, sont purement germaniques. Le peuple vit encore sous

---

[189] *Ibid.*, p. 261.

le régime des *farae*, c'est-à-dire des *sippen*. Ses coutumes, son droit, n'ont subi aucune influence romaine.

Ils ont la partie belle, Byzance étant paralysée par la guerre contre les Perses et par les invasions slaves. Mais ils ne forment que des bandes de pillards, incapables de s'emparer des places fortes romaines, et qui soulèvent contre eux, par leurs déprédations et la stupidité de leur politique, et l'Église et les Francs.

Leur arrivée en Italie rejette vers Byzance la papauté qui ne voit plus d'appui possible que dans l'empereur. Le pape devient sans doute à partir de ce moment, dans la ville ruinée, le vrai gouverneur de Rome, mais il la garde pour l'Empire. Il applaudit à l'élection de l'abominable Phocas. Grégoire le Grand prodigue les promesses de dévouement à l'empereur. Ce rapprochement du pape et de l'empereur se fait d'autant plus facilement que depuis le schisme Acace (489-519), il n'y a plus eu de conflits religieux grâce à Justinien. Il n'y en aura d'ailleurs plus avant la crise du monophysisme (640-681). L'élection du pape est ratifiée par l'exarque, ce qui indique bien sa subordination à l'Empire. Il continue à vivre dans l'Empire et à s'en considérer comme un sujet.

De même, l'invasion lombarde a resserré les liens entre l'empereur et les Francs dont la conduite avait été si hostile sous Justinien. Les expéditions malheureuses des Lombards en Gaule, de 569 à 571, amènent une entente des Francs avec Byzance. En 576, le Sénat romain demandant des secours à l'empereur, celui-ci ne peut envoyer que des troupes insuffisantes et conseille d'appeler les Francs à l'aide et de corrompre par l'or les ducs lombards.

En 574, une nouvelle attaque des Lombards contre la Gaule[190], qui aboutit d'ailleurs à une défaite totale, les amène à signer un traité de paix avec Gontran de Bourgogne et son allié Childebert II d'Austrasie. C'était un danger grave pour l'Empire.

La diplomatie impériale — qui ne ménage pas l'or — s'efforce d'entretenir entre les Francs et les Lombards l'antagonisme qui seul peut conserver l'Italie pour Byzance. Appuyé par le pape, l'empereur entre en relation avec Chilpéric de Neustrie qui, en 581, détache Childebert de Gontran. En même temps, le prétendant Gondovald qui vit à Constantinople, est envoyé bien argenté en Gaule pour disputer le trône à Gontran.

De son côté, le duc Grasulf de Frioul, gagné à prix d'or, se met en rapport avec Childebert, et avec sa mère Brunehaut à laquelle, en 583, l'empereur envoie 50 000 sous d'or[191].

Il détermine ainsi Childebert à entreprendre une campagne en Italie contre les Lombards ; celui-ci en revient après avoir fait, à prix d'argent, la paix avec eux.

À ce moment, de nombreux ducs lombards sont acquis à Byzance. Ceux des ducs qui sont restés indépendants, sentant sans doute le danger que leur fait courir l'alliance de l'Empire avec les Francs, reconstituent en 584 la royauté en faveur d'Authari qui reprend aussitôt la lutte et, sans l'intervention de la flotte impériale, se serait rendu maître de Ravenne.

Mais Authari menace autant les Francs que l'empereur. Aussi, en 588-589, Childebert et sa mère Brunehaut envoient-ils des

---

[190] HARTMANN, *Geschichte Italiens im Mittelalter*, t. II, Ire partie, 1900, p. 58 et ss.

[191] GASQUET, *L'Empire byzantin et la monarchie franque*, p. 198.

ambassadeurs à Constantinople pour préparer avec l'empereur la guerre contre les Lombards[192].

Et, dès 590, une grande armée franque, sous le commandement de vingt-deux ducs, descend en Lombardie.

De son côté, l'exarque de Ravenne marche contre Authari qui se réfugie dans Pavie. Le royaume lombard, à un doigt de sa perte, fut sauvé par le manque d'entente entre ses ennemis. À ce moment en effet, la guerre contre les Perses vient de finir et l'exarque a repris l'offensive et s'est emparé d'Altinum, de Modène et de Mantoue[193].

L'Empire, libre de ses forces, espérant la possibilité du retour complet de l'Italie à l'Empire[194], se détacha des Francs. Ce fut une manœuvre néfaste.

La fin de l'alliance active entre Byzance et les Francs ouvrit une période de grand succès pour les Lombards. L'Empire d'ailleurs fut obligé de se retourner de nouveau contre les Perses et de faire face à l'invasion des Avars, laissant ainsi le champ libre aux Lombards.

Les Francs, de leur côté, cessèrent d'intervenir en Italie. Une expédition, organisée par eux en 662-663, échoua ; ce devait être la dernière avant Charlemagne.

---

[192] En 587 déjà, le duc Gontran avait été envoyé en ambassade à l'empereur Maurice. Voyez GASQUET, *L'Empire byzantin et la monarchie franque*, p. 185 et ss.

[193] HARTMANN, *op. cit.*, t. II, Ire partie, p. 72.

[194] En Italie même, ce retour semblait probable puisque, en 590 le patriarche d'Aquilée propose de remettre jusqu'à ce moment, la solution de la difficulté qui existait entre lui et Rome à propos des trois chapitres. HARTMANN, *op. cit.*, t. II, p. 89.

Une série de trêves avait préparé la paix, signée au plus tard en 680 entre l'empereur et les Lombards, qui consacrait le partage de l'Italie entre eux.

Ce demi-échec de l'Empire en Italie ne l'empêcha pas de maintenir intact son formidable prestige. En 629, Héraclius triomphe des Perses et Dagobert lui envoie une ambassade pour l'en congratuler[195]. Grégoire le Grand se fait l'intermédiaire de l'empereur auprès des Wisigoths catholiques[196]. Ebroïn (d.680-683) permet le passage de pèlerins anglo-saxons à travers la Gaule, quand il s'est convaincu qu'il ne s'agit pas d'une *legatio imperatorum contra regnum*[197].

C'est vers Constantinople que convergent tous les intrigants de la politique et de l'Église[198], comme vers un grand centre international et intellectuel[199].

En somme, l'Empire est resté, malgré ses pertes, la seule puissance mondiale[200], comme Constantinople est la plus grande ville civilisée. Sa politique s'étend à tous les peuples. Elle domine absolument celle des États germaniques. Il n'y a, jusqu'au VIIIe siècle[201], d'autre élément positif dans l'histoire que l'influence de l'Empire. Et il est certain que cet Empire-là est devenu oriental.

---

[195] VASILIEV, *op. cit.*, t. I, p. 263.

[196] HARTMANN, *op. cit.*, t. II, p. 176.

[197] HARTMANN, *op. cit.*, t. II, 2e partie, 1903, p. 198, n. 2.

[198] GRÉGOIRE DE TOURS, *Hist. Franc.*, VI, 24.

[199] Il semble qu'on aille faire à Constantinople des études médicales. GRÉGOIRE DE TOURS, *Hist. Franc.*, X, 15.

[200] HARTMANN, *op. cit.*, t. II, Ire partie, p. 85.

[201] DAWSON, *op. cit.*, p. 221.

Le processus d'orientalisation, qui se manifeste sans trêve depuis Dioclétien est, en fait, de plus en plus dominant. Et il s'observe jusque dans l'Église, où il provoque d'ailleurs des craquements dangereux.

Pourtant, il ne faut pas exagérer. À part des ruptures momentanées, Rome reste la capitale de l'Église, et dès que les empereurs ne soutiennent pas l'hérésie, les papes leur reviennent.

Par Constantinople, le byzantinisme se répand peu à peu vers l'Occident qui n'a rien à lui opposer. Ses modes et son art s'y propagent par la navigation. Il prend pied à Rome, où il y a une foule de moines grecs, et dans toute l'Italie du Sud. Son influence est visible en Espagne. Elle gagne naturellement toute l'Afrique. En Gaule, le *cellarium fisci* fait penser aux commerciaires byzantins. Venise gravite dans l'orbite de Constantinople. Les Pères grecs sont indispensables à la pensée religieuse de l'Occident. Sans doute, au VIIIe siècle, quand l'empereur sera devenu βασιλεύς των Ρωμαίων, la fissure sera définitive entre Grecs et Latins ; on peut dater du monophysisme (640-681) et surtout de l'Iconoclastie (726-843) le début de la grande crise, mais que de tergiversations avant la rupture complète !

L'influence des Syriens grandit considérablement à Rome où ils arrivent en grand nombre ; plusieurs papes même seront Syriens. Évidemment une byzantinisation de l'Occident, plus ou moins mitigée d'irlandisme et d'anglo-saxonisme, était dans la direction de l'avenir. La différence des langues n'y eût rien fait. La supériorité d'une culture sur l'autre était trop grande. Du moment que la Méditerranée restait le plus grand véhicule entre l'Orient et l'Occident, et elle le restait, la prépondérance du premier sur le second était inévitable. La mer, que les Byzantins continuèrent à dominer, répandait partout leur influence. Et c'est par la mer que vivait aussi bien en Occident qu'en Orient toute la civilisation de l'époque. Du germanisme en soi, il n'y avait encore rien à attendre. Les Lombards, au VIIe siècle, étaient à leur tour en plein processus de romanisation. Un nouveau foyer de culture cependant venait de s'animer chez les Anglo-Saxons, mais il leur venait directement de la Méditerranée.

Chapitre II

La situation économique et sociale après les invasions et la navigation méditerranéenne

I. Les personnes et les terres

Tel le régime des personnes et des terres était avant les invasions, tel il est demeuré après elles dans la *Romania*. Il y a eu des pillages sans doute, des violences. Le *Carmen de providentia divina*, qui a été écrit dans le sud de la Gaule à l'arrivée des Wisigoths d'Athaulf, compare leurs ravages à ceux d'une inondation de l'océan[202]. Mais le calme revint après la tempête. Paulin de Pelle, que l'invasion a ruiné et qui a fui devant elle, raconte qu'il fut sauvé par un Goth qui acheta un petit bien dont il était resté propriétaire auprès de Marseille[203]. On ne peut mieux illustrer le fait de l'équilibre se substituant au pillage. Voilà donc un bien abandonné dont les envahisseurs ne s'emparent pas. Dès « l'hospitalité », dès l'établissement des Germains, la stabilité reparaît. Comment s'est faite l'opération ? On peut supposer que les Germains s'y sont fait la part belle. Mais elle n'amena pas de véritable bouleversement. Elle n'entraînait aucun remaniement de terres. Elle n'introduisait aucun mode nouveau de culture. Les colons romains restaient fixés au sol où l'impôt les avait attachés. Au lieu de payer à un maître romain, ils payaient à un Germain. Les esclaves étaient partagés. Quant aux paysans, ils ne durent pas s'apercevoir d'un

---

[202] MIGNE, *Patr. Lat.*, t. 51, c. 617.

[203] *Eucharisticos*, éd. BRANDES, *Corp. Script. Eccles. Latin.*, t. XVI, 1888, p. 311.

grand changement. On ne remarque dans aucune des contrées de la *Romania* la substitution, si visible en Angleterre, d'un système de culture à un autre.

Les domaines impériaux passèrent au fisc royal, sans autre changement[204]. La grande propriété gallo- ou hispano- ou italo-romaine subsista. Il continua d'y avoir d'immenses propriétés. On en connaît qui comptaient 1200 esclaves. Les grands propriétaires conservèrent leurs *villae*, leurs châteaux forts. Quant aux terres d'Église, déjà si importantes à l'époque romaine, elles subsistèrent sans changement. On ne voit pas que l'arianisme ait en rien modifié la situation antérieure.

Même chez les Vandales, il y a eu simple substitution de nouveaux venus aux anciens propriétaires. Les Vandales vécurent dans les villes romaines, comme avant eux les Romains.

M. Albertini a montré que le régime des terres, les prestations d'huile, versées au Trésor, n'ont pas varié en Afrique durant la conquête[205].

S'il y eut des changements de régime, si des usages communautaires inconnus des Romains s'implantèrent, ce fut seulement dans les pays de colonisation, tout au nord de l'Empire.

Ainsi tout subsiste sur le même pied. Les impôts fonciers qui se conservent, attestent d'ailleurs qu'aucun bouleversement profond n'a eu lieu.

---

[204] H. PIRENNE, *Le fisc royal de Tournai*, dans *Mélanges F. Lot*, 1925, p. 641.

[205] Voir plus haut, p. 37.

Quant à l'organisation de la grande propriété, elle se maintient telle quelle. Elle est confiée à des *conductores* qui la prennent à ferme et perçoivent les redevances des colons.

D'autre part, tout le système des tenures romaines subsiste aussi, sous la forme des précaires et bénéfices. Les formules nous montrent des baux perpétuels, tout un système de possession identique ou à peu de chose près, au système romain.

La grande propriété foncière reste pleine de vigueur. Grégoire de Tours[206] parle d'un Chrodinus qui fonde des *villae*, plante des vignes, construit des bâtiments et organise des cultures pour les donner aux évêques.

Grégoire le Grand, remettant en ordre les biens de l'Église romaine, reconstitue exactement le système antérieur.

Les grands domaines de l'Église sont administrés par des *conductores* qui payent une rente, de sorte que les moines n'ont à s'occuper que *de sola anima*[207].

Ces *conductores*, comme les *juniores* des domaines de l'évêque du Mans à Ardin[208] en Poitou, sont des laïques ; ils sont responsables des redevances, avancent leur montant au propriétaire, rendent des comptes, savent donc écrire.

Presque toujours, les prestations sont en argent, ce qui démontre qu'il y a encore circulation des biens, ventes au

---

[206] GRÉGOIRE DE TOURS, *Hist. Franc.*, VI, 20.

[207] E. LESNE, *La propriété ecclésiastique en France aux époques romaine et mérovingienne*, Paris-Lille, 1910, p. 309. Voir aussi le texte de saint Césaire d'Arles, cité dans F. KIENER, *Verfassungsgeschichte der Provence*, p. 37, n. 84.

[208] Département des Deux-Sèvres, arrondissement de Niort, canton de Coulonges-sur-Autise.

marché. On ne voit pas encore apparaître l'économie propre aux *curtes* du Moyen Age.

En Provence, à l'époque mérovingienne, le système des tenures est tout romain[209]. Il n'y a là, semble-t-il, que de petites exploitations de colons. Mais dans le Nord, par contre, on voit le rôle que joue la *terra indominicata*. Le cartulaire de Saint-Vincent de Mâcon donne pour l'époque du roi Gontran (561-592) une liste des *servientes* de ce domaine qui est exploité par des esclaves et par les corvées des tenanciers[210].

Le transport en grand des céréales se fait encore. En 510, Théodoric envoie des masses de grains en Provence à cause des ravages qu'y a faits la guerre[211], et on sait que Grégoire le Grand centralisait les produits des domaines de l'Église.

Il est certain que la grande propriété à cette époque produit encore des revenus importants en argent. En 593, Dinamius envoya de Provence à Grégoire le Grand, 400 *solidi*[212] ; deux ans après, le même pape attend l'arrivée de vêtements et d'esclaves anglo-saxons qui seront achetés en Provence avec les produits de ses domaines[213]. De même, en 557, le pape Pelage avait attendu de la Provence des secours pour alléger la misère de Rome[214].

---

[209] F. KIENER, *Verfassungsgeschichte der Provence*, Leipzig, 1900, p. 34 et ss. ; R. BUCHNER, *Die Provence in Merowingischer Zeit*, Stuttgart, 1933, p. 30, croit que l'agriculture est encore bien développée et rentable.

[210] F. KIENER, *op. cit.*, p. 34.

[211] R. BUCHNER, *op. cit.*, p. 30, n. 1.

[212] GRÉGOIRE LE GRAND, *Registr.*, III, 33, éd. Ewald-Hartmann, M. G. H. Epist., t. I, p. 191.

[213] *Ibid.*, VI, 10, p. 388-389.

[214] JAFFÉ-WATTENBACH, *Regesta*, n° 947 ; cf. BUCHNER, *op. cit.*, p. 31.

Il y a, d'ailleurs, un commerce normal du blé. Malgré ses immenses ressources, Grégoire le Grand en achète[215].

En 537-538, on voit qu'en Istrie un *peregrinus acceptor* se livre à des achats importants ; ce ne peut être qu'un marchand de blé[216].

L'Afrique a dû conserver sous les Vandales la prospérité que lui donne la culture de l'huile et des céréales, puisqu'on y retrouve cette prospérité après le retour des Byzantins.

Il ne paraît pas que la Gaule ait repris un aspect plus sauvage. Il semble que la culture des vignes se soit conservée là où elle existait du temps des Romains. À lire Grégoire de Tours, on n'a pas du tout l'impression d'une campagne en décadence ; on ne comprendrait pas, sans cela, la richesse des propriétaires.

La conservation de la livre romaine est d'ailleurs une preuve indirecte de la stabilité de la situation économique.

Quant aux classes sociales, elles sont restées les mêmes. Au-dessus il y a des libres (*ingenui*)[217], qui comprennent notamment une aristocratie de grands propriétaires (*senatores*)[218].

La classe des libres proprement dits ne forme d'ailleurs très probablement qu'une minorité.

---

[215] HARTMANN, *Geschichte Italiens im Mittelalter*, t. II, p. 159, n. 16.

[216] CASSIODORE, *Variae*, XII, 22, M. G. H. SS. Antiq., t. XII, p. 378.

[217] Il ne faut pas se laisser aller à la prétendue sous-estimation du nombre des libres. Leur caractéristique essentielle est qu'ils doivent le service militaire. Cf. dans les *Leges Visigothorum*, IX, 2, 9, M. G. H. Leges, t. I, éd. Zeumer, p. 377, la loi d'Ervige, aux termes de laquelle chacun doit amener à l'armée le dixième de ses esclaves. VERLINDEN L'esclavage dans le monde ibérique médiéval, dans *Anuario de Historia del Derecho Español*, t. XI, 1934, p. 353-355.

[218] Pour la survivance des grandes familles, voir par exemple celle des Syagrii, étudiée par A. COVILLE, *Recherches sur l'histoire de Lyon du Ve siècle au IXe siècle*, p. 5 et ss.

Puis, en dessous, on trouve les colons, nombreux surtout chez les Wisigoths, les lites, les affranchis[219].

Il y a encore beaucoup d'esclaves. Comme on le verra plus loin, ce sont surtout des Barbares étrangers, anglo-saxons ou autres, prisonniers de guerre.

Il y a de plus une population urbaine dont nous parlerons plus tard.

Dans les grandes propriétés se trouvent des ateliers, où les femmes filent et où d'autres artisans, esclaves ou serfs domaniaux, exercent divers métiers. Il en était déjà ainsi durant les derniers siècles de l'Empire[220].

La population a gardé l'empreinte que lui a donnée la fiscalité, quoique la fiscalité ait bien diminué par la réduction presque complète des dépenses militaires et administratives. En ce sens, la conquête germanique a peut-être été un bienfait pour le peuple. En somme, à cette époque, c'est le grand domaine qui est resté l'élément économique et social essentiel. Par lui, la base économique de la féodalité est déjà constituée. Mais les rapports de subordination qui se sont établis, pour la grande majorité des hommes, vis-à-vis des grands propriétaires, ne se manifestent encore que dans le droit privé. Entre le roi et ses sujets, le *senior* ne s'est pas encore interposé. Et puis, si la constitution de la société est surtout agraire, elle ne l'est pas entièrement. Le commerce et les villes jouent dans l'ensemble de la vie économique, sociale et intellectuelle, un rôle considérable.

---

[219] VERLINDEN, *op. cit.*, dans *Anuario*, t. XI, p. 347. D'après Verlinden, les colons ne jouent guère de rôle important.

[220] GRÉGOIRE DE TOURS, *Hist. Franc.*, IX, 38, signale l'existence de gynécées. Cf. FUSTEL DE COULANGES, *L'alleu et le domaine rural*, p. 375.

II. LA NAVIGATION ORIENTALE. SYRIENS ET JUIFS

Des deux parties de l'Empire, la grecque a toujours été plus avancée en civilisation que la latine. Inutile d'insister sur ce fait évident.

Par la mer, elle correspond avec l'Occident et la Vénétie. C'est particulièrement la Syrie, où arrivent les caravanes de l'Inde, de Chine et d'Arabie, qui est active.

Les Syriens sont alors les rouliers de la mer comme les Hollandais le seront au XVIIe siècle. C'est par eux que s'exportent les épices et les produits industriels des grandes villes orientales, Antioche, Damas, Alexandrie, etc. Ils sont dans tous les ports ; mais on les trouve aussi à l'intérieur.

Sous l'Empire, ils ont des établissements à Alexandrie, à Rome, en Espagne, en Gaule, en Grande-Bretagne et jusqu'à Carnuntum sur le Danube[221].

Les invasions n'ont en rien changé cette situation. Peut-être Genséric, par ses pirateries, a-t-il un peu gêné la navigation, mais en tout cas elle reparaît en pleine activité après lui.

Salvien (d. c. 484), généralisant sans doute ce qu'il voit à Marseille, parle des *negociatorum et Syricorum omnium turbas quae majorem ferme civitatum universarum partem occupant*[222].

---

[221] P. CHARLESWORTH, *Trade-routes and commerce of the Roman Empire*, Cambridge, 2e éd., 1926, p. 178, 202, 220, 238.

[222] Cf. d'une manière générale, p. SCHEFFER-BOICHORST, Zur Geschichte der Syrer im Abendlande, dans *Mitteilungen des Österr. Instit. für Geschichtsforschung*, t. VI, 1885, p. 527 et ss. ; L. BRÉHIER, Les colonies d'Orientaux en Occident au commencement du Moyen Age, dans *Byzant. Zeitschr.*, t. XII, 1903, p. 1 et SS. ; FUSTEL DE COULANGES, *La monarchie franque*, p. 257 ; J. EBERSOLT, *Orient et Occident*, 1928-1929, 2 vol.

L'archéologie confirme d'ailleurs cette expansion syrienne, et les textes sont plus significatifs encore[223].

Au VIe siècle, les Orientaux abondent dans le sud de la Gaule. La vie de saint Césaire, évêque d'Arles (d. 542), dit qu'il composa pour le peuple des hymnes en grec et en latin[224]. Il y en avait quantité aussi dans le Nord, puisque Grégoire de Tours parle des marchands grecs d'Orléans qui s'avancent en chantant à la rencontre du roi[225]. D'après la vie de sainte Geneviève (d. 512), saint Siméon Stylite (d. 460) aurait interrogé sur elle les *negociatores euntes ac redeuntes*[226].

Mais, à côté de ces marchands allant et venant, il y en avait beaucoup qui s'établissaient[227]. Il en est fait mention dans plusieurs inscriptions ; l'une provient de la chapelle Saint-Éloi dans l'Eure[228], proche de l'embouchure de la Seine ; le Syrien qu'elle concerne faisait sans doute le commerce avec la Bretagne.

Il y avait parmi ces marchands des gens très riches qui se fixaient dans le pays après fortune faite. Grégoire de Tours raconte l'histoire d'un *negociator* de Bordeaux[229], qui possédait une grande maison dans laquelle se trouvait une chapelle

---

[223] GRÉGOIRE DE TOURS, *Hist. Franc.*, VII, 22 ; cf. BRÉHIER, *L'art en France des invasions barbares à l'époque romane*, p. 36 et p. 38.

[224] I, 79, SS. rer. Merov., t. III, p. 463.

[225] *Hist. Franc.*, VIII, 1.

[226] SS. rer. Merov., t. III, p. 226. Krusch, l'éditeur de ce texte, considère ce fait comme *non credibile* !

[227] E. LEBLANT, *Inscriptions chrétiennes de la Gaule*, t. I p. 207 et p. 328. Cf nos 225 et 613 a. Cf. HÉRON DE VILLEFOSSE, Deux inscriptions chrétiennes trouvées à Carthage, dans *Comptes rendus des séances de l'Académie des Inscriptions et Belles-Lettres*, 1916, p. 435.

[228] E. LEBLANT, *op. cit.*, t. I, p. 205, n° 125.

[229] GRÉGOIRE DE TOURS, *Hist. Franc.*, VII, 31.

contenant des reliques et qui offre 100, puis 200 sous d'or pour qu'on ne les lui enlève pas. Tel encore à Paris cet Eusebius *negociator, genere Syrus*[230] qui, à force d'or, achète la dignité épiscopale, puis, reprenant la *scola* de son prédécesseur, constitue la sienne avec les Syriens. C'est donc que ceux-ci abondaient. Mais naturellement ils grouillaient surtout dans le Sud.

La population de Narbonne en 589[231] est composée de Goths, de Romains, de Juifs, de Grecs et de Syriens.

Le hasard nous a refusé de semblables renseignements pour l'Italie, l'Afrique et l'Espagne, mais personne ne croira que ce qui est vrai de la Gaule ne le soit pas aussi de ces contrées. Il devait y avoir des Syriens et des Grecs parmi les commerçants d'outre-mer (*transmarini negociatores*), dont parlent Théodoric et la loi des Wisigoths. On sait, par la *Vita Patrum Emeritensium*, que des commerçants grecs arrivent par mer d'Orient en Espagne (*negociatores graecos in navibus de Orientibus advenisse*) (c. 570)[232].

Procope signale l'existence à Naples, au temps de Bélisaire, d'un grand marchand Syrien, Antiochus, qui y est le chef du parti romain[233]. On sait, d'autre part, que plusieurs de ces Syriens se trouvent aux environs de Paris[234]. Duchesne[235] cite un

---

[230] *Ibid.*, X, 26.

[231] Concile de Narbonne, MANSI, *Sacrorum Conciliorum... Collectio*, t. IX, c. 1015 et c. 1017.

[232] A. A. S. S. Boll. Nov., t. I, p. 323. Le P. de MOREAU, *Les missions médiévales* (*Histoire générale comparée des missions*, publiée par le baron DESCAMPS), 1932, p. 171, signale vers 585 la présence de Grecs à Cordoue. La reconquête de Justinien au VIe siècle a beaucoup contribué à augmenter cette navigation.

[233] PROCOPE, V, 8, 21, éd. Dewing, t. III, 1919, p. 74.

[234] Compte rendu par R. Dussaud de l'ouvrage de P. PERDRIZET, Le calendrier parisien à la fin du Moyen Age (1933), dans *Syria*, t. XV, 1934, p. 210.

prêtre syrien monophysite, circulant en Gaule vers 560 et en rapport avec saint Nizier, évêque de Lyon (d. 573), qui se laisse persuader par lui que l'empereur est nestorien.

Il y a aussi des influences égyptiennes qui s'exercent en Gaule : elles expliquent la popularité dans le pays de certains saints égyptiens[236], le fait que les églises des Gaules jouissaient d'un droit d'asile aussi étendu que celui des églises d'Égypte et sans doute aussi la présence d'un stylite à Yvoy[237].

Mais les Syriens et les Grecs ne sont pas les seuls Orientaux en Occident. À côté d'eux et presque aussi nombreux, il y a les Juifs. Eux aussi étaient répandus partout dès avant les invasions, et ils y restent après elles.

À Naples, lors du siège par Bélisaire, ils forment une grande partie de la population marchande de la ville[238]. Mais, déjà sous Théodoric, ils sont nombreux ; à Rome et à Ravenne, le peuple ayant détruit leur synagogue, le roi intervient en leur faveur et condamne les catholiques à restaurer les dommages qu'ils ont causés[239]. Plus tard, on en trouve à Palerme (598)[240], à Terracine (591)[241], à Cagliari en Sardaigne (598) ; et ils y sont nombreux, car partout ils possèdent des synagogues.

---

[235] Mgr L. DUCHESNE, *L'Église au VIe siècle*, Paris, 1925, p. 191, n. 2.

[236] PERDRIZET, *Le calendrier parisien à la fin du Moyen Age*, 1933, p. 35 et p. 287-289. Adamnan, le biographe de saint Columban, rapporte que des moines irlandais allaient en Syrie pour y étudier l'architecture des monastères. J. BAUM, *Aufgaben des frühchristlichen Kunstforschung in Britannien und Irland*, 1934, cité par les *Forschungen und Fortschritte*, t. XI, 1935, c. 223.

[237] GRÉGOIRE DE TOURS, *Hist. Franc.*, VIII, 15.

[238] HARTMANN, *op. cit.*, t. I, p. 262.

[239] HARTMANN, *op. cit.*, t. I, p. 222.

[240] JAFFÉ-WATTENBACH, *Regesta*, n° 1564.

[241] *Ibid.*, n° 1104.

De même en Espagne, il y en a à Merida et l'évêque les reçoit au même titre que les chrétiens[242].

La *Lex Wisigothorum* s'occupe d'eux[243]. Elle se borne à empêcher qu'ils ne fassent de la propagande. On voit qu'ils ont la même situation qu'ils avaient dans l'Empire, puisque la loi des Wisigoths dit qu'ils vivent sous la loi romaine[244]. Plus tard, les lois sur la persécution montrent que leur nombre était considérable. Il en fut de même en Italie[245]. Mais naturellement grâce à Grégoire de Tours, nous sommes mieux renseignés sur la Gaule. Il y en a à Clermont, à Paris, à Orléans, à Tours, à Bourges, à Bordeaux, à Arles[246]. Leur centre est Marseille. C'est là qu'ils se réfugient quand on les persécute[247]. On peut apprécier leur nombre quand on pense qu'ils furent 500 à Clermont qui se convertirent[248]. Après le VIe siècle la situation reste la même. Au milieu du VIIe siècle, la *Vita Sancti Sulpicii*[249] les mentionne à Bourges.

Si le peuple ne les aime pas[250], ils ne sont pas inquiétés, tout d'abord, par les autorités. En 582 cependant, le roi, en Gaule, en fait convertir de force[251]. Héraclius aurait fait prier Dagobert

---

[242] *Vita patrum Emeritensium*, MIGNE, *Patr. Lat.*, t. 80, col. 139.

[243] XII, 2, 14, M. G. H. Leges, t. I, éd. K. Zeumer, p. 420.

[244] XII, 2, 13, éd. Zeumer, *loc. cit.*, p. 419.

[245] JAFFÉ-WATTENBACH, *Regesta*, n° 1157.

[246] F. KIENER, *op. cit.*, p. 28 ; F. VERCAUTEREN, *Étude sur les Civitates de la Belgique Seconde*, 1934, p. 446.

[247] GRÉGOIRE DE TOURS, *Hist. Franc.*, V, 11.

[248] *Ibid.*

[249] M. G. H. SS. rer. Merov., t. IV, p. 374-375.

[250] GRÉGOIRE DE TOURS, *Hist. Franc.*, V, 11.

[251] *Ibid.*, 17.

de les faire baptiser[252]. Les uns acceptaient de se convertir[253], d'autres fuyaient à Marseille où on les laissait tranquilles. On leur reproche parfois un sacrilège[254]. À Bourges, dans la première moitié du VIIe siècle, saint Sulpice en fait baptiser un grand nombre[255]. À Clermont, l'évêque Avit en fait baptiser plusieurs, sans cependant recourir à la contrainte[256]. Chilpéric en fit aussi baptiser[257] ; l'un d'eux, ayant refusé, fut emprisonné. Mais Grégoire le Grand, en 591, réprimande les laïques d'Arles et de Marseille qui font baptiser les Juifs de force[258]. De même, il blâme l'évêque de Terracine qui les a expulsés de leurs synagogues. Il faut, dit-il, les amener par la douceur[259]. Il ne veut même pas que l'évêque de Naples les empêche de travailler les jours de fête[260]. La seule restriction qu'il veuille leur imposer, c'est d'avoir des esclaves chrétiens[261]. Il demande à Brunehaut de promulguer une loi pour le leur interdire[262].

Des conciles comme celui de Clermont en 535, défendent qu'ils soient juges[263]. Beaucoup de stipulations de conciles mérovingiens interdisent les mariages entre Juifs et Chrétiens, la

---

[252] *Chronique du pseudo-Frédégaire*, IV, 65, M. G. H. SS. rer. Merov., t. II, p. 153.

[253] GRÉGOIRE DE TOURS, *Hist. Franc.*, V, 11.

[254] GRÉGOIRE DE TOURS, *Liber in Gloria Martyrum*, chap. 21, éd. Krusch, M. G. H. SS. rer. Merov., t. I, p. 501.

[255] Voir plus haut, p. 81.

[256] GRÉGOIRE DE TOURS, *Hist. Franc.*, V, 11. Sur les Juifs de Lyon, voir COVILLE, *op. cit.*, p. 538 et ss.

[257] GRÉGOIRE DE TOURS, *Hist. Franc.*, VI, 17.

[258] JAFFÉ-WATTENBACH, *Regesta*, n° 1115.

[259] *Ibid.*, n° 1104.

[260] *Ibid.*, n° 1879.

[261] *Ibid.*, n° 1157.

[262] *Ibid.*, n° 1743-1744.

[263] M. G. H. Concilia, éd. Maasen, t. I, p. 67.

présence des Chrétiens aux banquets des Juifs, la possession par les Juifs de *mancipia Christiana*. Un édit de 614 leur défend d'intenter des actions publiques contre les Chrétiens[264].

En Espagne, après la conversion de Reccared, la législation contre eux devient sévère. Sisebut (612-621) force certains d'entre eux à se faire chrétiens, ce qui lui attire le blâme d'Isidore[265]. Chrutela (636-640) ordonne qu'il n'y ait plus que des catholiques dans le royaume. Reccesvinth (649-672) interdit la circoncision, le sabbat, les fêtes juives. Ervige (680-687) ordonne aux Juifs d'abjurer dans l'année sous peine de confiscation et d'exil. Egica (687-702) leur interdit le commerce avec l'étranger et avec les Chrétiens. Une révolte populaire éclate contre les Juifs ; à la suite de celle-ci, tous sont déclarés esclaves des Chrétiens (696). Isidore de Séville a d'ailleurs composé contre eux un *contra Judaeos*[266]. Ils avaient offert de l'argent à Reccared qui le refusa[267]. Lors de la persécution de Sisebut, quantité de Juifs se réfugièrent en Gaule[268].

Certains Juifs étaient marins ou du moins propriétaires de bateaux[269] ; d'autres possédaient des terres cultivées par des colons ou des *originarii*[270] ; d'autres encore étaient médecins[271]. Mais l'immense majorité d'entre eux s'adonnaient au commerce

---

[264] M. G. H. Capit., éd. Boretius-Krause, t. I, p. 22.

[265] ZIEGLER, *Church and state in Visigothic Spain*, 1930, p. 189.

[266] A. EBERT, *op. cit.*, trad. franç. AYMERIC et CONDAMIN, t. I, 1883, p. 631.

[267] JAFFÉ-WATTENBACH, *Regesta*, n° 1757.

[268] J. ARONIUS, *Regesten der Geschichte der Juden*, p. 21, n° 59.

[269] JAFFÉ-WATTENBACH, *op. cit.*, n° 1564.

[270] *Ibid.*, n° 1293.

[271] GRÉGOIRE DE TOURS, *Hist. Franc.*, V, 6.

et surtout au prêt à intérêt. Beaucoup étaient marchands d'esclaves, par exemple à Narbonne[272].

Il y en a qui font le commerce maritime[273]. Grégoire de Tours en cite plusieurs qui vendent des épices à Tours à trop haut prix avec la complicité de l'évêque[274]. À Paris, le juif Priscus, qui est *familiaris* du roi Chilpéric, est son fournisseur d'épices[275], à moins qu'il ne soit son banquier, car le mot *species* qu'utilise Grégoire de Tours, semble bien, dans certain passage, avoir le sens de numéraire[276]. Les *Gesta Dagoberti*[277] parlent d'un *negociator* Salomon qui est juif. Mais beaucoup — sans doute la plupart — s'occupent de banque et un grand nombre parmi eux paraissent très riches.

À côté des Syriens et des Juifs, il y avait sans doute des Africains parmi les *transmarini negociatores* dont parlent Cassiodore et la loi des Wisigoths. Carthage était une grande ville, étape de la navigation vers l'Orient et c'est de là que venaient probablement les chameaux utilisés comme bêtes de somme en Gaule[278].

Si la navigation est surtout active en Méditerranée, elle est importante également à Bordeaux et à Nantes, d'où elle se dirige par l'Atlantique vers les îles Britanniques — avec

---

[272] ARONIUS, *Regesten der Geschichte der Juden*, p. 19, n° 53.

[273] GRÉGOIRE DE TOURS, *Liber in Gloria Confessorum*, c. 95, éd. Krusch, M. G. H. SS. rer. Merov., t. I, p. 809.

[274] GRÉGOIRE DE TOURS, *Hist. Franc.*, IV, 12.

[275] *Ibid.*, VI, 5.

[276] GRÉGOIRE DE TOURS, *ibid.*, IV, 35. On remarquera que le mot a, en français, donné à la fois naissance aux mots « épices » et « espèces ».

[277] Éd. Krusch, M. G. H. SS. rer. Merov. t. II, p. 413. Il faut observer cependant que ces *Gesta* n'ont été écrites qu'au IXe siècle.

[278] GRÉGOIRE DE TOURS, *Hist. Franc.*, VII, 35 ; *Vita S. Eligii*, SS. rer. Merov., t. IV, p. 702.

lesquelles se fait un commerce d'esclaves saxons — et vers la Galice[279]. La navigation de la Belgique, si vivante sous les Romains[280], a dû souffrir beaucoup de l'envahissement de l'Angleterre par les Anglo-Saxons. Mais elle subsiste. Tiel, Duurstede et Quentowic conservent un mouvement maritime qu'alimente peut-être la draperie flamande[281]. Mais ici, il semble que le commerce soit aux mains des gens du pays[282]. Sur la Méditerranée, la Gaule a plusieurs ports. À côté de Marseille, il y a Fos[283], Narbonne, Agde, Nice.

L'organisation romaine semble s'y être conservée. Le long des quais — *cataplus*[284] — semble se tenir une sorte de bourse. À Fos, par exemple, on y trouve un entrepôt du fisc. En Italie, nous savons que sous le règne de Théodoric, toutes sortes de fonctionnaires se préoccupaient de la régularisation du commerce[285]. De même en Espagne, il y a des *thelonearii* constitués spécialement pour les *transmarini negociatores*. Les commerciaires byzantins, introduits à Carthage après la reconquête[286], ont dû exercer sans doute quelque influence dans toute la mer Tyrrhénienne.

---

[279] VENANTIUS FORTUNATUS, *Vita Sancti Germani*, c. 47, M. G. H. SS. rer. Merov., t. VII, p. 401-402.

[280] Fr. CUMONT, *Comment la Belgique fut romanisée*, 2ᵉ éd., Bruxelles, 1919, p. 25-29.

[281] H. PIRENNE, Draps de Frise ou draps de Flandre ?, dans *Vierteljahrschr. für Soz. und Wirtschaftsgeschichte*, t. VI, 1909, p. 313.

[282] Les rares pièces d'or anglo-saxonnes, frappées dans le Sud, attestent une certaine activité commerciale.

[283] PAULY-WISSOWA, *Real-Encyclopädie*, t. VII, c. 75, n° 12.

[284] F. VERCAUTEREN, Cataplus et Catabolus, dans *Bulletin Ducange*, t. II, 1925, p. 98.

[285] CASSIODORE, *Variae*, V, 39, publie un règlement du tonlieu pour les *transmarini*, éd. Mommsen, M. G. H. SS. Antiq., t. XII, p. 164.

[286] DIEHL, *L'Afrique byzantine*, p. 500 ; G. MILLET, Sur les sceaux des commerciaires byzantins, dans *Mélanges G. Schlumberger*, t. II, 1924, p. 324-326.

Toutes ces mentions prouvent que ce serait une erreur de vouloir considérer ce commerce comme n'intéressant que les objets de luxe. Sans doute, l'archéologie ne nous a conservé que ceux-ci et le *Liber Judiciorum* wisigothique parle du *transmarinus negociator* qui apporte de l'or, de l'argent, des vêtements et toutes espèces d'objets de luxe[287]. Mais on pourrait encore citer ici bien des choses : les ivoires de provenance égyptienne représentés dans nos trésors[288], la tunique liturgique historiée de Saqqesara[289], les bourses de Phénicie[290], qui, d'après Grégoire, étaient d'usage courant chez les marchands et les voiles orientaux dont on ornait les autels[291]. Sans doute, le grand luxe était tout oriental et la mode de Constantinople donnait le ton comme aujourd'hui celle de Paris ; on sait que le luxe était très grand chez les Mérovingiens[292]. Les textes abondent qui nous renseignent sur le port de la soie tant chez les hommes que chez les femmes[293]. Et cette soie d'où peut-elle donc venir, sinon d'Orient ? Elle y était acheminée de la Chine jusqu'au moment où Justinien en établit la fabrication dans l'Empire.

Le luxe de la table était également approvisionné par l'Orient. Grégoire[294] parle des vins de Syrie exportés par le port de

---

[287] « *Si quis transmarinus negociator aurum, argentum, vestimenta vel quelibet ornamenta... vendiderit* » *Lex Visigothorum*, XI, 3, 1 éd. K. Zeumer, M. G. H. Leges, t. I, p. 404.

[288] M. LAURENT, *Les ivoires prégothiques conservés en Belgique*, 1912, p. 9, 17, 20, 84.

[289] *Cooperturium Sarmaticum*. GRÉGOIRE DE TOURS, *Liber Vitae Patrum*, c. 11, éd. Krusch, SS. rer. Merov., t. I, p. 701.

[290] GRÉGOIRE DE TOURS, *Liber in Gloria Confess.*, c. 110, éd. Krusch, *loc. cit.*, p. 819.

[291] FUSTEL DE COULANGES, *La monarchie franque*, p. 257.

[292] Pour le luxe mérovingien, voir *Vita S. Eligii episcopi Noviomagensis*, I, 12, éd. Krusch, M. G. H. SS. rer. Merov. t. IV p. 678.

[293] GRÉGOIRE DE TOURS, *Hist. Franc.*, VI, 10 ; VI, 35 ; X, 16 ; *Liber in gloria martyrum*, SS. rer. Merov., t. I, p. 491, 535, 549 ; *Liber de virtutibus S. Martini*, I, 11, *ibid.*, p. 595 ; II, 23, *ibid.*, p. 617.

[294] GRÉGOIRE DE TOURS *Hist. Franc.*, VII, p. 29.

Gaza[295]. On en trouvait partout et en masse. Grégoire de Tours raconte qu'une veuve en apportait tous les jours un setier à Lyon sur la tombe de son mari[296] et signale, d'autre part, qu'à Tours, il en fait chercher à la boutique pour régaler un hôte[297]. On en trouvait donc dans le commerce courant. C'est peut-être de ce vin-là qu'il est question dans une lettre de Didier de Cahors annonçant à Paul, évêque de Verdun, qu'il lui envoie dix tonneaux de Falerne[298], ce qui indique, soit dit en passant, un fort trafic intérieur[299].

Il y avait encore d'autres boissons de luxe. En 597, Grégoire le Grand écrit à l'évêque d'Alexandrie à propos d'une boisson appelée *Cognidium*[300] ; celle-ci est exportée par des marchands certainement établis à Alexandrie, comme il faut l'inférer du destinataire de la lettre.

Et il y avait, sans doute, aussi des produits d'alimentation importés d'Orient. En tout cas, les ascètes mangeaient durant le carême des herbes amères importées d'Égypte. Grégoire de Tours parle d'un ermite de la région de Nice qui ne se nourrissait que de racines qu'on lui apportait d'Alexandrie[301].

Ceci suppose déjà un commerce dont l'ampleur va au-delà de la simple importation de bijoux et de vêtements. Mais la grande

---

[295] Sur ces vins, voir la *Vie de Porphyre, évêque de Gaza*, par MARC LE DIACRE, publiée par H. GRÉGOIRE et M.-A. KUGENER, Paris, 1930, p. 124-126.

[296] GRÉGOIRE DE TOURS, *Liber in Gloria Confessorum*, c. 64, éd. Krusch, *loc. cit.*, p. 185.

[297] GRÉGOIRE DE TOURS, *Hist. Franc.*, VII, 29.

[298] M. G. H. Epist. Merov., t. I, p. 209, vers 630-647.

[299] Fortunat cite également le vin de Gaza. Vita S. Martini. II, v. 81, éd. Leo, M. G. H. SS. Antiq., t. IV2, p. 316.

[300] JAFFÉ-WATTENBACH, *Regesta*, n° 1483.

[301] *Hist. Franc.*, VI, 6.

affaire du commerce oriental et ce qui en faisait un commerce vraiment lié à la vie journalière, c'était l'importation des épices[302]. On ne peut trop insister sur leur importance. L'Empire romain en avait reçu de toutes sortes de l'Inde, de l'Arabie, de la Chine. Ce sont les épices qui avaient fait la prospérité de Palmyre et d'Apamée. Pline l'Ancien estime à au moins 100 millions de nos francs la somme que l'Empire versait annuellement, pour les acquérir, à l'Inde, l'Arabie et la Chine. Leur diffusion dans l'Empire romain ne fut pas interrompue par les invasions. Elles continuent, après comme avant, à faire partie de l'alimentation courante[303].

On peut déjà s'en rendre compte par le traité d'Anthime, médecin grec banni de Byzance en 478, et qui fut envoyé par Théodoric comme ambassadeur auprès de Thierry Ier, roi d'Austrasie (511-534)[304].

Un diplôme, donné à l'abbaye de Corbie le 29 avril 716 par Chilpéric II, jette sur ce commerce une éclatante lumière[305]. Cet acte confirme des documents analogues délivrés à Corbie par Clotaire III (657-673) et Childéric II (673-675). Le souverain donne à cette église l'autorisation de prélever des marchandises au *cellarium fisci* de Fos. Et j'y lis l'énumération suivante :

> ➢ 10000 livres d'huile ;
>
> ➢ 30 muids de *garum* (sorte de condiment)[306] ;

---

[302] F. CUMONT, *Fouilles de Doura-Europos*, 1926, p. XXXIII.

[303] LOT, PFISTER et GANSHOF, *Hist. du Moyen Age*, t. I, p. 356, estiment qu'elles n'étaient d'usage qu'à la cour et dans l'aristocratie.

[304] *Epistula de observatione ciborum*, éd. Ed. Liechtenhan, 1928 (*Corpus Medicorum Latinorum*, t. VIII1).

[305] L. LEVILLAIN, *Examen critique des chartes... de Corbie*, 1902, p. 235, n° 15.

[306] DUCANGE, *Glossarium, verbo garum*.

- ➢ 30 livres de poivre ;
- ➢ 150 livres de cumin ;
- ➢ 2 livres de girofle ;
- ➢ 1 livre de cannelle ;
- ➢ 2 livres de nard ;
- ➢ 30 livres de *costum* (plante aromatique)[307] ;
- ➢ 50 livres de dattes ;
- ➢ 100 livres de figues ;
- ➢ 100 livres d'amandes ;
- ➢ 30 livres de pistaches ;
- ➢ 100 livres d'olives ;
- ➢ 50 livres de *hidrio* (sorte d'aromate)[308] ;
- ➢ 150 livres de pois chiches ;
- ➢ 20 livres de riz ;
- ➢ 10 livres d'*auro pimento* ;
- ➢ 10 peaux *seoda* (peaux huilées ?)[309] ;
- ➢ 10 peaux de Cordoue ;
- ➢ 50 mains de papyrus.

Sans doute toutes ces marchandises, l'huile par exemple, ne constituent pas des épices venant d'Orient. Mais c'en sont pour la plupart. Et l'acte nous permet de tirer diverses conclusions.

---

[307] E. JEANSELME, Sur un aide-mémoire de thérapeutique byzantin, dans *Mélanges Ch. Diehl*, t. I, 1930, p. 150, n. 12 ; DUCANGE, *op. cit.*, *costum*, vin cuit.

[308] DUCANGE, *verbo hidrio*. On ne trouve ce mot qu'ici ; peut-être est-ce une faute de lecture ?

[309] DUCANGE, *sub verbo seoda*.

D'abord que le cellier du fisc était toujours abondamment fourni de ces épices, puisque la permission accordée aux moines ne spécifie pas d'époque : ils viennent quand ils veulent. Puis on croira difficilement que nous ayons affaire ici à une libéralité accordée au seul monastère de Corbie. Mais quand bien même il en serait ainsi, il faut en déduire que les épices étaient d'un emploi tellement répandu que la cuisine même des moines ne pouvait s'en passer.

Cela est tellement vrai que le roi prévoit l'emploi par les *missi* du monastère, à Fos, d'une livre de *garum*, d'une once de poivre, et de deux onces de cumin. Ainsi, même de pauvres diables ne pouvaient pas plus se passer de poivre que de sel. Ces prestations aux *missi* devaient se faire à toutes les étapes ou, si l'on veut, dans tous les relais de poste à l'aller et au retour, ce qui revient à dire qu'on en trouvait partout.

On peut faire une constatation analogue en lisant la *tractoria* que Marculf nous a conservée[310]. On y retrouve à peu près les mêmes épices que dans l'acte pour Corbie. Je sais bien que Krusch[311] a prétendu que la formule de Marculf est tout simplement copiée sur le diplôme pour Corbie. Il s'amuse en disant que les fonctionnaires royaux n'ont pas mangé tout cela et il a sans doute raison[312]. Mais il est impossible d'admettre, d'autre part, que Marculf ait pu introduire l'énumération de toutes ces épices dans sa formule, si lesdites épices étaient rares. Pour lui, tout cela devait être d'usage courant et cela est d'autant plus significatif qu'il écrit dans le Nord. D'ailleurs, est-il exact que Marculf n'ait fait que copier le diplôme de

---

[310] *Formulae*, I, 11, éd. Zeumer, p. 49.

[311] KRUSCH, *Ursprung und Text von Markulfs Formelsammlung*, Nachrichten von des Gesellschaft der Wissenschaften zu Göttingen, 1916, p. 256.

[312] En revanche, aucune épice n'est à l'époque carolingienne, prévue dans la nourriture des fonctionnaires. G. WAITZ, *Deutsche Verfassungsgeschichte*, t. IV, 2ᵉ éd., p. 23.

Corbie[313] ? On observa qu'il ajoute des animaux comestibles à la liste qui figure dans l'acte de Corbie. Et s'il avait tout simplement copié cette pièce, pourquoi aurait-il omis la mention relative au papyrus[314] ?

En tout cas, le diplôme de Corbie et ce que l'on peut en conclure, suffisent pour souligner l'importance essentielle du trafic des épices à l'époque mérovingienne. Et il n'y a pas de doute que ce qui est vrai de la Gaule l'est aussi des autres côtes de la mer Tyrrhénienne.

Un autre article de grande consommation venant de l'Orient est le papyrus[315]. L'Égypte a le monopole de fournir dans tout l'Empire le matériel courant de l'écriture, le parchemin étant réservé aux écrits de luxe. Or, après les invasions comme avant elles, la pratique de l'écriture s'est conservée dans tout l'Occident. Elle fait partie de la vie sociale. Toute la vie juridique, toute la vie administrative, je veux dire le fonctionnement de l'État, la suppose, ainsi que les relations sociales. Les marchands ont des commis, des *mercenarii litterati*. Il faut des masses de papyrus pour la tenue des registres du fisc, pour les notaires des tribunaux, pour les correspondances privées, pour les monastères. Celui de Corbie — on l'a vu — consomme par an, cinquante mains (*tomi*) de papyrus prélevé au *cellarium fisci* de Fos. Manifestement, c'est par chargements entiers que cette denrée se déverse sur les quais des ports.

---

[313] SPROEMBERG, Marculf und die Fränkische Reichskanzlei, *Neues Archiv*, t. 47, 1927, p. 89, admet le point de vue de Krusch.

[314] Par les épices, le commerce mérovingien ressemble à celui auquel se livrent les villes italiennes depuis le XIIe siècle. GRÉGOIRE DE TOURS signale qu'on vend des épices chez les marchands à Paris (*Hist. Franc.*, VI, 32).

[315] H. PIRENNE, Le commerce du papyrus dans la Gaule mérovingienne, *Comptes rendus de séances de l'Académie des Inscriptions et Belles-Lettres*, 1928, p. 178-191.

L'apostrophe de Grégoire à son collègue de Nantes, dont les injures ne pourraient être inscrites sur tout le papyrus qu'on débarque au port de Marseille[316], est une preuve frappante de l'abondance des arrivages. D'ailleurs, on employait encore le papyrus pour la confection de mêches de chandelles et aussi, semble-t-il, pour en garnir les parois des lanternes après l'avoir huilé[317] ; le fait qu'on pouvait s'en approvisionner aux boutiques de Cambrai atteste qu'il s'en trouvait dans tout le pays[318]. C'était donc un objet de grande consommation et la matière par conséquent d'un commerce en gros, rayonnant d'Alexandrie sur toute la Méditerranée. On sait que nous en avons encore la preuve matérielle dans les beaux diplômes royaux conservés aux Archives nationales de Paris[319] et dans quelques fragments de chartes privées ; débris des innombrables *scrinia* dans lesquels les particuliers conservaient leurs papiers d'affaires et leur correspondance comme les villes gardaient les actes insérés aux *gesta municipalia*.

La fragilité du papyrus dans les climats du Nord explique facilement qu'il en reste si peu ; ce qui ne doit pas nous faire illusion sur la quantité qui fut jadis en usage. Et le nombre de renseignements que, grâce à Grégoire de Tours, nous possédons sur la Gaule, ne doit pas nous faire oublier la consommation certainement plus importante qui s'en faisait en Italie et en Espagne, et que devait donc alimenter une importation singulièrement active.

---

[316] GRÉGOIRE DE TOURS, *Hist. Franc.*, V, 5 : *O si te habuisset Marsilia, sacerdotem ! Numquam naves oleum aut reliquas species detulissent nisi cartam tantum, quo majorem opportunitatem scribendi ad bonos infamandos haberes. Sed paupertas cartae finem imponit verbositati.*

[317] GRÉGOIRE DE TOURS, *Liber in gloria martyrum*, M. G. H. SS. rer. Merov, t. I, p. 558 ; *Liber de virtutibus S. Martini, ibid.*, p. 644 ; *Liber Vitae Patrum, ibid.*, p. 698.

[318] F. VERCAUTEREN, *Étude sur les Civitates*, p. 211-212.

[319] LAUER et SAMARAN, *Les diplômes originaux des Mérovingiens*, Paris, 1908.

Une autre denrée figurait aussi très largement dans le commerce du temps. C'était l'huile. Elle était de besoin courant pour l'alimentation tout d'abord, car il semble bien que dans la Gaule méridionale la cuisine se faisait surtout à l'huile, comme en Espagne et en Italie. Les oliviers indigènes ne suffisaient pas à la consommation. Il fallait s'adresser au-dehors. Il le fallait d'autant plus que le luminaire des églises à cette époque, et sans doute justement à cause de l'abondance de l'huile, exigeait, non pas de la cire comme plus tard, mais de l'huile. Or, l'Afrique en était le grand producteur dans l'Empire et devait le rester jusqu'à la conquête musulmane. On l'expédiait d'Afrique dans des *orcae*. Théodoric, entre 509 et 511, écrit à l'évêque de Salone[320] pour lui recommander le marchand Johannes qui a fourni à cet évêque *sexaginta orcas olei ad implenda luminaria* et qui demande à être payé. Et la suite de la lettre montre que ce n'était là qu'une *parvitas*, c'est-à-dire une bagatelle. Grégoire de Tours donne des renseignements sur le commerce de l'huile à Marseille[321] ; il parle d'un marchand à qui on a volé sur le quai 70 *orcae* d'huile[322]. Un diplôme de Clovis III de 692, renouvelé en 716, mais qui remonte à Dagobert Ier (d. 639), donne au monastère de Saint-Denis une rente annuelle de 100 sous, avec laquelle les *actores regii* achèteront de l'huile au *cellarium fisci*, suivant l'*ordo cataboli*[323]. Une formule de Marculf cite Marseille comme le port où on a coutume d'acheter l'approvisionnement des *luminaria*[324].

---

[320] CASSIODORE, *Variae*, III, 7, éd. Mommsen, M. G. H. SS. Antiq., t. XII, p. 83. Ce texte m'a été obligeamment communiqué par M. Kugener.

[321] BUCHNER, *Die Provence*, p. 44-45. Il s'appuye notamment sur GRÉGOIRE DE TOURS, Hist. Franc., V, 5.

[322] GRÉGOIRE DE TOURS, Hist. Franc., IV, 43.

[323] R. BUCHNER, *op. cit.*, p. 44-45.

[324] MARCULF, *Supplementum*, I, éd. Zeumer, p. 107.

Cette huile remontait donc jusque dans le Nord. Le texte de Corbie de 716, relatif aux 10000 livres d'huile, établit la même chose. Or, on ne peut penser qu'il s'agit ici de l'huile de Provence, puisqu'elle se trouve entreposée dans le *cellarium fisci*[325]. Un texte qui parle d'exportation d'huile par Bordeaux permet de croire que cette huile était expédiée de Marseille[326].

Tout ceci atteste d'actives relations avec l'Afrique. Mais le fait, très curieux, que des chameaux sont employés comme animaux de transports en Espagne et en Gaule, jette aussi sur ces rapports une vive lumière. Car ces chameaux ne peuvent venir que d'Afrique, où Rome les a introduits au IIe siècle. Evidemment, ils se seront répandus de ce côté-ci de la mer avant les invasions. Grégoire de Tours[327] mentionne les chameaux et les chevaux chargés *cum ingenti pondere auri atque argenti* et abandonnés par l'armée de Gondevald pendant sa retraite. De même, Brunehaut avant son supplice est, devant l'armée, promenée sur un chameau[328]. Ce qui prouve, semble-t-il, par comparaison avec le texte précédent, que les armées transportaient leurs bagages sur des chameaux. La *Vita Sancti Eligii*[329] parle d'un chameau qui accompagne l'évêque en voyage. En Espagne, le roi Wamba fait amener à Tolède le rebelle Paulus *abrasis barbis pedibusque nudatis, subsqualentibus veste vel habita induti, camelorum vehiculis imponuntur*[330].

---

[325] Le calcul de BUCHNER, *op. cit.*, p. 45, qui estime que l'importation d'huile à Fos s'élève à 200 000 livres par an, ne peut être pris en considération.

[326] *Vita S. Filiberti abbatis Gemeticensis*, M. G. H. SS. rer. Merov., t. V, p. 602.

[327] GRÉGOIRE DE TOURS, *Hist. Franc.*, VII, 35.

[328] PSEUDO-FRÉDÉGAIRE, *Chronica*, IV, 42, SS. rer. Merov., t. II, p. 141 ; *Vita Columbani*, I, 29, *ibid.*, t. IV, p. 106 ; *Liber Historiae Francorum*, c. 40, *ibid.*, t. II, p. 310.

[329] *Vita S. Eligii*, II, 13, M. G. H. SS. rer. Merov., t. IV, p. 702.

[330] JULIEN DE TOLÈDE, *Historia Wambae*, SS. rer. Merov. t. V, p. 525. DUCANGE, *sub verbo* Camelus, cite un texte de la *Vita SS. Voti et Felici* relatif à

De tout cela résulte jusqu'à l'évidence l'existence d'un mouvement très actif de navigation sur la mer Tyrrhénienne, avec l'Orient et avec les côtes d'Afrique. Carthage semble avoir été l'étape de relâche pour l'Orient. Il se faisait aussi une navigation de cabotage le long des côtes d'Italie, de la Provence et d'Espagne. Les gens du Nord allant à Rome s'embarquaient à Marseille pour Porto, à l'embouchure du Tibre[331]. Les voyageurs pour Constantinople allaient par mer. La route de terre par le Danube, encombrée de Barbares, n'était pas fréquentée[332]. On pouvait aussi aller par Ravenne et Bari. Peut-être y avait-il une navigation régulière entre Marseille et l'Espagne, analogue à celle de nos cargos. On peut le conclure de l'expression *negotio solito* utilisée par Grégoire de Tours[333]. Je crois qu'on peut dire que la navigation est restée au moins aussi active que sous l'Empire. Après Genséric, on n'entend plus parler de piraterie. Et de toute évidence, le commerce auquel on s'adonne est le grand commerce de gros. Il est impossible d'en douter si l'on tient compte du genre de ses importations, de sa régularité et de la fortune à laquelle arrivent les marchands.

Le seul port que nous connaissons bien, Marseille, nous donne tout à fait l'impression d'un grand port. C'est une ville cosmopolite. Son importance se déduit du désir que montrent les rois de posséder la ville lors des partages du royaume[334]. On y trouve des Juifs et des Syriens en quantité, sans compter des Grecs et bien sûrement aussi des Goths. Les *Annales Petaviani*[335]

---

l'Espagne où il faut lire *Camelus* et non pas corriger en *rupicapra* (chamois) comme le fait Ducange.

[331] R. BUCHNER, *op. cit.*, p. 32.

[332] *Ibid.*, p. 33.

[333] GRÉGOIRE DE TOURS, *Hist. Franc.*, IX, 22.

[334] LOT, PFISTER et GANSHOF, *Hist. du Moyen Age*, t. I, p. 258 et 259.

[335] *Annales Petaviani*, M. G. H. SS., t. I p. 17.

nous parlent d'un negociator anglo-saxon, Botto, qui, son fils étant mort en 790, doit y avoir été établi au commencement du VIIIe siècle, c'est-à-dire à une époque où la décadence commence. La ville devait être très peuplée et avoir encore conservé de ces grandes maisons à étages comme celles dont les ruines subsistent à Ostie. Grégoire de Tours[336] parle de huit personnes qui meurent dans une seule maison, ce qui permet sans doute de croire à une sorte de caserne de louage. On arrivera encore à la même conclusion, si l'on remarque la fréquence des épidémies dans cette ville maritime sous l'évêque Théodore (c. 566-c. 591). Un navire venant d'Espagne y amène une épidémie qui dure deux mois[337]. Elle se répand dans l'arrière-pays jusqu'aux environs de Lyon[338]. D'autres épidémies sont fréquemment citées[339] en Provence, à Narbonne. En 598-599, Frédégaire décrit une épidémie qui fait penser à la peste noire[340].

III. LE COMMERCE INTÉRIEUR

Il est naturellement impossible d'admettre que les marchands orientaux, Juifs et autres, se bornaient à importer dans le bassin de la mer Tyrrhénienne sans en rien exporter. Leurs bateaux emportaient évidemment du fret de retour. Le principal doit avoir consisté en esclaves. On sait que l'esclavage domestique et rural est encore extrêmement répandu après le Ve siècle. Je serais même tenté, pour ma part, de croire que les invasions germaniques lui ont donné un regain de prospérité. Les Germains le connaissaient comme les Romains et auront amené

---

[336] GRÉGOIRE DE TOURS, *Hist. Franc.*, IX, 22.

[337] *Ibid.*, IX, 21 et 22.

[338] *Ibid.*, X, 25.

[339] *Ibid.*, VIII, 39 et VI, 14.

[340] *Chronica*, IV, 18, SS. rer. Merov., t. II, p. 128 : *Eo anno cladis glandolaria Marsilia et reliquas Provinciae civitates graviter vastavit.*

avec eux pas mal d'esclaves. Leurs guerres contre les Barbares d'outre-Rhin et contre les Lombards y auront encore contribué.

D'autre part, si l'Église en admettant l'esclave aux Sacrements et en lui reconnaissant le droit, ou pour mieux dire l'obligation de se marier, a relevé sa condition, elle n'a cependant pas, en principe, condamné ni attaqué l'institution servile[341]. Les *mancipia* se rencontraient donc partout, non seulement dans les grands domaines, mais au service de tous les particuliers de quelque fortune. On avait beau en affranchir, il en restait toujours, et leur nombre s'alimentait par des arrivages continuels[342].

La grande source en était les peuples barbares. C'était certainement un marchand d'esclaves que ce Samo, dont Frédégaire[343] rapporte qu'il arrive chez les Wendes à la tête d'une troupe de marchands aventuriers en 623-624. Ces marchands allaient là comme les Varègues du IXe siècle en Russie, pour razzier des esclaves et sans doute aussi pour ramener des fourrures. Les Wendes étant payens pouvaient être achetés et vendus sans scrupules, car les conciles ne mettaient d'obstacles qu'à la vente des esclaves chrétiens hors du royaume, ce qui prouve justement qu'il se vendait des esclaves à l'étranger[344].

---

[341] Son point de vue est resté absolument ce qu'il était dans l'Empire romain. Cf. VERLINDEN, *op. cit.*, *Anuario de Historia del derecho Español*, t. XI (1934), p. 312.

[342] La *Lex Wisigothorum*, III, 4, 17, éd. Zeumer, M. G. H. Leges, t. I p. 157, mentionne même des esclaves chez des *pauperes*. On leur abandonne, en effet, les prostituées récidivistes pour qu'elles soient *in gravi servitio*.

[343] FRÉDÉGAIRE, *op. cit.*, IV, 48, M. G. H. SS. rer. Merov., t. II, p. 144. Cf. Ch. VERLINDEN, Le franc Samo, *Revue belge de philologie et d'histoire*, t. XII, 1933, p. 1090-1095. FUSTEL DE COULANGES, *La monarchie franque*, p. 258, compare Samo au chef d'une grande compagnie commerciale !

[344] Le Concile de Chalon de 639-654, M. G. H. Concilia, éd. Maasen t. I, p. 210, défend de vendre des esclaves hors du royaume franc.

Samo n'était d'ailleurs pas seul de son espèce puisque, devenu roi des Wendes, il fit massacrer des marchands francs, ce qui provoqua la guerre entre lui et Dagobert. Son accession à la royauté rend frappante l'assimilation entre lui et les Varègues. On peut, d'autre part, supposer qu'il vendait lui-même aux Barbares des armes, ainsi que le faisaient les marchands interlopes de la frontière contre lesquels les capitulaires ont tant légiféré. Au reste, bien que Frédégaire appelle Samo *negucians*, ainsi que ses compagnons *negutiantes*, on ne peut voir en lui un marchand de profession, mais bien un aventurier.

On vendait aussi en Gaule des esclaves maures ; d'autres étaient thuringiens, d'autres encore provenaient d'Angleterre[345].

Il y avait quantité d'esclaves anglais sur le marché de Marseille où, en 595, Grégoire le Grand en fait acheter pour être envoyés à Rome aux fins de conversion[346]. Probablement étaient-ce des prisonniers faits pendant les guerres des Bretons avec les Saxons et que la navigation transportait en Gaule. Peut-être était-ce de ces gens-là que saint Amand (d. 674-675) rachetait dans le pays de Gand[347]. Sans doute étaient-ce aussi des gens du

---

[345] *Vita S. Eligii*, M. G. H. SS. rer. Merov., t. IV, p. 676. VERLINDEN *op. cit.*, p. 379, pense qu'on en vendait probablement aussi en Espagne. Sainte Bathilde avait été de *partibus transmarinis... vili pretio venundata*, SS. rer. Merov., t. II p. 482, cf. LESNE, *La propriété ecclésiastique en France*, I, 191 o, p. 3 59. A Clermont, Sigivaldus avait comme esclave (*in cujus servitio erat adolescens quidam nomine Brachio*), un valet pour la chasse au sanglier qui était thuringien. GRÉGOIRE DE TOURS, *Liber Vitae Patrum*, M. G. SS. rer. Merov., t. I, p. 112. GUILHIERMOZ, *Essai sur l'histoire de la noblesse en France au Moyen Âge*, 1902, p. 14, a certainement tort de vouloir en faire un soldat privé.

[346] JAFFÉ-WATTENBACH, *Regesta*, n° 1386.

[347] De MOREAU, *Saint Amand*, 1927, p. 133. Sur ces achats de captifs, voir LESNE, *op. cit.*, p. 357 et p. 369.

Nord que ces esclaves conduits par un marchand dans les environs de Cambrai, dont nous parle la *Vita Gaugerici*[348].

On trouvait partout à acheter des esclaves. Grégoire de Tours[349] parle d'esclaves saxons appartenant à un marchand de l'Orléanais.

Frédégaire raconte[350] que Bilichildis, qui devint la femme de Theudebert, avait été achetée à des *negociatores* par Brunehaut, sans doute à cause de sa beauté.

Les tonlieux d'Arras et de Tournai révèlent également le passage des esclaves pour lesquels les marchands doivent acquitter des droits[351].

Tous ces esclaves, razziés[352] par les émules de Samo ou apportés en Bretagne, étaient dirigés vers les ports de la Méditerranée[353]. On les trouve mis en vente à Narbonne[354]. On

---

[348] *Vita S. Gaugerici*, éd. Kruseh, M. G. H. SS. rer. Merov., t. III, p. 656. Cf. VERCAUTEREN, *Étude sur les Civitates*, p. 213.

[349] GRÉGOIRE DE TOURS, *Hist. Franc.*, VII, 46.

[350] *Op. cit.* M. G. H. SS. rer. Merov., t. II, p. 134 et p. 135.

[351] Le tonlieu d'Arras, qui figure dans le *Cartulaire de Saint-Vaast* de GUIMAN, éd. Van Drival, p. 167, laisse encore reconnaître sous son revêtement du XIIe siècle son vieux fond mérovingien. Le texte l'attribue à un *rex Theodericus* (p. 165). Or, la vente du *servus* et de l'*ancilla* est mentionnée dans le paragraphe intitulé *De Bestiis*. On observe la même chose dans le tarif du tonlieu de Tournai : *si servus vel ancilla vel auri uncia vendantur...*, p. ROLLAND, *Deux tarifs du tonlieu de Tournai*, Lille, 1935, p. 17.

[352] Paul DIACRE, *Historia Langobardorum*, éd. Bethmann & G. Waitz, I, I, M. G. H. SS. rer. Langob. et Ital., p. 48, dit que la populeuse Germanie quantité de barbares sont emmenés pour être vendus aux peuples du Sud.

[353] Sur la vente des esclaves à Marseille, voir *Vita Boniti*, M. G. H. SS. rer. Merov., t. VI, p. 121. Sur le commerce des esclaves voir A. DOPSCH, *Wirtschaftliche und soziale Grundlagen des Europäischen Kulturentwicklung*, Vienne, 2e éd. 7924, t. II p. 175 ; Br. HAHN, *Die Wirtschaftliche Tätigkeit des Juden im Fränkischen und Deutschen Reich bis zum zweiten Kreuzzug*, Fribourg, 1977, p. 23 ; FUSTEL DE COULANGES, *L'alleu et le domaine rural*, p. 279.

les rencontre à Naples[355] d'où ils venaient sans doute de Marseille qui en était le grand marché[356].

Quantité de marchands s'occupaient de ce commerce d'esclaves[357]. Il semble qu'ils aient été surtout des Juifs. Le Concile de Mâcon, en 583, permet aux Chrétiens de racheter aux Juifs leurs esclaves pour 12 sous, soit pour leur donner la liberté, soit pour les prendre à leur service. On cite des marchands juifs d'esclaves à Narbonne[358] et à Naples[359].

Nous pouvons conclure de tout ceci qu'un important commerce d'esclaves existait sur les côtes de la mer Tyrrhénienne ; et il ne paraît pas douteux que les bateaux qui amenaient les épices, la soie, le papyrus, les exportaient comme fret de retour vers l'Orient.

La Gaule d'ailleurs semble avoir livré à l'Orient, outre des esclaves, des vêtements, des tissus, du bois de construction, peut-être aussi de la garance : Grégoire le Grand achète des

---

[354] JAFFÉ-WATTENBACH, *Regesta*, n° 1467.

[355] *Ibid.*, n° 1409.

[356] La *Vita S. Eligii*, I, 10, M. G. H. SS. rer. Merov., t. IV, p. 677, parle des captifs libérés par saint Éloi au nombre tantôt de vingt ou trente, tantôt de cinquante : *nonnumquam vero agmen integrum et usque ad centum animas, cum navem egrederentur utriusque sexus, ex diversis gentibus venientes, pariter liberabat Romanorum scilicet, Gallorum atque Brittanorum necnon et Maurorum, sed praecipue ex genere Saxonorum, qui abunde eo tempore veluti greges a sedibus propriis evulsi in diversa distrahebantur.* Cf. BUCHNER, *op. cit.*, p. 47.

[357] Une formule de Sens, M. G. H. Formulae, éd. Zeumer, p. 189, n° 9, est relative à l'achat d'un esclave par un *homo negotians*. Une formule d'Angers, *ibid.*, p. 22, n° 57, est un mandat de recherche pour l'esclave fugitif d'un *negociens*.

[358] JAFFÉ-WATTENBACH, *Regesta*, n° 1467.

[359] JAFFÉ-WATTENBACH *op. cit.*, n° 1629, et aussi les n° 1409 et 1242, de l'année 593, où il est encore question de l'achat d'esclaves chrétiens par un Juif.

vêtements à Marseille et à Arles, et fait expédier à Alexandrie des bois achetés en Gaule[360].

En tout cas, la grande circulation de l'or nous force à admettre une exportation importante.

À côté de ce commerce international auquel les étrangers ont pris une part prépondérante, sinon exclusive, le commerce intérieur jouait un rôle important dans la vie économique de l'Occident. Ici, le spectacle change. Évidemment, nous venons de le voir, les Juifs s'y distinguaient et il en était certainement de même des Syriens établis dans le pays et que l'on a signalés plus haut. Mais à côté d'eux, les indigènes occupaient une place considérable. Il est évident que l'on rencontrait parmi eux non seulement des boutiquiers, mais aussi des marchands de profession[361].

L'anecdote que Grégoire de Tours rapporte sur les marchands de Verdun[362] est caractéristique à cet égard : la misère accablant la ville sous l'évêque Desideratus (première moitié du VIe siècle), celui-ci emprunte 7000 *aurei* au roi Théodebert et les distribue aux *cives* « *at illi negotia exercentes divites per hoc effecti sunt et usque hodie magni habentur* ». Cela prouve sans doute un commerce très vivant[363]. Et il est remarquable que l'évêque parle au roi de relever le commerce de sa cité *sicut reliquae*

---

[360] Registr., VI, 10, M. G. H. Epist. t. I p. 388. Un texte de LYDUS signale encore les tissus d'Arras, *De Magistratibus*, I, 77, éd. Wuensch, Teubner, 1903, p. 21. Voyez toutefois les réserves que fait F. VERCAUTEREN, *Études sur les Civitates*, p. 183.

[361] A. DOPSCH, *Wirtschaftliche Grundlagen*, t. II, 2e éd., p. 439, réfute l'idée qu'il n'y aurait eu que des marchands étrangers.

[362] GRÉGOIRE DE TOURS, *Hist. Franc.*, III, 34.

[363] Les évêques s'intéressaient au commerce. A Nantes l'évêque Félix fait agrandir le port, VENANTIUS FORTUNATUS, *Carmina*, III, 10, M. G. H. SS. Antiq., t. IV1, p. 62.

habent ; il faut conclure de là que l'activité commerciale est propre à toutes les villes[364].

Grégoire de Tours[365] relate, entre autres, un fait divers qui jette un jour très vif sur la vie commerciale de l'époque : « Pendant une disette, le marchand Christoforus de Tours a appris qu'un grand stock de vin venait d'arriver à Orléans. Il part aussitôt, bien muni d'argent par son beau-père, sans doute marchand lui aussi, achète le vin et le fait charger sur des barques. Puis il se dispose à rentrer chez lui à cheval, mais il est tué en route par deux esclaves saxons qui l'accompagnent. » Voilà un exemple de spéculation mercantile qui n'a rien de moyenâgeux. Ce Christoforus est évidemment un grand marchand, je veux dire un marchand de gros qui veut faire un beau coup en nettoyant le marché à son profit. Et remarquez qu'il est seul. Rien dans ce commerce ne rappelle les gildes ou les bourses ; c'est du commerce individualiste à la romaine[366]. Et Grégoire de Tours signale que d'autres marchands se livraient aux mêmes spéculations[367].

La fraude était aussi de bon rapport. Le même Grégoire de Tours[368] raconte l'histoire d'un marchand qui, avec un *trians*, gagne 100 solidi en falsifiant son vin. Il s'agit sans doute ici d'un détaillant.

---

[364] Lot, dans LOT, PFISTER et GANSHOF, *Histoire du Moyen Age*, t. I, p. 365, cite justement l'exemple de Verdun, pour prouver l'insignifiance du capitalisme. Mais si on fait des comparaisons semblables entre notre époque et le XIIIe siècle, on aboutira pour cette dernière période à des conclusions identiques. Il est bien certain d'ailleurs qu'il est ici question de détaillants et donc de détaillants très actifs.

[365] GRÉGOIRE DE TOURS, *Hist. Franc.*, VII, 46.

[366] Il y a cependant aussi des marchands qui voyagent en bande au VIe siècle ; voir ci-après ce qui est dit de Wado.

[367] GRÉGOIRE DE TOURS, *Hist. Franc.*, VII, 45.

[368] GRÉGOIRE DE TOURS, *Liber in Gloria Confessorum*, c. 110, SS. rer. Merov., t. I, p. 819.

Qu'il y ait eu aussi en Italie des marchands de profession, cela n'est pas douteux ; on n'en veut pour preuve que les mentions des marchands lombards qui servent à l'armée. Ils forment donc bien une classe sociale indépendante, vivant de vente et d'achat. La preuve qu'ils sont très nombreux, c'est que leur service militaire est réglementé à part[369].

Il n'est pas douteux que le commerce ait procuré de grands bénéfices. Il semble que le butin fait en Poitou sur des marchands pillés par les fils de Wado ait été très considérable[370].

Mais nous avons des preuves plus certaines. L'épitaphe d'un marchand de Lyon dit qu'il était « la consolation des affligés et le refuge des pauvres » ; il devait donc être fort riche[371].

En 626, le marchand Jean lègue des propriétés à l'abbaye de Saint-Denis et à diverses églises du diocèse de Paris[372]. Comme le roi confirme cette donation, c'est qu'il s'agit de biens importants. Fortunat écrit une épitaphe pour le marchand Julianus, connu pour ses larges aumônes[373]. En 651, Léodebode, abbé de Saint-Aignan à Orléans, lègue à l'abbaye de Saint-Pierre à Fleury-sur-Loire des propriétés urbaines qu'il a

---

[369] *Leges Abistulfi regis*, éd. F. Bluhme, M. G. H. Leges, t. III, in-f°, p. 196, a° 750. Ces marchands sont évidemment les successeurs de ceux en faveur desquels Théodoric légiférait en 507-511 : « *ne genres hominum, quod vivit lucris, ad necem possit pervenire dispendiis* ». CASSIODORE, *op. cit.*, II, 26, M. G. H. SS. Antiq., t. XII, p. 61. CL A. Dopsch, *Wirtschaftliche Grundlagen*, t. II, 2ᵉ éd., p. 437 ; DOREN, *Italienische Wirtschaftsgeschichte*, 1934, p. 122, fait observer que ces lois d'Astolphe doivent remonter à des textes plus anciens, car les marchands y apparaissent déjà divisés en plusieurs catégories.

[370] GRÉGOIRE DE TOURS, *Hist. Franc.*, X, 21.

[371] LEBLANT, *Inscriptions*, t. I, p. 41. Cf. COVILLE, *op. cit.*, p. 534.

[372] J. HAVET, *Œuvres*, t. I, 1896, p. 229 (texte définitif).

[373] LEBLANT, *Inscriptions*, t. II, p. 520, n° 645.

jadis achetées à un marchand ; celui-ci était donc propriétaire de maisons sises en ville[374].

Le *Rodulfus negotiens,* dont le nom est inscrit sur une livre romaine est certainement un marchand mérovingien[375]. Grégoire de Tours parle encore d'un marchand de Comminges, dans lequel je serais tenté de voir un propriétaire de boutiques[376].

Nous connaissons aussi un marchand de Poitiers qui va à Trèves et à Metz[377], où il rencontre un autre marchand qui achète et vend du sel et navigue sur la Moselle.

En voilà assez pour que l'on puisse affirmer comme non douteuse, certainement jusqu'à la fin du VIIe siècle, la présence de nombreux marchands indigènes à côté de Juifs et de marchands orientaux ; parmi eux, il y en avait certainement de très riches ; il faudra attendre longtemps pour en retrouver d'aussi importants.

Le commerce, tel qu'il existait dans l'Empire avant les invasions, s'est donc certainement maintenu après elles.

Où se faisait le commerce ? Évidemment dans les villes. D'après tous les renseignements que nous avons, c'est là

---

[374] « *Quod de heredibus Pauloni negociatoris, quondam visus sum comparasse, areas scilicet in oppido civitatis Aurelianensium cum domibus desuper positis, acolabus ibidem residentibus* », PROU et VIDIER, *Recueil de chartes de Saint-Benoît-sur-Loire,* t. I, 1900, p. 7. Cf. sur ce même marchand, FUSTEL DE COULANGES, *La monarchie franque,* p. 256, n. 5.

[375] M. PROU, *Catalogue des monnaies carolingiennes de la Bibliothèque nationale,* Paris, 1896, p. XXXVIII.

[376] GRÉGOIRE DE TOURS, *Hist. Franc.,* VII, 37 : « *Charitulfus valde dives ac praepotens, cujus adpotecis ac prumtuariis urbi valde referta erant.* »

[377] GRÉGOIRE DE TOURS, *Liber de virtutibus S. Martini,* IV, 29, M. G. H. SS. rer. Merov., t. I, p. 656.

qu'habitent les *negociatores*. Ils y sont installés à l'intérieur de l'enceinte, dans l'*oppidum civitatis*[378].

Les villes avaient à la fois un aspect ecclésiastique et commercial. On y trouvait, même dans des villes du Nord comme Meaux, des rues à arcades qui se prolongeaient parfois jusque dans le faubourg[379]. Ces maisons à arcades devaient donner, même dans le Nord, un aspect italien aux villes. Elles servaient sans doute à abriter les boutiques qui étaient généralement groupées ; c'était notamment, aux dires de Grégoire de Tours, le cas à Paris[380].

Dans ces villes, à côté des commerçants, vivaient des artisans sur lesquels on est très mal renseigné. Saint Césaire en mentionne à Arles, au VIe siècle[381]. L'industrie du verre paraît avoir été importante : les tombes mérovingiennes contiennent nombre d'objets en verre.

Le *curator civitatis* et le *defensor civitatis* avaient la police des marchés et des denrées[382]. À Ravenne semblent s'être conservés quelques restes des collèges d'artisans de l'Antiquité.

Est-il possible d'établir l'importance des villes après les invasions ? Nous n'avons, à ce sujet, que des renseignements sporadiques. En Gaule, les enceintes des villes étaient fort peu

---

[378] J. HAVET, *Œuvres*, t. I, p. 230, et le texte cité à la p. 84, n. 6.

[379] Saint Faron a hérité à Meaux des *casas cum areis, tam infra muros quam extra muros civitatis*, PARDESSUS, *Diplomata*, t. II, p. 16, n° CCLVII.

[380] GRÉGOIRE DE TOURS, *Hist. Franc.*, VII, 37, nous parle des *apotecae* et dès *prumptuaria* de Comminges. A Paris, GRÉGOIRE DE TOURS, *Hist. Franc.*, VI, 32, nous montre Leudaste : *domus negutiantum circumiens, species rimatur, argentum pensat atque diversa ornamenta prospicit*. Il parle encore de ces *domus necutiantum, ibid.*, VIII, 33, qui semblent placées à la file.

[381] Cité par F. KIENER, *op. cit.*, p. 29, n. 38 ; *sutores, aurifices, fabri vel reliqui artifices*.

[382] KIENER, *op. cit.*, p. 15.

développées. Vercauteren[383] évalue leur population à 6 000 âmes et souvent à beaucoup moins.

La population devait cependant être bien resserrée et peut-être les grandes maisons, comme à Marseille, n'étaient-elles pas rares[384] ; il y avait, à Paris, des maisons construites sur les ponts[385].

Les villes du sud sont plus considérables. À Fréjus, d'après les ruines, on voit que la ville antique devait être cinq fois plus grande que la ville actuelle. Nîmes couvrait un espace de 320 hectares environ[386]. L'enceinte romaine de Toulouse aurait eu un périmètre de 3 kilomètres[387]. Et Hartmann admet encore pour Milan, à l'époque de Théodoric, 30 000 habitants[388].

Certes, les villes avaient souffert des invasions. Des ponts avaient croulé et avaient été remplacés par des ponts de bateaux. Mais les villes subsistaient encore toutes. Les évêques d'ailleurs les avaient restaurées. Et il n'est pas douteux que, de même qu'elles étaient les centres de l'administration religieuse et civile, elles étaient aussi des centres permanents de commerce. À ce point de vue encore, l'économie antique continue. On ne trouve rien qui ressemble aux grandes foires régulatrices du Moyen Age comme celles de Champagne.

---

[383] F. VERCAUTEREN, *Étude sur les Civitates de la Belgique Seconde*, Bruxelles, 1934, p. 354 et 359.

[384] Cf. pour Angers, GRÉGOIRE DE TOURS, *Hist. Franc.* VIII, 42.

[385] *Vita S. Leobini*, c. 62, éd. Krusch, SS. Antiq., t. IV2, p. 79.

[386] BLANCHET, *Les enceintes romaines de la Gaule*, Paris, 1907, p. 211 et p. 208.

[387] *Ibid.*, p. 202 n. 3.

[388] On voit par la *Lex Visigothorum*, III, 4, 17, éd. Zeumer, M. G. H. Leges, p. 157, que les prostituées professionnelles libres et esclaves abondaient dans les villes espagnoles.

Cependant il y a des foires, mais ce sont sans doute des foires locales[389]. Dans le Nord, de nouvelles foires se créent : celle de Saint-Denis est citée pour la première fois en 709[390]. Mais ces foires n'ont qu'un rôle secondaire. D'après L. de Valdeavellano[391], on n'en rencontre pas en Espagne. Et en tout cas, on ne trouve nulle part ces petits marchés qui abonderont à la période carolingienne. Il ne faut pas voir là une preuve de faiblesse commerciale. Au contraire. Les marchés ne sont pas un élément essentiel dans les villes où il y a des marchands de profession, et qui sont des places de commerce permanentes. C'est quand le commerce aura disparu que seront organisés tous ces petits centres économiques de ravitaillement, avec leur aire restreinte et que ne fréquentent que des marchands occasionnels. On a au contraire l'impression, en lisant Grégoire de Tours, qu'on se trouve à une époque de commerce urbain. Les conventus des marchands se font dans les villes[392]. On n'en trouve point à la campagne. C'est certainement une erreur, comme Waitz[393] l'a déjà fait remarquer, de considérer comme des lieux de marché les innombrables endroits inscrits sur les monnaies mérovingiennes par les *monetarii*. Ce qu'on trouve à la période mérovingienne comme dans l'Antiquité, ce sont des *portus*, c'est-à-dire des étapes et des débarcadères, mais non des marchés. Le roi prélève des tonlieux dans les villes, dans les

---

[389] Une lettre adressée vers 630-655 à Didier, évêque de Cahors, M. G. H. Epist., t. III, p. 214, parle de *istas ferias in Rutenico vel vicinas urbes*, c'est-à-dire des foires de Rodez dont la fréquentation est interdite aux habitants de Cahors à cause de la peste qui règne à Marseille.

[390] VERCAUTEREN, *op. cit.*, p. 450. D'après Levillain, cette foire fut instituée en 634 ou 635, Étude sur l'abbaye de Saint-Denis, *Bibl. de l'École des Chartes*, t. XCI, 1930, p. 14.

[391] L. G. de VALDEAVELLANO, El mercado. Apuntes para su estudio en Léon y Castilla durante la Edad Media, *Anuario de Historia del Derecho Español*, t. VIII, 1931, p. 225.

[392] *Lex Visigothorum*, IX, 2, 4, éd. Zeumer, M. G. H. Leges, t. I, in-4°, p. 368.

[393] G. WAITZ, *op. cit.*, t. II, 2e partie, 3e éd., p. 309.

portus[394]. Ce sont les anciens tonlieux romains, conservés aux mêmes endroits[395]. Certes, on constate déjà des abus. Des comtes cherchent à établir de nouveaux tonlieux à leur profit, ce qui amène Clotaire II, en 614, à intervenir en ordonnant que les tonlieux subsistent tels qu'ils étaient sous son prédécesseur[396].

Théodoric écrit de même à ses agents en Espagne, afin d'empêcher les fraudes du tonlieu au détriment des *transmarini*[397].

Le tonlieu comprend toutes sortes de taxes : *portaticum, rotaticum, pulveraticum*, etc. Le caractère du tonlieu est nettement fiscal et non économique. Il semble avoir été levé exclusivement en argent[398]. Le roi peut le relaxer pour des abbayes, mais, sauf à la période de décadence, il n'en fait pas cession. Le tonlieu est un impôt au profit du roi. Il rapporte gros d'ailleurs. La preuve en est fournie par l'importance des rentes constituées par le roi sur le *cellarium fisci* au profit de certaines abbayes notamment.

La perception en était encore possible parce que le roi disposait d'agents sachant lire et écrire, les *telonearii*. Sans doute prenaient-ils le tonlieu à ferme et c'est probablement pour cela

---

[394] Les diplômes parlent du tonlieu levé *per civitates seu per castella seu per portus, seu per trexitus*, M. G. H. Diplomata, in-f°, éd. Pertz p. 46 n° 51. Voyez une autre mention de *portus*, Recueil des chartes de Stavelot-Malmédy, éd. J. Halkin & Roland, t. I, p. 13, n° 4. On voit, par ce même texte (diplôme de Sigebert III de 652), qu'il s'y exerçait un *negotiantum commercia* et que le roi y avait des *telonearii*.

[395] La formule n° 1 du supplément de Marculf, éd. Zeumer, M. G. H. Formulae, p. 107, énumère les tonlieux du bassin du Rhône : Marseille, Toulon, Fos, Arles, Avignon, Soyon, Valence, Vienne, Lyon et Chalon-sur-Saône.

[396] Édit de Clotaire II, 18 octobre 614, M. G. H. Capit., t. I, p. 22.

[397] CASSIODORE, *Variae*, V, 39, M. G. H. SS. Antiq., t. XII, p. 165.

[398] G. WAITZ, *op. cit.*, t. II, 2ᵉ partie, 3ᵉ éd., p. 301, le dit, pour des raisons que je crois erronées, levé en nature.

que les Juifs, malgré la réprobation des conciles, en recevaient la perception[399].

Dans les grands ports, il y avait des entrepôts[400] et des fonctionnaires attachés aux ports, comme nous l'apprend la législation de Théodoric.

Quant à la poste, elle subsiste dans tout le bassin de la mer Tyrrhénienne.

La circulation se fait par les routes romaines. Des ponts de bateaux remplacent les anciens ponts romains en ruines. L'autorité veille à ce que les rives des cours d'eau soient laissées libres sur un espace d'au moins une *pertica legalis* sur chaque bord, pour permettre le halage des chalands.

IV. LA MONNAIE ET LA CIRCULATION MONÉTAIRE

Le sou d'or romain, réajusté par Constantin, était l'unité monétaire dans tout l'Empire au moment des invasions[401]. Ce système monétaire, que les Barbares connaissaient depuis longtemps grâce aux subsides que l'Empire leur avait versés, ils se gardèrent bien d'y toucher.

Dans aucun des pays occupés par eux, on n'observe, au début, le moindre changement dans la circulation monétaire. Bien plus

---

[399] Nous en avons un exemple dans le *negociator Salomon* sûrement un juif, qui était le *Hoflieferant* de Dagobert et auquel celui-ci avait cédé le tonlieu perçu à une porte de Paris, *Gesta Dagoberti*, c. 33, éd. Krusch, M. G. H. SS. rer. Merov., t. II, p. 413.

[400] Voir ce que nous avons dit plus haut du *cellarium fisci*.

[401] Le sou d'or de Constantin pesait 4,48 g ; on taillait 72 sous à la livre. La valeur-or du sou était de 15,43. F. E. STEIN, *Geschichte des Spätrömischen Reiches*, Vienne, 1928, t. I, p. 177.

même, c'est à l'effigie des empereurs que les rois germaniques frappent monnaie[402].

Il n'est rien qui atteste mieux la persistance de l'unité économique de l'Empire. Il était impossible de lui enlever le bienfait de l'unité monétaire. Jusqu'au cataclysme contemporain des Carolingiens, l'Orient grec comme l'Occident conquis par les Germains communièrent dans le monométallisme or qui avait été celui de l'Empire. Les navigateurs syriens en débarquant dans les ports de la mer Tyrrhénienne y retrouvaient les monnaies auxquelles ils étaient accoutumés dans la mer Égée. Bien plus même, les espèces monétaires des nouveaux royaumes barbares adoptèrent les changements introduits dans la monnaie byzantine[403].

Naturellement, il y a des monnaies d'argent et de bronze, mais on ne peut y voir avec Dopsch[404] la preuve de l'introduction du bimétallisme. L'or seul est la monnaie officielle. Le système monétaire des Barbares est celui de Rome. Le système carolingien, qui sera le monométallisme argent, est celui du Moyen Age.

Il n'y a d'exception que chez les Anglo-Saxons où le métal argent joue le rôle principal. On a pourtant frappé quelques monnaies d'or dans les parties méridionales de l'île, c'est-à-dire dans celles qui sont en rapports commerciaux avec la Gaule, et

---

[402] Gunnar MICKWITZ, *Geld und Wirtschaft im Römischen Reich des IV. Jahrhunderts nach Christi*, Helsingfors, 1932, conclut, p. 190, qu'il est impossible de considérer le IVe siècle comme un siècle de *Naturalwirtschaft*.

[403] Lorsque, à la fin du VIe siècle, la croix remplace la victoire sur les monnaies impériales, les monétaires de Marseille puis les autres, suivent cet exemple. M. PROU, *Catalogue des monnaies mérovingiennes de la Bibliothèque nationale*, Paris, 1892, p. LXXXV.

[404] A. DOPSCH, *Die Wirtschaftsentwicklung des Karolingerzeit, vornehmlich in Deutschland*, t.II, 2e éd., 1922, p. 300.

il semble bien que ces monnaies soient l'œuvre de monétaires mérovingiens[405].

Dans le royaume de Mercie, par exemple, plus éloigné, on n'a trouvé que des monnaies d'argent dont certaines avec des légendes runiques[406].

Les rois mérovingiens ont frappé des monnaies pseudo-impériales, dont la série se clôt avec le règne d'Héraclius (610-641), le premier empereur qui ait eu maille à partir avec les Arabes[407].

Elles se distinguent, en général, au premier coup d'œil du monnayage impérial. En revanche, elles se ressemblent fort entre elles. On ne peut souvent dire si elles ont été frappées par les Wisigoths, les Burgondes ou les Francs[408]. C'est la nécessité économique qui fit conserver la monnaie romaine par les Barbares[409]. Ce qui le prouve, c'est que l'imitation des espèces romaines continua à Marseille et dans les régions voisines plus longtemps qu'ailleurs[410]. Il est rare de trouver le nom des rois francs sur les monnaies. On le rencontre pour la première fois, au grand scandale de Procope, lors de la guerre de Théodebert Ier en Italie contre Justinien, en 539-540. Elles portent même le mot « Victor », qui est d'un usage exceptionnel dans la numismatique romaine[411]. Ces monnaies, étant beaucoup plus

---

[405] ENGEL et SERRURE, *Traité de numismatique du Moyen Age*, t. I, Paris, 1891, p. 177.

[406] *Ibid.* 179-180.

[407] M. PROU, *Catalogue des monnaies mérovingiennes*, p. XXVII et XXVIII.

[408] PROU, *op. cit.*, p. XVI.

[409] *Ibid.*, p. XV.

[410] *Ibid.*, p. XXVI.

[411] *Ibid.*, p. XXXII.

belles que toutes les autres monnaies franques, Prou[412] suppose que Théodebert les a fait frapper pendant son expédition d'Italie, ou plutôt qu'elles l'ont été dans les régions qu'il y a conservées pendant quelque temps après cette expédition. C'est seulement à partir de Clotaire II (584-629/630) que le nom royal se substitue au nom de l'empereur dans les ateliers de Marseille, Viviers, Valence, Arles et Uzès. La formule *Victoria Augustorum* y est remplacée par *Victoria Chlotarii*[413].

En Gaule, sous Justin II (565-578), les monétaires, en Provence d'abord, adoptèrent pour le sou d'or le poids de 21 siliques au lieu de 24. Ce sont peut-être là les *solidi Gallicani* dont une lettre de Grégoire le Grand semble bien dire qu'ils n'ont pas cours en Italie[414].

Le monnayage or des Barbares est surtout abondant chez les Francs et les Wisigoths. Pour les Vandales, on n'a pas de monnaies or ; pour les Ostrogoths, on n'en a guère que de Théodoric. Il faut sans doute expliquer cela par la grande diffusion des monnaies d'or romaines qui devait exister chez eux. Car, du moins pour les Vandales, on sait que leur pays a été fort riche.

Le monnayage a conservé naturellement son caractère royal, mais l'organisation des ateliers monétaires est, si l'on peut dire, décentralisée. Les rois wisigoths ouvrirent des ateliers monétaires dans différentes villes[415].

---

[412] *Ibid.*, p. XXXIV et XXXV.

[413] *Ibid.*, p. XXXIX.

[414] *Ibid.*, p. LXIV.

[415] ENGEL et SERRURE, *op. cit.*, t. I, p. 50. Il y avait quatre ateliers en Gaule à l'époque romaine : Trèves, Arles, Lyon et Narbonne. PROU, *Catalogue des monnaies mérovingiennes*, LXV. F. LOT, *Un grand domaine à l'époque franque. Ardin en Poitou*, Cinquantenaire de l'École pratique des Hautes Études, Bibl. de l'École des Hautes Études, fasc. 230, Paris, 1921, p. 127, dit que les sous d'or provenant de l'impôt

Chez les Francs, il y a un atelier au palais et dans diverses cités. Mais il existe aussi des monnaies frappées par les églises et par une infinité de *monetarii*. Sans doute, cette diversité de monnaies est-elle née du mode de perception de l'impôt.

Il « était commode d'autoriser le collecteur d'un impôt particulier, le fermier d'une saline, le régisseur d'un domaine royal, l'économe d'un monastère, etc., à recevoir au besoin en paiement, des prestations en nature, des monnaies étrangères ou anciennes, des métaux au poids, et à rendre le montant de ses recettes ou de ses fermages en espèces monnayées sur place et portant avec elles une signature qui servait de garantie à leur titre et à leur valeur, et un nom de lieu qui en rappelait l'origine »[416].

Luschin[417] croit discerner, dans ce monnayage de l'or fourni par l'impôt, un usage romain. Pour lui, les monétaires ne sont pas de petites gens, mais les fermiers de l'impôt.

Il faut supposer avec Luschin qu'un contrôle était exercé sur la frappe de ces monnaies, car il n'est pas résulté de cette diversité le désordre des monnaies féodales qu'a connu le Moyen Age.

Pour Prou[418], les monétaires sont des ouvriers échappés des anciens ateliers impériaux, qui se sont mis à travailler pour le public.

étaient convertis sur place en lingots par les monétaires. Cela se faisait déjà à l'époque romaine. Voyez *Codex Theodosianus*, XII, 6, 13, loi de 367.

[416] ENGEL et SERRURE *op. cit.*, t. I, p. 97.

[417] A. LUSCHIN VON EBENGREUTH, *Allgemeine Münzkunde und Geldgeschichte*, 2e éd., 1926, p. 97.

[418] PROU, *Catalogue des monnaies mérovingiennes*, p. LXXXI. Je crois que cela s'adapte assez bien avec le texte de la *Vita Eligii*, I, 15. M. G. H. SS. rer. Merov., t. IV, p. 681.

On lit sur quelques monnaies frappées par les monétaires les mots *ratio fisci* ou *ratio domini*[419], ce qui paraît bien indiquer que la monnaie a été frappée sous le contrôle du fisc. Le fait que les monétaires frappent non seulement dans un grand nombre de cités, mais dans des *vici, castra, villae*, semble d'autre part confirmer l'hypothèse que ces monnaies ont été frappées à l'occasion de la perception de l'impôt. Il est impossible de croire, avec Prou[420], qu'il y ait eu dans tous ces endroits autant d'ateliers monétaires. Or, il reconnaît lui-même que les monétaires n'étaient pas des fonctionnaires publics[421]. Très rares depuis Pépin, ils disparaissent définitivement en 781[422], c'est-à-dire à l'époque où s'efface également l'impôt romain. Il n'y a pas de concession de la frappe de la monnaie à l'époque mérovingienne[423]. D'après Mgr Lesne, les Églises auraient frappé monnaie tout simplement pour mobiliser leurs ressources. « Le monnayage ecclésiastique, écrit-il, paraît être l'exercice moins d'un droit régalien que de la faculté laissée au clergé et aux moines de transformer leur épargne en valeurs d'échange et en espèces liquides »[424].

Ces frappes constantes et ce que nous savons d'autre part de la richesse en or des rois[425], de l'Église et des particuliers[426],

---

[419] PROU, *op. cit.*, p. LI.

[420] *Ibid.*, p. LXX et LXXXII.

[421] *Ibid.*, p. LXXXI.

[422] PROU, *Catalogue des monnaies mérovingiennes*, p. XLVII.

[423] Prou en doute cependant.

[424] LESNE, *op. cit.*, p. 273.

[425] Cf. les couronnes d'or trouvées à Guarrazar près de Tolède (VIIe siècle). Elles prouvent donc, pour cette époque, la richesse du trésor royal. Cf. A. RIEGL, *Spätrömische Kunstindustrie*, 1927, p. 381.

[426] Sur la richesse des particuliers en or et en pierres précieuses, voir GRÉGOIRE DE TOURS, *Hist. Franc.*, X, 21, et surtout IX, 9. La femme du duc Rauching a un trésor valant celui du roi.

prouvent qu'il y avait un stock d'or vraiment considérable en Occident. Et pourtant on n'y dispose pas de mines d'or, et il faut compter pour bien peu de chose ce qu'on pouvait tirer des sables aurifères. Comment pourrait-on parler d' « économie naturelle » en présence de ces trésors considérables et si mobiles ?

Que de faits caractéristiques à cet égard[427] ! L'évêque Baudouin de Tours distribue 20000 sous d'or aux pauvres. L'or abonde dans les vêtements, il abonde aussi chez les particuliers, comme le prouvent les confiscations continuelles du roi[428].

Le Trésor royal, alimenté en outre par l'impôt, l'est aussi par les subsides considérables des empereurs qui lui envoient jusqu'à des 50 000 sous d'or. C'est une formidable pompe aspirante. Mais c'est aussi une pompe foulante, car l'or du roi ne stagne pas dans ses coffres. Il sert à constituer d'opulentes rentes, des dots à ses filles, des dons à ses fidèles, de larges aumônes aux pauvres ; il sert aussi à consentir des prêts à intérêt comme celui que le roi consent à l'évêque de Verdun, à assigner des rentes, comme nous le faisons par chèque sur un compte courant, au profit d'ecclésiastiques nécessiteux, à fournir d'argent saint Amand qui va évangéliser les Francs, à acheter, comme le fait Brunehaut, la paix à des Barbares[429], à couvrir d'argent, comme le fit Dagobert, l'abside de Saint-Denis, à acheter des *missoria* à Constantinople, à payer les frais de la chancellerie, de la *scola* et que sais-je encore ? Je veux bien qu'une partie de toutes ces immenses ressources ait été produite par le butin de guerre

---

[427] Le travail de KLOSS, *Goldvorrat und Geldverkehr im Merowingerreich*, 1929, ne tient pas compte des textes cités par LESNE, *op. cit.*, p. 200.

[428] Sur la richesse de l'Église voir LESNE, *op. cit.*, p. 200. Les trésors des églises servaient, en cas de besoin, à faire de la monnaie. On en trouve un exemple dans GRÉGOIRE DE TOURS, *Hist. Franc.*, VII, 24, où l'évêque fait réduire en monnaie pour racheter sa ville d'un pillage, un calice d'or.

[429] G. RICHTER, *Annalen des Fränkischen Reichs im Zeitalter der Merovinger*, 1873, p. 98.

conquis sur les Germains et les Slaves, par les subsides byzantins, par des tributs payés par les Goths après Théodoric et plus tard par les Lombards[430], mais tout cela ne suffit pas encore à expliquer leur abondance. Je ne vois que le commerce qui ait pu continuellement amener autant d'or en Occident. Il faut donc le considérer comme bien plus important qu'on ne l'a fait jusqu'à présent, et surtout se refuser à admettre qu'il se soit borné à une importation contre argent comptant.

On a voulu expliquer le trésor d'or des rois comme une accumulation entre leurs mains de tout l'or du pays. Prou[431], pour défendre cette thèse, invoque une loi des empereurs Gratien, Valentinien et Théodose défendant de payer les Barbares en or. Mais il est visible que cette loi ne pouvait être appliquée chez les Barbares qui étaient indépendants de l'empereur. D'après Luschin, le stock d'or des rois barbares aurait consisté en monnaies romaines et en orfèvreries. S'il en avait été ainsi, il est certain que la réserve d'or de la Gaule n'aurait pu se maintenir de Clovis à Charles Martel au moins, c'est-à-dire pendant deux siècles et demi[432]. Il a dû y avoir des arrivages d'or. Comment ? Par le commerce.

Les rois barbares ont d'ailleurs importé de l'or. La loi wisigothique le prouve[433]. Grégoire de Tours montre le roi en

---

[430] On voit de même, en 631, le prétendant Sisenand offrir 200 000 sous à Dagobert G. RICHTER, *Annalen*, p. 161.

[431] PROU, *Catalogue des monnaies mérovingiennes*, p. XI et CV. M. Lot croit lui aussi à ce drainage de l'or. LOT, PFISTER et GANSHOF, *op. cit.*, p. 358.

[432] M. BLOCH, Le problème de l'or au Moyen Age, dans *Annales d'histoire économique et sociale*, t. V, 1933, p. 1 et ss. ; SOETBEER, Beiträge zur Geschichte des Geld- und Münzwesens in Deutschland, *Forschungen Zur Deutschen Geschichte*, t. II, 1862, p. 307 ; A. LUSCHIN von EBENGREUTH, *Allgemeine Münzkunde und Geldgeschichte des Mittelalters und der Neueren Zeit*, Munich et Berlin, 2ᵉ éd., 1926, p. 41.

[433] *Lex Visigothorum*, XI, 3, 1, éd. Zeumer, M. G. H. Leges, t. I, p. 404 : *Si quis transmarinus negotiator aurum, argentum, vestimenta, vel quelibet ornamenta provincialibus nostris vendiderit, et conpetenti pretio fuerint venundata...*

achetant à Constantinople[434] et raconte l'histoire d'un naufrage devant Agde, qui établit aussi le transport de l'or par mer. La vente du blé, d'autre part, amène certainement de l'or dans le pays[435]. Le passage de l'or, comme celui des esclaves, est signalé dans les tarifs de tonlieux[436].

Nous avons cité déjà ce texte montrant le pape Grégoire le Grand ordonnant au prêtre Candidus d'acheter en Provence des vêtements et des esclaves anglo-saxons avec des pièces d'or gauloises qui n'ont pas cours à Rome et qu'il lui a remises.

Sans doute, nous possédons peu de textes, mais si les historiens avaient dû s'en tenir aux seules sources littéraires du Moyen Age, comment auraient-ils pu connaître le grand développement de son commerce ? Il ne leur apparaît que par les sources d'archives. Or, pour la période mérovingienne, à part quelques diplômes royaux et un très petit nombre de chartes privées, toutes les archives ont disparu. On doit donc raisonner par analogie.

La présence de ce grand stock d'or doit pouvoir s'expliquer. S'il avait été drainé par le commerce étranger, on devrait le voir diminuer avec le temps. Or, c'est ce qui ne se voit pas.

Il est certain qu'il existe une grande circulation monétaire. Il faut renoncer à l'idée que l'époque mérovingienne a vécu sous le régime de l'économie naturelle. Lot[437], pour soutenir ce point

---

[434] GRÉGOIRE DE TOURS, *Hist. Franc.* VI, 2.

[435] CASSIODORE, *Variae*, XII, 22, M. G. H. SS. Antiq., t. XII, p. 378 : Théodoric s'adressant aux gens de l'Istrie, leur dit que s'ils n'ont pas de blé à vendre, ils ne pourront recevoir d'or.

[436] GUIMAN, *Cartulaire de Saint-Vaast d'Arras*, p. 167, et P. ROLLAND, *Deux tarifs du tonlieu de Tournai*, 1935, p. 37.

[437] F. LOT, *Un grand domaine à l'époque franque*, Bibliothèque de l'École des Hautes Études, fasc. 230, p. 123. Il donne comme source GRÉGOIRE DE TOURS, *Liber vitae Patrum*, M. G. H. SS. rer. Merov., t. I, p. 669.

de vue, cite l'exemple de la cité de Clermont payant l'impôt en céréales et en vin. Mais précisément cet impôt en nature fut changé en un impôt-monnaie à la demande de l'évêque. Ajoutons que cette histoire, racontée par Grégoire de Tours, se rapporte au IVe siècle, donc à l'époque impériale. Grégoire se borne à la rappeler en soulignant que l'intervention de l'évêque fut un bienfait, ce qui prouve que de son temps encore l'impôt se payait normalement en monnaie. Jamais d'ailleurs, dans Grégoire de Tours, il n'est question de paiements faits autrement qu'en argent, et nous avons montré plus haut que tous les versements d'impôts au roi se faisaient en or.

Au surplus, il y avait certainement de grandes quantités de numéraire en circulation et que l'on cherchait à faire fructifier. On ne pourrait sans cela comprendre comment une quantité d'ambitieux offrent au roi des sommes considérables pour devenir évêques. La coutume de donner la recette des impôts à ferme prouve la même chose[438]. Une anecdote, racontée par Grégoire de Tours[439], met bien en lumière l'importance du commerce de l'argent. Le Juif Armentarius, avec un coreligionnaire et deux Chrétiens, s'étaient rendus à Tours pour exiger les cautions qu'ils avaient avancées, comme fermiers de l'impôt sans doute (*propter tributa publica*), au *vicarius* Injuriosus et au comte Eonomius. Ceux-ci leur avaient promis de les leur rembourser avec les intérêts (*cum usuris*). Ces fermiers de l'impôt avaient, en outre, prêté de l'argent au *tribunus* Medard, à qui ils demandaient également le remboursement de sa dette. Ces puissants débiteurs ne trouvèrent rien de mieux que d'inviter leurs créanciers à un banquet au cours duquel ils les firent assassiner.

Suivant toute apparence, ces Juifs et Chrétiens associés, qui se trouvaient être les créanciers de ces hauts fonctionnaires,

---

[438] LOT, *ibid.*, p. 125.
[439] GRÉGOIRE DE TOURS, *Hist. Franc*., VII, 23.

avaient constitué leur capital au moyen du commerce. Et remarquons qu'ils le prêtent à intérêt : *cum usuris.* C'est une preuve, et de la plus grande importance, de ce que, sous les Mérovingiens, l'intérêt est considéré comme licite. Tout le monde le pratique, même le roi, qui consent à la ville de Verdun un prêt à intérêts[440].

D'après une formule de Marculf[441], l'intérêt était de 1 *triens* par sou, ce qui représentait 33,5%. D'après le Bréviaire d'Alaric, il n'aurait été que de 12,5%[442]. Peut-être faudrait-il en conclure à une restriction des capitaux entre les deux dates. Mais est-il bien certain que nous nous trouvions ici en présence d'intérêts commerciaux ?

L'Église, il est vrai, ne cesse de défendre aux clercs et même aux laïques de pratiquer l'intérêt usuraire, ce qui semble bien indiquer que le taux de l'intérêt a une tendance à augmenter[443].

Ce sont les Juifs surtout qui se mêlaient de ce commerce d'argent[444]. Nous avons signalé déjà qu'il y avait des Juifs parmi les percepteurs du tonlieu, et il semble même qu'il dut y en avoir beaucoup, puisque les conciles protestèrent à ce sujet[445]. Il y en avait aussi parmi les monétaires et on trouve les noms de

---

[440] *Ibid.*, III, 34.

[441] MARCULF, II, 26, M. G. H. Formulae, éd. Zeumer, p. 92.

[442] *Lex romana Visigothorum*, II, 33, éd. Haenel, p. 68-70.

[443] Concile d'Orléans de 538, c. 30. M. G. H. Concilia, t. I, éd. Maasen, p. 82, Concile de Clichy de 626-627, c. I, *ibid.*, p. 197.

[444] A Clermont le prêtre Eufrasius, fils d'un sénateur, offre au roi, afin d'être nommé évêque, les richesses qu'il a empruntées à des Juifs : « *Susceptas a Judaeis species magnas* », GRÉGOIRE DE TOURS, Hist. Franc., IV, 35. L'évêque Cautinus est : « *Judaeis valde carus ac subditus...* » parce qu'il leur emprunte de l'argent ou achète des objets de luxe. GRÉGOIRE DE TOURS, Hist. Franc., IV, 12.

[445] M. G. H. Concilia, t. I, p. 67, a° 535 et p. 158, a° 583.

certains d'entre eux sur les monnaies[446]. Leur clientèle, comme celle des prêteurs d'argent en général, devait être fort considérable. Car, outre les percepteurs d'impôt, elle devait s'étendre encore aux *locatores* des domaines de l'Église qui, eux aussi, prenaient leur recette à ferme. Le crédit devait sans doute aussi pénétrer le commerce. Sidoine[447] rapporte l'histoire d'un clerc (*lector*) de Clermont qui va à Marseille pour faire des achats en gros aux importateurs de la place au moyen d'argent emprunté ; il revend en détail à Clermont et, avec son bénéfice, rembourse son créancier et fait encore un beau profit.

C'est sans doute là un exemple de ce *turpe lucrum* que les conciles interdirent au clergé[448].

De tout cela résulte donc jusqu'à l'évidence la continuation de la vie économique romaine à l'époque mérovingienne dans tout le Bassin tyrrhénien. Car il n'est pas douteux que ce que nous venons de constater pour la Gaule se passe aussi en Afrique et en Espagne.

Tous les traits y sont : prépondérance de la navigation orientale et importation de ses produits, organisation des ports, du tonlieu, de l'impôt, circulation et frappe de la monnaie, continuation du prêt à intérêts, absence de petits marchés, persistance d'une activité commerciale constante dans les villes, entretenue par des marchands de profession. Il y a sans doute dans le domaine commercial comme dans les autres, un recul dû à la « barbarisation » des mœurs, mais il n'y a pas de coupure

---

[446] A. LUSCHIN, *op. cit.*, p. 83 ; PROU, , p. LXXVI.

[447] SIDOINE APOLLINAIRE, *Epistulae*, VII, 7, éd. Luetjohann, M. G. H. SS. Antiq., t. VIII, p. 110.

[448] Le Concile d'Orléans de 538, *loc. cit.*, p. 82, défend aux clercs à partir du grade de diacre de *pecuniam commodere ad usuras*.

En 626-627, le Concile de Clichy, *ibid.*, p. 197, réitère la même défense à l'égard du clergé et ajoute : « *Sexcuplum vel decoplum exigere prohibemus omnibus christianis.* »

avec ce qu'avait été la vie économique de l'Empire. Le mouvement commercial méditerranéen se continue avec une singulière insistance. Et il en est de même pour l'agriculture qui, sans doute, reste la base de la vie économique, mais à côté de laquelle pourtant le commerce conserve un rôle essentiel aussi bien dans la vie quotidienne — par la vente des épices, des vêtements, etc. — que dans la vie de l'État — par les ressources que lui procure le tonlieu — et dans la vie sociale, — par la présence de marchands et par l'existence du crédit[449].

---

[449] Il y a eu certainement, après les troubles du Ve siècle, une période de reconstruction, caractérisée par le très grand nombre de monuments nouveaux que l'on a édifiés ; cela est inexplicable si l'on n'admet pas un degré assez important de prospérité économique.

Chapitre III

La vie intellectuelle après les invasions

I. La tradition antique[450]

Il est inutile d'insister sur la décadence grandissante de l'ordre intellectuel et de la culture antique depuis le IIIe siècle. Elle s'affirme partout, dans la science, dans l'art, dans les lettres. On dirait que l'esprit même est atteint. Pessimisme, découragement, se rencontrent partout. La tentative de Julien échoue et, après elle, le génie antique ne cherche plus à échapper à l'emprise chrétienne.

La vie nouvelle de l'Église conserve encore longtemps le vêtement, qui n'est pas fait pour elle, de la vie païenne. Elle se conforme encore à une tradition littéraire dont elle respecte le prestige. Elle conserve la poésie virgilienne et la prose des rhéteurs. Si le contenu change, le contenant reste identique. L'apparition d'une littérature chrétienne est bien postérieure à la naissance du sentiment chrétien.

Le triomphe officiel et définitif du christianisme sous Constantin n'a d'ailleurs pas coïncidé avec sa victoire nette, qui était déjà réalisée. Personne ne cherche plus à y faire opposition. L'adhésion est universelle, mais l'emprise n'est complète que chez une minorité d'ascètes et d'intellectuels. Beaucoup entrent dans l'Église par intérêt : les grands, comme Sidoine Apollinaire, pour conserver leur influence sociale ; les malheureux, pour se mettre à l'abri.

---

[450] On ne trouvera naturellement ici qu'un aperçu sans la moindre prétention, si ce n'est celle de montrer la continuation de cette tradition.

Chez beaucoup, la vie spirituelle n'est plus antique et n'est pas encore chrétienne et pour tous ceux-là, on comprend qu'il n'y a pas d'autre littérature que la littérature traditionnelle[451]. Ce sont les anciennes écoles de grammaire et de rhétorique qui déterminent encore l'attitude de tous ces tièdes.

Les invasions germaniques en Occident ne pouvaient rien changer et n'ont rien changé à cet état de choses[452]. Comment l'auraient-elles pu ? On sait que les Germains non seulement n'apportaient aucune idée nouvelle, mais que partout où ils s'établirent, ils laissèrent subsister — sauf les Anglo-Saxons — la langue latine comme seul moyen d'expression. Ici comme dans tous les autres domaines, ils s'assimilèrent. Leur attitude fut la même dans l'ordre intellectuel que dans l'ordre politique ou économique. Leurs rois, à peine installés, s'entourent de rhéteurs, de juristes, de poètes. C'est par eux qu'ils font écrire leurs lois, rédiger leur correspondance, dresser, suivant les modèles anciens, les actes de leur chancellerie. Bref, ils conservent intact l'état de choses existant. Avec eux, la décadence continue, avec cette seule différence qu'elle s'accélère, car on comprend que la barbarisation a été plus funeste encore pour la culture spirituelle que pour la culture matérielle. Sous les dynasties des nouveaux États du bassin occidental de la Méditerranée, ce qui s'accomplit, c'est la décadence d'une décadence.

Voyez à cet égard le royaume ostrogothique. Tout s'y continue comme sous l'Empire. Il suffit de rappeler les noms des deux ministres de Théodoric : Cassiodore et Boèce. Et il y en a

---

[451] Voyez par exemple EBERT, *Hist. de la litt. latine au Moyen Age*, trad. AYMERIC et CONDAMIN, t. I, p. 445. Il range parmi les Chrétiens, qui n'en ont que le nom, Claudius, Flavius Merobaudes, Sidoine Apollinaire. Caractéristique est aussi à cet égard, Ennodius, né probablement à Arles, et dont l'éducation est toute de rhétorique, *ibid.*, p. 461.

[452] R. BUCHNER, *op. cit.*, p. 85, dit fort bien ce qu'il faut dire à ce point de vue : continuation de la *Spätantike*.

d'autres. Le poète Rusticus Elpidius, auteur d'un *Carmen de Christi Jesu Beneficii,* fut médecin et favori de Théodoric[453]. Citons encore Ennodius né sans doute à Arles en 473 et tout à fait profane, quoique devenu évêque de Pavie en 511, au point de célébrer les amours de Pasiphaé[454]. C'est un rhéteur devenu, si l'on veut, professeur d'éloquence sacrée. On voit par lui que les écoles de rhétorique à Rome sont encore en pleine activité. Il écrit le panégyrique de Théodoric entre 504 et 508, dans le même style boursouflé et prétentieux que celui de sa biographie d'Antoine, moine de Lérins[455]. Il fait encore de la grammaire, de la rhétorique qui « commande à l'Univers », les bases de l'éducation du chrétien. Il recommande, pour faire l'éducation des jeunes gens, quelques rhéteurs distingués de Rome, ainsi que la maison d'une dame « aussi pieuse que spirituelle »[456]. C'est donc en grande partie par la phrase que se soutient cette littérature. Mais elle prouve par cela même qu'il y avait encore pas mal de lettrés dans la haute société de l'Italie théodoricienne.

Boèce, né à Rome en 480, appartenait à la grande famille des Anicii. Consul en 510, il devint ministre de Théodoric qui lui confia le soin de mettre de l'ordre dans le système monétaire ; il fut exécuté en 525 pour complot tramé avec Byzance. Il a traduit Aristote et ses commentaires influenceront le Moyen Age ; il a traduit également l'*Isagoge* de Porphyre, ainsi que les œuvres de musiciens et de mathématiciens grecs. Puis, dans sa prison, il écrivit le *De consolatione philosophiae,* où le christianisme se mêle à une morale stoïco-romaine. C'est encore un esprit distingué et un penseur.

---

[453] EBERT, *op. cit.*, t. I, p. 442.

[454] *Ibid.*, t. I, p. 464.

[455] *Ibid.*, t. I, p. 467.

[456] *Ibid.*, t. I, p. 468.

Cassiodore est un grand seigneur né vers 477. Il fut le principal ministre de Théodoric, dont il gagna la faveur par un panégyrique, composé en son honneur. A 20 ans, il fut questeur et secrétaire de Théodoric, puis consul. Même après Théodoric et jusque sous le règne de Vitigès, il conserva sa position à la cour, mais son influence ne fut plus prépondérante après la régence d'Amalasonthe (535). En 540, il se retira du monde pour se consacrer à la vie religieuse au cloître de Vivarium, fondé par lui dans ses terres du Bruttium que son arrière-grand-père avait jadis défendues contre Genséric. Il eût voulu que les moines réunissent dans les cloîtres toutes les œuvres de la littérature classico-antique. Peut-être cette idée de faire se réfugier la culture dans les monastères lui avait-elle été inspirée par la guerre de Justinien qui l'a par ailleurs empêché d'établir l'école de théologie qu'il rêvait de fonder.

Il faut encore mentionner ici Arator, entré au service de l'État sous le règne d'Athalaric, et qui fut *comes domesticorum* et *comes rerum privatarum*. Il entra dans l'Église probablement pendant le siège de Rome par Vitigès, pour avoir un asile. En 544, il déclamait publiquement son poème *De actibus apostolorum* dans l'église Saint Pierre-ès-Liens.

Venantius Fortunatus, né entre 530 et 540, étudia la grammaire, la rhétorique et la jurisprudence à Ravenne. En 560, il partit pour la Gaule où il conquit les bonnes grâces de Sigebert d'Austrasie et d'autres grands personnages. À Poitiers, il entre en relations avec sainte Radegonde qui venait d'y fonder le monastère de la Sainte Croix. Il y fut prêtre et mourut évêque de Poitiers.

Ses poèmes sont surtout des panégyriques ; on lui doit notamment ceux de Chilpéric, dont il loue le talent, et de Frédégonde. Il vante l'éloquence romaine de Caribert[457]. Il loue

---

[457] *Ibid.*, t. I, p. 556.

le duc Lupus, un Romain qui aime à attirer à la cour de son maître ceux de ses compatriotes qui se distinguent par leur érudition comme Andarchius[458]. Il célèbre l'éloquence de Gogo ; il composa un épithalame à l'occasion du mariage de Sigebert et de Brunehaut dans lequel il met en scène Cupidon et Vénus. Il est l'auteur de l'épitaphe d'une barbare, Vilithuta, morte en couches à dix-sept ans et dont la culture avait fait une Romaine. Il écrivit aussi les hymnes religieux.

Parthenius, qui a étudié à Rome, fut *magister officiorum* de Théodebert. Grégoire de Tours[459] raconte comment il fut lapidé par le peuple qui lui reprochait le poids trop lourd des impôts. Il était lié avec Arator[460].

Le rôle joué par les rhéteurs romains n'est pas moins important chez les Vandales. Dracontius adresse au roi Gunthamund (484-496) un poème intitulé *Satisfactio*. Il a été l'élève du grammairien Félicianus ; on voit dans ses œuvres que les Vandales eux-mêmes assistaient, en compagnie de Romains, aux leçons des grammairiens. On remarque, en outre, que sa famille était restée en possession de ses biens. Après avoir appris la grammaire et la rhétorique, il s'était consacré à la carrière juridique. Il fut ensuite persécuté par Gunthamund, qui le fit jeter en prison, et confisqua ses biens pour une pièce de vers où il semble avoir trop célébré l'empereur au détriment du roi[461].

C'est encore sous Thrasamund (496-523) et Hildéric (523-530) que se placent les poètes de l'*Anthologie* : Florentinus, Flavius Felix, Luxorius, Mavortius, Coronatus, Calbulus, qui font,

---

[458] GRÉGOIRE DE TOURS, *Hist. Franc.*, IV, 46.

[459] *Ibid.*, III, 36.

[460] HARTMANN, *op. cit.*, t. I, p. 191.

[461] EBERT, *op. cit.*, t. I, p. 409.

quoique chrétiens, de la littérature panago-antique[462]. Ils célèbrent les thermes magnifiques de Thrasamund, les monuments construits à Aliana[463] ; ils parlent du grammairien Faustus, ami de Luxorius. Le christianisme se mêle dans ces poèmes à l'obscénité[464].

Le comte vandale Sigisteus, protecteur du poète Parthenius, est poète lui-même[465]. On ne peut oublier non plus Fulgence, grammairien de profession, qui écrivit à Carthage dans les vingt dernières années du Ve siècle. Boursouflé, incorrect, il fait de la mythologie allégorique, seul moyen d'en sauver les oripeaux chers encore aux grammairiens.

Chez tous les Germains, le même état de choses se retrouve. Sidoine est le grand homme chez les Burgondes[466]. Chez les Wisigoths, Euric déjà est entouré de rhéteurs. Les rois Wamba, Sisebut, Chindasvinth, Chintila sont des écrivains. Des auteurs tels que Eugène de Tolède, Jean de Biclaro, Isidore de Séville, écrivent en latin et même dans une bonne langue[467].

Chez les Francs, rappelons que le roi Chilpéric écrivit lui-même des poèmes latins[468].

---

[462] *Ibid.*, t. I, p. 457.

[463] *Ibid.*, t. I, p. 458.

[464] *Ibid.*, t. I, p. 460.

[465] MANITIUS, *Geschichte der Christlich-Lateinischen Poesie*, p. 402.

[466] A. COVILLE, *op. cit.*, p. 226.

[467] La littérature wisigothique est supérieure à celle des autres Germains aux dires de MANITIUS, *Geschichte der Christlich-Lateinischen Poesie*, p. 402.

[468] Sur le caractère de la culture chez les Francs, on verra H. PIRENNE, De l'état de l'instruction des laïques à l'époque mérovingienne, *Revue bénédictine*, avril-juillet 1934, p. 165.

Il faut enfin tenir compte de l'influence de Constantinople, centre d'attraction intellectuelle et d'études. Elle paraît surtout avoir été l'école des médecins, comme on peut le constater par plusieurs passages de Grégoire de Tours.

En somme, les invasions n'ont pas modifié le caractère de la vie intellectuelle dans le bassin de la Méditerranée occidentale. La littérature continue, si l'on ne veut pas dire à fleurir, disons « à végéter », à Rome, à Ravenne, à Carthage, à Tolède et en Gaule, sans qu'aucun élément nouveau n'apparaisse, jusqu'au moment où se fera sentir l'influence des Anglo-Saxons. Sans doute, la décadence est manifeste, mais la tradition subsiste. Puisqu'il y a encore des écrivains, c'est qu'il y a encore pour les lire un public et même un public relativement lettré. Les poètes ont reporté sur les rois germaniques les flagorneries qu'ils décernaient jadis à l'empereur. À part qu'ils sont plus plats, ils répètent les mêmes thèmes.

Cette vie intellectuelle à l'antique se continue encore au VIIe siècle, puisque le pape Grégoire le Grand reproche à Didier, évêque de Vienne, de ne se consacrer qu'à la grammaire et qu'en Espagne, on rencontre d'assez bons historiens jusqu'à la conquête arabe.

Dans tout cela, l'apport des Germains est nul[469].

II. L'ÉGLISE

Que l'Église ait continué, après la chute des empereurs en Occident, à se développer dans la même ligne, est de toute évidence. En fait, elle représente par excellence la continuité du romanisme. Elle croit d'autant plus à l'Empire qu'il est pour elle

---

[469] Pour trouver, avec Ebert, un reflet de l'âme germanique dans l'œuvre de Fortunat, il est évident qu'il faut l'y voir a priori. On consultera R. BUCHNER, *op. cit.*, p. 84.

le plan providentiel. Tout son personnel est romain et se recrute dans cette aristocratie qui incorpore ce qui subsiste de la civilisation[470]. Ce n'est que beaucoup plus tard qu'y entreront quelques Barbares.

Au point de vue social, son influence est immense. Le pape à Rome, l'évêque dans la cité, voilà les personnages principaux. Qui veut faire carrière ou se mettre à l'abri des tempêtes, c'est dans l'Église qu'il doit se réfugier, qu'il soit grand seigneur comme Sidoine ou comme Avitus, ou ruiné comme Paulin de Pelle. Presque tous les écrivains que l'on vient de signaler ont fini dans son sein.

Mais il y a aussi ceux qui y entrent par conviction, ceux qu'y pousse la foi. Et ici, sans doute, il faut faire la part très grande à l'ascétisme oriental. Il se répand de bonne heure en Occident et constitue l'un des traits essentiels de l'époque[471].

Saint Martin, né en Hongrie, qui fut évêque de Tours (372-397), fonde vers 360 le monastère de Ligugé près de Poitiers. Saint Jean Cassien, moine à Bethléem, puis en Égypte et à Constantinople, crée Saint-Victor de Marseille vers 413. Vers 410, Honorat, qui devait devenir évêque d'Arles, fonde le monastère de Lérins dans le diocèse de Grasse ; là se fit profondément sentir l'influence de cet ascétisme égyptien que

---

[470] Voyez là-dessus le travail de Hélène WIERUSZOWSKI, Die Zusammensetzung des gallischen und fränkischen Episkopats bis zum Vertrag von Verdun, dans les *Bonner Jahrbücher*, t. 127, 1922, p. 1-83. Elle donne, p. 16, une statistique pour les évêques de Gaule du VIe siècle d'où il appert qu'ils sont presque tous romains.

[471] L'influence du monachisme égyptien se remarque à Lérins. L'Anglais saint Patric, qui convertit l'Irlande en 432, vécut à Lérins et transporta de là en Irlande des influences religieuses et artistiques égyptiennes (BAUM, *op. cit.*, cité par les *Forschungen und Fortschritte*, t. XI, 1935, c. 222 et 223).

l'on voit se répandre en Gaule vers la même époque[472], en même temps que le monachisme oriental.

Les Barbares ne s'y attaquèrent pas. Et l'on doit même admettre que les troubles qu'ils provoquèrent contribuèrent largement à développer le monachisme en rejetant vers les cloîtres, hors d'un monde qui devenait intenable, quantité des meilleurs esprits du temps. Cassiodore fonde Vivarium sur ses terres ; saint Benoît (480-543) jette les bases de la célèbre abbaye du mont Cassin et lui donne la fameuse règle « bénédictine » que Grégoire le Grand devait répandre.

Le mouvement s'étend du sud au nord. Sainte Radegonde va chercher à Arles la règle de saint Césaire qu'elle introduit dans son monastère de Poitiers.

Ce Césaire est représentatif de son temps[473]. Issu d'une grande famille de Chalon-sur-Saône, il va, en 490, à l'âge de vingt ans, chercher un asile à Lérins. Et toute sa vie trahit le chrétien enthousiaste. Il fut, de 502 à 543, évêque de l'antique Arles qu'Ausone appelle « la Rome gauloise ». Le roi des Wisigoths, Alaric II, le bannit à Bordeaux. Plus tard, on le trouve en rapports avec Théodoric. Il s'oriente vers la papauté en qui il voit, au milieu des changements de domination auxquels il a assisté, le symbole de l'Empire disparu. Il envisage la vie religieuse avec l'idéal du moine, consacrée à la charité, aux prédications, au chant des hymnes et à l'enseignement. Il tient de nombreux synodes pour réformer l'Église. Par lui, la méditerranéenne Arles devient la clef de voûte de l'Église franque. À peu près tout le droit canonique de la France

---

[472] GRÉGOIRE DE TOURS, *Hist. Franc*., VIII 15, mentionne un stylite à Eposium (Yvoy). Sur d'autres excès d'ascétisme, voyez DILL, *Roman Society in Gaul in the Merovingian Age*, p. 356.

[473] Voir sa *Vita*, publiée dans les SS. rer. Merov., t. III, p. 457.

mérovingienne sort d'Arles au VIe siècle[474] et les collections conciliaires d'Arles sont le modèle de toutes les suivantes[475]. En 513, le pape Symmache lui donne le droit de porter le pallium et fait de lui son représentant en Gaule. Déjà en 500, il avait pris la direction d'un monastère dissolu dans une île du Rhône près d'Arles et lui avait donné une règle[476]. Puis en 512, il fonde à Arles un monastère de femmes qui, en 423, compte déjà 200 nonnes. Il lui donne une règle, mais évite de la rendre trop rigoureuse et prévoit lectures, travail de couture, chant des hymnes, copies calligraphiques ; il le place sous la protection de Rome.

Ses sermons, simples et populaires, dont il envoyait partout les manuscrits, eurent une influence énorme en Gaule, en Espagne et en Italie.

Comme saint Césaire en Gaule, saint Benoît est la grande figure religieuse du VIe siècle en Italie. Né probablement près de Spolète, il est élevé à Rome, avant de se retirer dans la solitude de Sobiaco. Des ascètes se groupent autour de lui. En 529, il s'établit avec eux au mont Cassin. Sa règle a utilisé celles de Cassien, Rufin, saint Augustin. Elle ne prescrit pas l'étude bien qu'on y parle de livres à lire en carême ; elle a un caractère pratique sans austérité excessive. Ce qui surtout devait faire sa future importance universelle, ce fut le voisinage de Rome.

La diffusion du monachisme à cette époque est extraordinaire[477]. Les rois[478], les aristocrates, les évêques[479] créent des abbayes.

---

[474] L. DUCHESNE, *Fastes épiscopaux de l'ancienne Gaule*, t. I, 2ᵉ éd., 1907, p. 145.

[475] *Ibid.*, p. 142 et suiv.

[476] SCHUBERT, *Geschichte des christlichen Kirche im Frühmittelalter*, p. 61.

[477] Saint Colomban (d. 615) arriva en Gaule en 590. Cf. de MOREAU, *Les missions médiévales*, 1932, p. 188. On verra dans HAUCK, *Kirchengeschichte Deutschlands*, t. I, p.

Les grands propagateurs du monachisme seront, en Espagne, saint Fructuosus, évêque de Braga (d. 665), à Rome, Grégoire le Grand.

L'empreinte est surtout forte aux bords de la Méditerranée. Elle semble s'y associer à l'évangélisation des païens, comme le montrent les biographies de ces grands Aquitains, saint Amand (d. 675-676) et saint Remacle (c. 650-670), tout à la fois évangélisateurs et moines.

Ce sont des moines encore qui allaient évangéliser les Anglo-Saxons. La mission conduite par Augustin, qui emmenait avec lui quarante moines, toucha le royaume de Kent, vers Pâques 597[480]. En 627, le christianisme s'était répandu du Kent au Northumberland. La christianisation était complète en 686[481].

Ainsi, c'est de la Méditerranée que part cette extension septentrionale de l'Église dont les conséquences devaient être si profondes. Elle fut l'œuvre d'hommes tout à fait romanisés et de grande culture, comme le furent Augustin et ses compagnons.

En 668, le pape Vitelius envoie comme archevêque à Canterbury Théodore de Tarse, qui a étudié à Athènes. Son ami

---

288 et ss., le grand nombre de monastères fondés à l'imitation de Luxeuil au VIIe siècle surtout dans le Nord. Il faut noter cette influence à côté de celle de la Méditerranée. Il semble que Luxeuil l'emporte en renommée sur Lérins ; *ibid.*, t. I, p. 296. Cependant, la règle de saint Colomban, trop ascétique, ne se maintint pas et fut remplacée par celle de saint Benoît.

[478] Par exemple SIGEBERT III, qui fonde l'abbaye de Stavelot-Malmédy, *Rec. des chartes de Stavelot-Malmédy*, éd. J. Halkin & Rolland, t. I, p. 1 et p. 5.

[479] Sur les monastères du VIIe siècle, voir HAUCK, *Kirchengeschichte Deutschlands*, t. I, p. 298.

[480] De MOREAU, *Les missions médiévales*, p. 138.

[481] De MOREAU, *op. cit.*, p. 165.

Adrien qui l'accompagne est Africain, connaît le grec et le latin. C'est lui qui, avec les Irlandais, a propagé la culture antique chez les Anglo-Saxons[482].

Ainsi donc, la Méditerranée est le foyer du christianisme vivant. Nicetius, évêque de Trèves, est originaire de Limoges, et on en peut citer une quantité d'autres. Thierry Ier envoie des clercs de Clermont à Trèves[483].

L'homme de ce temps qui exerça la plus grande influence sur l'avenir est Grégoire le Grand. C'est un patricien comme Cassiodore. Il commence par être prêcheur. Par ascétisme, il vend ses biens et avec leur produit, il fonde sept couvents. Quoique moine, il est cependant envoyé par le pape comme nonce à Constantinople en 580. En 590, le voilà pape lui-même. Il meurt en 604. Comme écrivain, il recherche la simplicité. Il dédaigne les fleurs de la rhétorique profane qu'il considère comme un verbiage stérile[484]. Il était cultivé cependant, mais chez lui le fond l'emporte sur la forme et son œuvre constitue une véritable rupture avec la tradition de la rhétorique antique. Cela devait arriver, non seulement parce que cette rhétorique était évidemment stérile, mais aussi parce que l'ascétisme qui rappelait l'Église à sa mission la conduisait au peuple.

Déjà Eugippius, dans sa vie de saint Séverin, se refuse à user d'un style que les gens du peuple auraient eu de la peine à

---

[482] BÈDE, *Historia Ecclesiastica*, IV, 1 ; MIGNE, *Patr. lat.*, t. 95, c. 171-172.

[483] HAUCK, *op. cit.*, t. I, p. 122.

[484] EBERT, *op. cit.*, t. I, p. 588.

comprendre[485]. Et saint Césaire d'Arles dit expressément qu'il a grand soin d'écrire de façon à être compris des illettrés[486].

Ainsi l'Église s'adapte. Elle fait de la littérature un instrument de culture pour le peuple, c'est-à-dire un instrument d'édification.

Grégoire le Grand a rompu, dit Roger[487], avec les lettres antiques. Il blâme Didier, évêque de Vienne, de s'adonner à l'enseignement de la grammaire et de chanter, lui chrétien, les louanges de Jupiter[488].

Ainsi l'Église, consciente de sa mission, se sert du latin vulgaire, ou pour mieux dire, d'un latin sans rhétorique, accessible au peuple[489]. Elle veut écrire dans ce latin du peuple qui est une langue vivante, la langue du temps, qui ne se préoccupe pas des incorrections. Elle compose pour le peuple des vies de saints qui ne visent qu'à l'édification miraculeuse. Cette simplicité de langue, qui est celle d'Isidore de Séville (d. 646), n'est pas exclusive de la science. Isidore est un compilateur qui veut mettre la science antique à la portée de ses contemporains. De l'esprit antique, plus rien ne subsiste chez lui. Mais il fait connaître des recettes et des faits. Il a été l'Encyclopédie du Moyen Age. Or, lui aussi, il est un Méditerranéen.

Ainsi, c'est encore dans la *Romania* du Sud que s'opère cette orientation nouvelle que l'esprit chrétien donne à la littérature, qui, barbare peut-être dans la forme, n'en reste pas moins

---

[485] EBERT, *op. cit.*, t. I, p. 482.

[486] *Ibid.*, p. 503.

[487] ROGER, *L'enseignement des lettres classiques d'Ausone à Alcuin*, 1905, p. 187 sqq.

[488] JAFFÉ-WATTENBACH, *op. cit.*, n° 1824.

[489] GRÉGOIRE DE TOURS, *Hist. Franc.* Praefatio : *philosophantem rhetorem intellegunt pauci, loquentem rusticum multi.* Cf. SCHUBERT, *op. cit.*, p. 67.

vivante et agissante. C'est la dernière forme sous laquelle le latin ait encore été écrit comme langue parlée, comme langue des laïques. Car c'est pour les laïques qu'écrivent tous ces clercs qui abandonnent la tradition antique pour se faire comprendre d'eux. Il en est autrement en Angleterre où le latin est importé comme langue savante pour les besoins de l'Église, mais où aucun effort n'est fait pour l'introduire dans le peuple qui reste purement germanique de langue.

Le temps viendra où les clercs useront à nouveau d'un latin classique. Mais alors ce latin sera devenu une langue savante qu'ils n'écriront plus que pour les gens d'Église.

III. L'ART

Après les invasions, aucune interruption ne se constate dans l'évolution artistique de la région méditerranéenne. L'art atteste la continuation de ce processus d'orientalisation qui, sous l'influence de la Perse, de la Syrie, de l'Égypte, se manifeste de plus en plus dans l'Empire.

Il y a là une réaction anti-hellénistique que l'on pourrait comparer à la réaction romantique contre l'art classique et qui se traduit par la stylisation de la figure, la zoomorphie, le goût du décor, de l'ornement, de la couleur.

L'Occident n'échappe point à cette orientalisation progressive. Elle se fait sentir d'autant plus que les relations commerciales sont plus actives avec la Syrie, l'Égypte, Constantinople. Les marchands syriens, fournisseurs d'objets de luxe, ont disséminé partout, dès le IIIe siècle, et jusque dans la Grande-Bretagne, des orfèvreries et des ivoires venus d'Orient.

L'influence de l'Église ainsi que celle du monachisme ont agi dans le même sens. L'Occident suit, comme toujours, l'exemple. Les invasions germaniques n'ont apporté ici aucun changement[490].

On pourrait dire, au contraire, qu'elles ont collaboré au mouvement car les Germains, et surtout les Goths, durant leur séjour dans la plaine russe, ont subi de profondes influences orientales venues par la mer Noire. Leurs fibules, leurs colliers, leurs anneaux, leurs objets d'orfèvrerie cloisonnée sont influencés par cet art décoratif sarmate et persan, auquel se sont mélangés sans doute les caractères propres de leur mobilier de l'époque du bronze. Ils ont connu ainsi un art que les Romains appelaient *ars barbarica* et qui s'est répandu dans l'Empire dès avant les invasions, puisqu'on le voit pratiquer à Lyon par un artisan originaire de la Commagène[491]. Au IVe siècle déjà, la verroterie cloisonnée est d'un usage courant dans les armées impériales[492].

Les artisans locaux font de l'exotisme. On peut se demander d'ailleurs dans quelle mesure cet art est pratiqué par les Germains eux-mêmes. Nous savons, par la loi des Burgondes, qu'ils avaient des esclaves orfèvres chargés de pourvoir à la parure des guerriers et des femmes, et ces esclaves étaient sans doute grecs au début et plus tard romains. Ce sont eux qui répandirent cet art dans l'Empire à l'époque des invasions ; il fleurit chez les Wisigoths comme chez les Vandales et les Burgondes[493].

---

[490] ROSTOVTZEFF, *Iranians and Greeks in South Russia*, Oxford, 1922, p. 185-186, a pu dire que ce qu'on appelle l'art mérovingien n'est que la version européenne de l'art sarmate né en Asie centrale. Voir, sur ce sujet, BRÉHIER, *L'art en France dse invasions barbares à l'époque romane*, p. 17 et suiv., et surtout p. 23 et p. 26.

[491] BRÉHIER, *op. cit.*, p. 38.

[492] *Ibid.*, p. 28.

[493] Voyez pour les Wisigoths, J. MARTINEZ SANTA-OLALLA, *Grundzüge einer Westgotischen Archäologie*, 1934, cité par les *Forschungen und Fortschritte*, t. XI, 1935, c. 123. Cet auteur distingue trois époques dans l'art wisigothique : gothique avant 500,

Mais à mesure que le contact s'établissait avec la tradition antique, cet art « barbare » peu à peu se restreignait au peuple. Les rois et les grands voulurent mieux. Ils ne concevaient pas d'autre art que celui de l'Empire. Chilpéric fait voir à Grégoire de Tours les belles pièces d'or que l'empereur lui a envoyées et lui dit qu'il a fait faire un plat d'or et en fera faire d'autres à Constantinople « pour honorer la race des Francs »[494]. D'après Zeiss[495], la *Tierornamentik* a disparu très tôt et, au VIe siècle déjà, la veine proprement germanique de l'art wisigothique est épuisée.

Les Germains, installés dans la *Romania,* n'ont pas fait éclore un art original, comme les Irlandais et les Anglo-Saxons. Chez ces derniers, en l'absence d'ambiance romaine, l'art a conservé un caractère national, exactement comme le droit et les institutions. Mais son influence ne devait se manifester en Gaule que beaucoup plus tard, au VIIe siècle pour les Irlandais, au VIIIe siècle pour les Anglo-Saxons[496].

Nous avons conservé de cet art barbare, d'ailleurs très inférieur aux chefs-d'œuvre de l'art sarmate dont il s'est inspiré à l'origine, de très belles pièces, comme la cuirasse de Théodoric, l'évangéliaire de Théodelinde à la cathédrale de Monza et les couronnes de Guarrazar. Il est difficile d'ailleurs de considérer ces œuvres comme des productions barbares. Riegl et Zeiss admettent que, en ce qui concerne les couronnes notamment,

---

wisigothique jusqu'en 600, puis byzantine. Pendant cette dernière période, le germanisme a été absorbé par le milieu national et méditerranéen.

[494] GRÉGOIRE DE TOURS, VI, 2. Cf. FUSTEL DE COULANGES, *Les transformations de la royauté*, p. 19 et 20.

[495] H. ZEISS, Zur ethnischen Deutung frühmittelalterlicher Funde, *Germania*, t. XIV, 1930, p. 12.

[496] Je crois, à ce propos, que BRÉHIER, *op. cit.*, p. 59, a tort en englobant dans un même ensemble l'art de la Gaule mérovingienne, celui de l'Espagne wisigothique, de l'Italie des Ostrogoths, des Lombards, des pays anglo-saxons et scandinaves.

c'est un art d'ouvriers romains. Saint Éloi, qui a fabriqué diverses œuvres d'art[497], est un Gallo-Romain. On ne peut donc parler ici d'un art proprement germanique, mais plutôt d'art oriental.

Il faudrait pouvoir y démêler les influences dues à l'importation massives des orfèvreries et des ivoires de Byzance, de Syrie et d'Égypte. D'après Dawson[498], l'art irano-gothique apporté par les Barbares, le cède en France, dès le milieu du VIe siècle, et donc encore plus tôt dans le Midi, à l'art syrien et byzantin qui se répand dans la Méditerranée[499]. Un savant scandinave a signalé l'importance des apports orientaux dans l'art germanique chez les Anglo-Saxons[500].

La Perse a exercé son influence par l'importation de ses tapis jusqu'au centre de la Gaule[501].

L'art copte de l'Égypte a été agissant surtout par les ivoires d'Alexandrie et par les étoffes. Rappelons-nous, en outre, que déjà lorsque saint Honorat en 410 fonda le monastère de Lérins, plusieurs religieux égyptiens vinrent s'y établir.

En somme l'art venu par la Méditerranée, tout oriental, a rencontré celui des Barbares, oriental aussi, et il y a eu une interpénétration, qui s'est faite évidemment sous la

---

[497] BRÉHIER, *op. cit.*, p. 56.

[498] DAWSON, *The making of Europe*, p. 97.

[499] MICHEL, *Histoire de l'art*, t. I, 1905, p. 397, signale en Gaule plusieurs monuments, pierres tombales, sarcophages, et notamment le sarcophage de Boétius, évêque de Carpentras qui sont de l'art purement syrien.

[500] N. ABERG, *The Anglo-Saxons in England during the early centuries after the invasions*, 1926, p. 7-8.

[501] Sidoine Apollinaire parle des tapis persans qui étaient en usage en Auvergne. MICHEL, *op. cit.*, t. I, p. 399.

prédominance du courant venu du sud, puisque celui-ci avait la technique la plus développée[502].

Cette pénétration orientale se remarque partout en Gaule, en Italie, en Afrique, en Espagne. Elle imprime à tout l'Occident une empreinte byzantine.

Le tombeau de Chilpéric, d'après Babelon, est une œuvre d'artistes byzantins établis en Gaule[503]. C'est à eux que seraient dus les objets les plus parfaits ; les plus grossiers seraient dus à de maladroits élèves barbares. Schmidt admet que l'art barbare de cette époque est l'œuvre d'esclaves gallo-romains travaillant dans le goût germanique, c'est-à-dire dans le goût oriental[504]. Même orientalisation dans tous les autres arts décoratifs en dehors de l'orfèvrerie. Les splendides étoffes que Dagobert offre à Saint-Denis, sont des tissus orientaux. Le pape Adrien (772-795) n'a pas donné, pendant son pontificat, moins de 903 pièces d'étoffes précieuses aux basiliques de Rome[505]. Ce sont des tissus de soie fabriqués à Constantinople ou ailleurs, sous l'influence de modèles persans[506].

Même orientalisme dans la décoration des manuscrits. Le sacramentaire de Gellone, œuvre wisigothique, est décoré de perroquets au plumage éclatant, de paons, gypaètes, lions,

---

[502] MICHEL, *op. cit.*, t. I, p. 399.

[503] BABELON, Le tombeau du roi Childéric, *Mém. de la Soc. des Antiq. de France*, 8e série, t. VI, 1924, p. 112.

[504] L. SGHMIDT, *Geschichte des Deutschen Stämme. Die Ostgermanen*, 2e éd., 1934, p. 193. Cf. le *faber argentarius* que cite la *Lex Burgundionum*, X, 3, éd. von Salis, M.. G. H. Leges, t. II1, p. 50.

[505] BRÉHIER, *op. cit.*, p. 61.

[506] On en trouve encore divers spécimens dans des trésors d'églises, exemple à Sens. BRÉHIER, *op. cit.*, p. 63.

serpents qui indiquent suffisamment son origine. On peut aussi y découvrir des influences arméniennes[507].

Les manuscrits répandus au VIIe siècle par les Irlandais auront par contre un caractère plus national et plus barbare. On verra s'y mélanger des motifs indigènes, d'origine préhistorique, à des éléments orientaux, qui leur auront été apportés sans doute par l'art des Gaules[508].

La mosaïque procède du même esprit. Les thèmes mythologiques et chrétiens usités à l'époque gallo-romaine disparaissent pour faire place aux rinceaux et au bestiaire dont les mosaïques syriennes et africaines du Ve siècle offrent tant d'exemples[509]. À Saint-Chrysogone du Transtévère à Rome, un pavage en mosaïques datant de la reconstitution de Grégoire III en 731, montre des aigles et des dragons alternés dans des médaillons, au milieu d'entrelacs et de rosaces[510]. De même, dans les fragments des mosaïques de l'église Saint-Genès, de Thiers, construite en 575 par saint Avit, évêque de Clermont, se reconnaît l'imitation d'une étoffe persane. « Rien ne montre mieux que ce petit monument qui mesure à peine un mètre de longueur, la vogue des étoffes orientales dans la Gaule mérovingienne »[511].

Et il a dû en être probablement de même de la peinture décorative. Grégoire de Tours raconte que Gondovald se fait passer pour un *pictor* décorant les maisons[512]. On voit, par ce

---

[507] BRÉHIER, *op. cit.*, p. 67.
[508] *Ibid.*, p. 69.
[509] *Ibid.*, p. 107.
[510] *Ibid.*, p. 107.
[511] *Ibid.*, p. 109.
[512] GRÉGOIRE DE TOURS, *Hist. Franc.*, VII, 36.

texte, que l'on polychromait les habitations privées, sans doute aussi dans le goût des étoffes orientales.

On polychromait aussi les églises et ici, sans doute, la figure humaine devait jouer un grand rôle, tout comme dans les mosaïques de Saint-Vital de Ravenne. Grégoire le Grand blâme l'évêque Serenus de Marseille de détruire les peintures de son église où elles servent, dit-il, à l'instruction religieuse du peuple[513].

Il ne faut pas se représenter l'époque des VIe et VIIe siècles comme vide d'activité artistique. On construit partout[514]. Il suffit de rappeler ici des monuments de premier ordre comme l'église de Saint-Vital de Ravenne. Le luxe byzantin se rencontre dans toutes les constructions du temps. À Clermont, l'évêque construit une église avec revêtements de marbre, quarante-deux fenêtres et soixante-dix colonnes[515].

Fortunat décrit l'église Saint-Germain construite en 537, avec ses colonnes de marbre et ses fenêtres vitrées, et la *Vita Droctovei* parle de ses mosaïques, de ses peintures et des plaques dorées du toit[516].

Léontinus de Bordeaux (vers 550) construit neuf églises[517]. Sidoine, à la fin du Ve siècle, au milieu des invasions, se plaignait que l'on entretînt à peine les anciennes églises[518]. Mais

---

[513] Saint GRÉGOIRE, *Registrum*, IX, 208, éd. Hartmann, M. G. H. Epistolae, t. II, p. 195.

[514] La *Vita* de saint DIDIER DE CAHORS nous apprend que ce saint fait élever et décorer nombre d'églises. Ed. R. Poupardin, p. 23.

[515] GRÉGOIRE DE TOURS, *Hist. Franc.* II, 16.

[516] *Vita Droctovei*, M. G. H. SS. rer. Merov., t. III, p. 541.

[517] HAUCK, *op. cit.*, I, p. 220, relève le grand nombre de constructions d'églises.

[518] HAUCK, *op. cit.*, p. 220.

les troubles ayant cessé, on rattrape le temps perdu. De toutes parts, on restaure et on bâtit, ce qui indique évidemment un certain degré de prospérité. Nicetius de Trèves, Vilicus de Metz, Carentinus de Cologne restaurent et embellissent des églises[519].

L'évêque de Mayence construit l'église Saint-Georges et un baptistère à Xanten. Didier de Cahors (630-655) édifie quantité d'églises dans la cité et aux environs, ainsi qu'un monastère. Ajoutons les constructions d'Agricola à Châlons[520], de Dalmatius à Rodez[521]. Beaucoup d'ouvriers (*artifices*) étaient appelés d'Italie. Nous savons que l'évêque Nicetius fit venir d'Italie des *artifices* à Trèves[522]. Mais il y avait aussi des architectures barbares[523].

Le baptistère de Poitiers peut nous donner une idée de leurs constructions, qui n'échappaient pas, elles non plus, à l'influence orientale[524].

Bref, ce que nous savons de tous les arts et dans tous les sens, nous montre, comme dit Bréhier[525] : « l'art occidental dégagé de

---

[519] Agericus de Verdun s'entend dire par Fortunat (HAUCK, *op. cit.*, t. I, p. 208) : *Templa vetusta nova pretiosius et nova candis, cultor est Domini te famulante domus*. On verra d'autres exemples dans E. LESNE, *op. cit.*, p. 338.

[520] GRÉGOIRE DE TOURS, *Hist. Franc.*, V, 45.

[521] *Ibid.*, V, 46.

[522] Il est assez probable que ces constructeurs venaient du Milanais. HAUCK, *op. cit.*, t. I, p. 220, n. 8.

[523] Mentionnés par FORTUNAT, *Carmina*, II, 8, M. G. H. SS. Antiq., t. IV, p. 37. Ce texte s'accorde peut-être avec celui de la *Vita* de saint DIDIER DE CAHORS, éd. Poupardin, p. 38 où il est question d'une basilique construite : *more antiquorum... quadris ac dedolatis lapidibus... non quidem nostro gallicano more*. La même Vita rappelle que saint DIDIER bâtit les murs de Cahors : *quadratorum lapidum compactione, ibid.*, éd. Poupardin, p. 19.

[524] M. Puig y Cadafalch relève à la cathédrale d'Egara (Tarrassa en Catalogne), construite de 516 à 546, des influences venues d'Asie Mineure et d'Egypte. *Comptes rendus de l'Académie des Inscriptions et Belles-Lettres*, 1931, p. 154 et ss.

toute influence classique ». Mais il a tort de prétendre que cet art se serait développé dans le même sens que l'art arabe s'il n'y avait eu la renaissance carolingienne. Non, ce qui est évident, c'est qu'il se développait dans le sens byzantin. Tout le bassin de la Méditerranée prenait exemple sur Constantinople.

IV. Caractère laïque de la société

Il faut insister encore sur un dernier fait qui n'a guère attiré l'attention jusqu'à présent, et qui achève pourtant de démontrer que la société d'après les invasions continue exactement celle d'avant : c'est son caractère laïque. Si grand que soit le respect que l'on professe pour l'Église, et si grande que soit son influence, elle ne s'intègre pas dans l'État. Le pouvoir politique des rois, comme celui des empereurs, est purement séculier. Aucune cérémonie religieuse, si ce n'est chez les Wisigoths à partir de la fin du VIIe siècle, n'est célébrée à l'avènement des rois. Aucune formule de dévolution *gratia Dei* dans leurs diplômes. Aucun ecclésiastique n'est chargé de fonctions à leur cour. Ils n'ont pour ministres et pour fonctionnaires que des séculiers. Ils sont chefs de l'Église, et nomment des évêques, convoquent des conciles, parfois même y prennent part. Il y a, à cet égard, entre eux et les gouvernements postérieurs au VIIIe siècle, un contraste complet[526]. La *scola* qu'ils entretiennent à leur cour ne ressemble en rien à l'école du palais de Charlemagne. S'ils laissent l'Église se charger volontairement de quantité de services publics, ils ne lui en délèguent aucun. Ils ne lui reconnaissent d'autre juridiction que disciplinaire. Ils la soumettent à l'impôt. Ils la protègent, mais ne s'y subordonnent pas. Et il faut remarquer que l'Église, en retour de leur

---

[525] BRÉHIER, *op. cit.*, p. 111.
[526] On ne peut entrer dans le clergé sans l'assentiment du roi ou du comte. H. BRUNNER, *Deutsche Rechtsgeschichte*, t. II, 2e éd., 1928, p. 316.

protection, leur est particulièrement fidèle. Même sous les rois ariens, on ne voit pas qu'elle se soit révoltée contre eux[527].

S'il en est ainsi, c'est parce que la société elle-même n'est pas encore dépendante de l'Église pour sa vie sociale ; elle est encore capable de fournir à l'État son personnel laïque.

L'aristocratie sénatoriale, formée dans les écoles de grammaire et de rhétorique, est la pépinière du haut personnel gouvernemental. Il suffit de rappeler les noms d'hommes comme Cassiodore et comme Boèce. Et après eux, malgré la décadence de la culture, il continue à en être de même. Le palais, même chez les Mérovingiens, abondait en laïques instruits. Nous savons, par Grégoire de Tours, que les enfants des rois étaient soigneusement initiés à la culture des lettres et il en était ainsi davantage encore chez les Ostrogoths et les Wisigoths. Le style pompeux des missives écrites par la chancellerie mérovingienne aux empereurs, prouve qu'il y a encore dans les bureaux, même au temps de Brunehaut, des rédacteurs ayant des lettres[528]. Et nul doute que ce soient des laïques puisque la chancellerie ici, conformément à l'exemple impérial, est exclusivement composée de laïques[529].

On pourrait d'ailleurs fournir quantité d'exemples. Asteriolus et Secundinus, favoris de Théodebert Ier, sont chacun *rethoricis inbutus litteris*[530] ; Parthenius, *magister officiorum et patricius*, sous le même roi, a été compléter à Rome sa formation littéraire[531].

---

[527] BRUNNER, *op. cit.*, t. II, 2ᵉ éd., p. 418.

[528] HARTMANN, *op. cit.*, t. II1, p. 70.

[529] F. LOT, A quelle époque a-t-on cessé de parler latin ? Bulletin Ducange, t. VI, 1931, p. 100, croit qu'il n'y a plus d'autre enseignement que celui de maîtres particuliers.

[530] GRÉGOIRE DE TOURS, *Hist. Franc.*, III, 33.

[531] C'est ce même Parthenius qui fut massacré à Trèves à cause des impôts dont il accablait le peuple. GRÉGOIRE DE TOURS, *Hist. Franc.*, III, 36.

L'éducation de ces fonctionnaires n'était cependant pas purement littéraire[532].

Didier de Cahors, trésorier royal sous Clotaire II (613-629/630), est instruit dans la *gallicana eloquentia et* les *Leges Romanae*. Au VIIe siècle, il y a certainement encore au palais des gens beaucoup plus formés et cultivés qu'on ne le suppose.

Pour les Wisigoths, il suffit de lire leurs lois où s'épanchent la verbosité et la rhétorique, mais qui se distinguent en même temps par leurs prescriptions minutieuses de la vie sociale, pour voir que la formation littéraire de ce personnel allait de pair avec la pratique des affaires.

Ainsi, les rois ont gouverné avec des hommes chez qui subsistait la tradition littéraire et politique de Rome, mais ce qui est peut-être plus frappant, c'est qu'ils ont administré avec un personnel lettré. Et il n'en pouvait être autrement. L'organisation administrative de l'Empire, qu'ils se sont efforcés de conserver, exigeait impérieusement la collaboration d'agents instruits. Comment eût-il été possible, sans cela, de dresser et de tenir à jour les registres de l'impôt, de procéder aux opérations du cadastre, d'expédier tous les actes qui émanaient du tribunal royal et de la chancellerie du palais ? Et même chez les fonctionnaires subalternes, comment, sans la connaissance de la lecture et de l'écriture, tenir les comptes du tonlieu ? Dans les villes, la tenue des *gesta municipalia* nous force à accepter la même conclusion.

Mais c'est surtout le droit romain ou le droit romanisé avec sa procédure écrite, la consignation des jugements, des contrats, des testaments, qui occupe quantité de *notarii* sur tout le territoire. C'est pour ces gens-là qu'écrit Marculf. C'étaient dans

---

[532] Bonitus, référendaire de Sigebert III (634-656), est dit « *grammaticorum inbutus iniciis necnon Theodosii edoctus decretis* ». *Vita S. Boniti*, M. G. H. SS. rer. Merov., t. IV, p. 120.

leur immense majorité des laïques, en dépit du *diaconus* que l'on trouve mentionné dans les formules de Bourges et d'Angers[533].

Il y avait, de toute évidence, des écoles pour tout ce personnel. Je l'ai montré d'ailleurs dans un autre travail[534]. Même chez les Lombards, les écoles subsistent[535].

Chez les Wisigoths, l'écriture est tellement répandue que le roi fixe le prix auquel seront vendus les exemplaires de la loi. Ainsi, le savoir lire et écrire est très courant dans tout ce qui touche à l'administration.

Il en est de même, par nécessité économique, dans le monde des marchands. Une classe de marchands professionnels, faisant le commerce à longue distance, n'aurait pu se maintenir sans un minimum d'instruction. Nous savons d'ailleurs, par Césaire d'Arles, que les marchands avaient des commis lettrés.

À l'époque mérovingienne, l'écriture est donc indispensable à la vie sociale. Et c'est ce qui explique que dans tous les royaumes constitués en Occident, la cursive romaine se soit conservée sous la forme de la minuscule cursive qu'elle a prise au Ve siècle ; c'est là une écriture rapide, une écriture d'affaires et non une calligraphie. C'est d'elle que proviennent les écritures mérovingienne, wisigothique et lombarde[536], que l'on appelait jadis écritures nationales, à tort, car elles ne sont strictement

---

[533] M. G. H. Formulae, éd. Zeumer, p. 4 et p. 176. D'après BRUNNER, *op. cit.*, t. I. 2e éd., p. 577, les formules d'Angers ont été écrites par un scribe de la curie municipale. Elles sont probablement du commencement du VIIe siècle en partie. Celles de Bourges sont du VIIIe siècle.

[534] H. PIRENNE, De l'état de l'instruction des laïques à l'époque mérovingienne, *Revue bénédictine*, t. XLVI, 1934, p. 165.

[535] HARTMANN, *op. cit.*, t. II2, p. 27.

[536] M. PROU, *Manuel de paléographie*, 4e éd., 1924, p. 65.

que la continuation de la cursive romaine perpétuée par les agents de l'administration, les bureaux et les marchands.

Cette écriture cursive est bien celle qui convient à la langue vivante mais décadente de l'époque. Dans la vie courante, le latin est encore plus abâtardi que dans la littérature ; il est devenu une langue pleine d'incorrections et de solécismes, infidèle à la grammaire, mais qui n'en est pas moins du latin authentique. C'est ce que les lettrés appellent le latin rustique. Mais ils s'y prêtent et l'emploient, surtout en Gaule, parce qu'il est la langue populaire, celle de tous. Et l'administration fait comme eux. C'est sans doute ce latin-là qu'on enseignait dans les petites écoles. Pas un texte ne nous montre, comme ce sera le cas au IXe siècle, qu'à l'Église le peuple ne comprend plus le prêtre. Ici encore il y a, si l'on veut, barbarisation de la langue, barbarisation qui n'a d'ailleurs rien de germanique. La langue subsiste et c'est elle qui fait, jusque dans le courant du VIIIe siècle, l'unité de la *Romania*[537].

CONCLUSION

De quelque côté qu'on l'envisage, la période inaugurée par l'établissement des Barbares dans l'Empire, n'a donc rien introduit dans l'histoire d'absolument nouveau[538]. Ce que les Germains ont détruit, c'est le gouvernement impérial *in partibus occidentis*, ce n'est pas l'Empire. Eux-mêmes, en s'y installant comme *foederati*, le reconnaissent. Loin de vouloir y substituer quelque chose de nouveau, ils s'y logent, et si leur

---

[537] LOT, *op. cit.*, dans le *Bulletin Ducange*, t. VI, 1931, p. 102 ; MULLER, On the use of the expression lingua Romana from the I to the IX Century, *Zeitschrift für Romanirsche Philologie*, t. XLIII, 1923, p. 9 ; F. VERCAUTEREN, Le Romanus des sources franques, *Revue belge de philologie et d'histoire*, t. XI, 1932, p. 77-88.

[538] Se conservent : la langue, la monnaie, l'écriture (papyrus), les poids et mesures, l'alimentation, les classes sociales, la religion — on a exagéré le rôle de l'arianisme — l'art, le droit, l'administration, les impôts, l'organisation économique.

aménagement entraîne de graves dégradations, il n'amène pas un plan nouveau ; on pourrait presque dire que le vieux *palazzo* est maintenant divisé en appartements, mais comme construction il subsiste. Bref, le caractère essentiel de la *Romania* reste méditerranéen. Les pays frontières demeurés germaniques et l'Angleterre ne jouent encore aucun rôle ; l'erreur est de les avoir pris à cette époque comme point de départ. À considérer les choses comme elles sont, la grande nouveauté de l'époque est donc un fait politique : une pluralité d'États se substituant en Occident à l'unité de l'État romain. Et cela sans doute est considérable. L'aspect de l'Europe change, mais sa vie ne change pas en son fond. Ces États, que l'on appelle nationaux, ne sont en somme pas nationaux du tout, mais seulement des fragments du grand ensemble auquel ils se sont substitués. Il n'y a transformation profonde qu'en Bretagne.

Là l'empereur et la civilisation de l'Empire ont disparu. Rien ne demeure de la tradition. Un nouveau monde se manifeste. Le droit, la langue, les institutions font place à celles des Germains. Une civilisation de type nouveau apparaît, qu'on peut appeler la civilisation nordique ou germanique. Elle s'oppose à la civilisation méditerranéenne syncrétisée dans le Bas-Empire, cette dernière forme de l'Antiquité. Ici, rien de l'État romain avec son idéal législatif, sa population civile, sa religion chrétienne, mais une société qui a conservé entre ses membres le lien du sang, la communauté familiale avec toutes les conséquences qu'elle entraîne dans le droit, dans la morale, dans l'économie, un paganisme allié à des chants héroïques ; voilà ce qui constitue l'originalité de ces Barbares qui ont fait reculer le vieux monde pour en prendre la place. En Bretagne, un âge nouveau débute qui ne gravite pas vers le sud. L'homme du Nord a conquis et pris pour lui cette extrémité de la *Romania* dont il ne conserve pas de souvenir, dont il éloigne la majesté, à laquelle il ne doit rien. Dans toute la force du terme, il la remplace et, en la remplaçant, il la détruit.

Les envahisseurs anglo-saxons ont passé directement de l'ambiance germanique dans l'Empire, sans avoir subi l'influence romaine. La province de Bretagne où ils se sont établis, était, par surcroît, la moins romanisée. Ils y sont donc restés eux-mêmes ; l'âme germanique, l'âme nordique, l'âme barbare, l'âme des peuples dont l'état d'avancement était, si l'on peut dire homérique, a été, dans ce pays, le facteur historique essentiel.

Mais ce spectacle que présente la Bretagne anglo-saxonne est unique. On le chercherait vainement sur le continent. La *Romania* y subsiste, sauf à la lisière ou le long du Rhin, dans les champs décumates et le long du Danube, c'est-à-dire dans les provinces de Germanie, de Rhétie, de Norique et de Pannonie, toutes proches de la Germanie qui a débordé sur l'Empire et l'a refoulé devant elle. Mais ces confins n'ont joué aucun rôle, puisqu'ils ont été rattachés aux États fondés, comme celui des Francs ou des Ostrogoths, en pleine *Romania*. Or là, ce qui subsiste de toute évidence, c'est l'état ancien des choses. Les envahisseurs, trop peu nombreux, et d'ailleurs depuis trop longtemps en contact avec l'Empire, ont été fatalement absorbés et n'ont pas demandé mieux. Ce qui doit surprendre, c'est qu'il existe dans les nouveaux États qui obéissent tous à des dynasties germaniques, si peu de germanisme. La langue, la religion, les institutions, l'art en sont purs, ou à peu de chose près. On en trouve quelque influence dans le droit des pays situés au nord de la Seine et des Alpes, mais jusqu'à l'arrivée des Lombards en Italie, c'est bien peu de chose. Si on a cru le contraire, c'est pour avoir suivi l'école germanique et abusivement étendu à la Gaule, à l'Italie et à l'Espagne, ce qui se rencontre dans les *Leges Barbarorum* des Saliens, des Ripuaires et des Bavarois. C'est aussi pour avoir projeté sur la période antérieure aux Carolingiens ce qui n'est vrai que de ceux-ci. On a d'ailleurs exagéré le rôle de la Gaule mérovingienne, justement en se laissant dominer par l'idée de ce qu'elle sera plus tard, mais ce qu'elle n'est pas encore.

Qu'est Clovis en comparaison de Théodoric ? Et après Clovis observons que, malgré tous leurs efforts, les rois francs ne parviennent pas à s'installer en Italie, ni même à reprendre la Narbonnaise aux Wisigoths. Évidemment, d'ailleurs, c'est vers la Méditerranée qu'ils tendent. Leur conquête au-delà du Rhin, loin d'avoir pour effet de germaniser leur royaume, a pour but de le défendre contre les Barbares. Mais admettre que dans les conditions où ils s'y sont établis et avec le petit nombre de gens qu'ils menèrent avec eux, Wisigoths, Burgondes, Ostrogoths, Vandales et Francs aient pu vouloir germaniser l'Empire, c'est proprement admettre l'impossible. *Stat mole sua.*

En outre il ne faut pas oublier le rôle de l'Église en laquelle Rome s'est réfugiée et qui l'impose aux Barbares en même temps qu'elle s'impose elle-même à eux.

Les rois germaniques ont été en Occident, dans le monde romain qui se détraquait en tant qu'État, des points de cristallisation politique, si l'on peut dire. Mais autour d'eux, avec des pertes inévitables, ce qui a continué, c'est l'équilibre social ancien, ou, disons mieux, antique.

En d'autres termes, l'unité méditerranéenne qui constitue l'essentiel de ce monde antique, se maintient dans toutes ses manifestations. L'hellénisation croissante de l'Orient ne l'empêche pas de continuer à influencer l'Occident par son commerce, son art, les agitations de sa vie religieuse. Dans une certaine mesure, on l'a vu, l'Occident se byzantinise.

C'est cela qui explique le mouvement de reconquête de Justinien qui refait presque de la Méditerranée un lac romain. Et sans doute, vu comme nous le voyons, il paraît bien que cet empire ne pouvait durer. Mais il n'en était pas de même pour les contemporains. L'invasion lombarde n'a certainement pas eu l'importance qu'on lui attribue. Ce qui frappe en elle, c'est sa lenteur.

La politique méditerranéenne de Justinien, et elle est bien cela puisqu'il lui sacrifie ses luttes contre les Perses et les Slaves, correspond à l'esprit méditerranéen de toute la civilisation européenne du Ve au VIIe siècle. C'est au bord de ce *mare nostrum* que l'on rencontre toutes les manifestations spécifiques de la vie de l'époque. C'est, comme sous l'Empire, vers elle que gravite le commerce ; c'est là qu'écrivent les derniers représentants de la littérature antique, un Boèce, un Cassiodore, là que naît et se développe avec un Césaire d'Arles et un Grégoire le Grand la nouvelle littérature de l'Église, là qu'avec un Isidore de Séville se fait l'inventaire de la civilisation grâce auquel le Moyen Age connaîtra l'Antiquité ; c'est là qu'à Lérins ou au mont Cassin le monachisme, venu d'Orient, s'acclimate au milieu occidental ; c'est de là que partent les missionnaires qui convertiront l'Angleterre ; c'est là que se dressent les monuments caractéristiques de cet art hellénistico-oriental qui semble destiné à être celui de l'Occident comme il est resté celui de l'Orient.

Aucun indice, au VIIe siècle, n'annonce encore la fin de la communauté de civilisation établie par l'Empire romain des Colonnes d'Hercule à la mer Égée et des côtes de l'Égypte et d'Afrique à celles d'Italie, de Gaule et d'Espagne. Le monde nouveau n'a pas perdu le caractère méditerranéen du monde antique. Aux bords de la Méditerranée se concentre et s'alimente tout ce qu'il possède d'activité.

Rien n'annonce que l'évolution millénaire doive être brusquement interrompue. Personne ne s'attend à une catastrophe. Si les successeurs immédiats de Justinien ne peuvent continuer son œuvre, ils n'y ont pas renoncé. Ils refusent de faire aucune concession aux Lombards, ils fortifient fébrilement l'Afrique, ils y établissent leurs thèmes comme en Italie ; leur politique s'étend aux Francs comme aux Wisigoths ; leur flotte a la maîtrise de la mer ; le pape de Rome voit en eux le souverain.

Le plus grand esprit de l'Occident, Grégoire le Grand, pape de 590 à 604, salue l'empereur Phocas, en 603, comme régnant seul sur des hommes libres, tandis que les rois d'Occident ne règnent, dit-il, que sur des esclaves : *Hoc namque inter reges gentium et reipublicae imperatores distat, quod reges gentium domini, servorum sunt, imperatores vero reipublicae domini liberorum*[539].

---

[539] JAFFÉ-WATTENBACH, *Regesta*, n° 1899.

Deuxième Partie

L'Islam et les Carolingiens

CHAPITRE I

L'EXPANSION DE L'ISLAM DANS LA MÉDITERRANÉE

I. L'INVASION DE L'ISLAM

Rien n'est plus suggestif, pour comprendre l'expansion de l'Islam au VIIe siècle, que de la comparer, dans son emprise sur l'Empire romain, aux invasions germaniques. Celles-ci sont l'aboutissement d'une situation aussi vieille, plus vieille même que l'Empire et qui a pesé plus ou moins lourdement sur toute son histoire. Quand l'Empire, ses frontières crevées, abandonne la lutte, ses envahisseurs se laissent aussitôt absorber par lui et, dans la mesure du possible, continuent sa civilisation et entrent dans cette communauté sur laquelle elle repose.

Au contraire, avant l'époque de Mahomet, l'Empire n'a pas eu, ou à peine, de rapports avec la péninsule Arabique[540]. Il s'est contenté, pour protéger la Syrie contre les bandes nomades des habitants des déserts, de construire un mur, un peu comme, au nord de la Bretagne, il en avait construit un contre les invasions des Pictes ; mais ce *limes* syrien, dont on reconnaît encore aujourd'hui quelques ruines à travers le désert, n'est en rien comparable à celui du Rhin ou du Danube[541].

---

[540] Il est inutile de parler ici du royaume de Palmyre détruit au IIIe siècle et qui est au nord de la péninsule. VASILIEV, *Histoire de l'Empire byzantin*, trad. franç., t. I, 1932, p. 265.

[541] VASILIEV, *op. cit.*, t. I, p. 265, citant DUSSAUD, *Les Arabes en Syrie avant l'Islam*, Paris, 1907.

L'Empire ne l'a jamais considéré comme un de ses points sensibles, ni massé là une grande partie de ses forces militaires. C'était une ligne de surveillance traversée par les caravanes apportant des parfums et des aromates. L'Empire perse, lui aussi voisin de l'Arabie, avait agi de même à son égard. En somme, on ne pouvait rien avoir à craindre des Bédouins nomades de la péninsule dont l'état de civilisation était au stade de la tribu, dont les croyances religieuses étaient à peine supérieures au fétichisme et qui passaient leur temps à se faire la guerre, ou à piller les caravanes qui allaient du sud au nord, du Yémen vers la Palestine, la Syrie et la péninsule du Sinaï, en passant par La Mecque et Yathreb (la future Médine).

Occupés à leur conflit séculaire, ni l'Empire romain, ni l'Empire perse ne semblent s'être doutés de la propagande par laquelle Mahomet, au milieu d'une lutte confuse de tribus, allait donner à son propre peuple une religion qu'il allait bientôt projeter sur le monde en même temps que sa domination. L'Empire était déjà pris à la gorge, que Jean Damascène ne voyait encore dans l'Islam qu'une sorte de schisme de nature analogue aux hérésies précédentes[542].

Quand Mahomet mourut, en 632, rien ne révélait le péril qui devait se manifester foudroyant deux ans plus tard (634). Aucune mesure n'avait été prise à la frontière. Évidemment, alors que la menace germanique avait attiré sans cesse l'attention des empereurs, l'attaque arabe les surprit. Dans un certain sens, l'expansion de l'Islam fut un hasard, si l'on entend par là la conséquence imprévisible de plusieurs causes qui se combinent. Le succès de l'attaque s'explique par l'épuisement de ces deux empires riverains de l'Arabie, le romain et le perse, à la suite de la longue lutte qui les avait dressés l'un contre

---

[542] VASILIEV, *op. cit.*, t. I, p. 274.

l'autre et qu'avait enfin couronnée la victoire d'Héraclius sur Chosroès (d. 627).[543]

Byzance venait de reconquérir son éclat et son avenir semblait assuré par la chute de l'ennemi séculaire qui lui restituait la Syrie, la Palestine et l'Égypte. La Sainte Croix, jadis enlevée, était ramenée triomphalement par le vainqueur à Constantinople. Le souverain de l'Inde envoyait à Héraclius ses félicitations et le roi des Francs, Dagobert, concluait avec lui une paix perpétuelle. On pouvait s'attendre, on devait s'attendre après cela, à voir Héraclius reprendre en Occident, la politique de Justinien. Les Lombards occupaient certes une partie de l'Italie et les Wisigoths, en 624, avaient repris à Byzance ses derniers postes en Espagne, mais qu'était cela comparé au formidable redressement qui venait de s'accomplir en Orient ?

Pourtant l'effort, trop grand sans doute, a épuisé l'Empire. Ces provinces que la Perse vient de lui rendre, l'Islam va brusquement les lui arracher. Héraclius (610-641) devait assister impuissant au premier déchaînement de cette force nouvelle qui désorienta le monde et le dévoya[544].

La conquête arabe qui se déclenche à la fois sur l'Europe et sur l'Asie est sans précédents ; on ne peut comparer la rapidité de ses succès qu'à celle avec laquelle se constituèrent les empires mongols d'un Attila, ou plus tard, d'un Genghis Khan ou d'un Tamerlan. Mais ceux-ci furent aussi éphémères que la conquête de l'Islam fut durable. Cette religion a encore ses fidèles aujourd'hui presque partout où elle s'est imposée sous les premiers khalifes. C'est un véritable miracle que sa diffusion foudroyante comparée à la lente progression du christianisme.

---

[543] *Ibid.*, p. 263.

[544] *Ibid.*, p. 280.

À côté de cette irruption, que sont les conquêtes, si longtemps arrêtées et si peu violentes des Germains, qui, après des siècles, n'ont réussi qu'à ronger le bord de la *Romania* ?

Au contraire, c'est par pans entiers que l'Empire croule devant les Arabes. En 634, ils s'emparent de la forteresse byzantine de Bothra (Bosra) au-delà du Jourdain ; en 635, Damas tombe devant eux ; en 636, la bataille du Yarmouk leur donne toute la Syrie ; en 637 ou 638, Jérusalem leur ouvre ses portes, cependant que vers l'Asie ils conquièrent la Mésopotamie et la Perse. Puis l'Égypte est attaquée à son tour ; peu après la mort d'Héraclius (641), Alexandrie est prise et bientôt tout le pays est occupé. Et l'expansion, continuant toujours, submerge les possessions byzantines de l'Afrique du Nord.

Tout cela s'explique sans doute par l'imprévu, par le désarroi des armées byzantines désorganisées et surprises par une nouvelle manière de combattre, par le mécontentement religieux et national des monophysites et des nestoriens de Syrie à qui l'Empire ne veut faire nulle concession, par celui de l'église copte d'Égypte et par la faiblesse des Perses[545]. Mais toutes ces raisons sont insuffisantes à expliquer un triomphe aussi total. L'immensité des résultats acquis est hors de proportion avec l'importance du conquérant[546].

La grande question qui se pose ici est de savoir pourquoi les Arabes, qui n'étaient certainement pas plus nombreux que les Germains, n'ont pas été absorbés comme eux par les populations de ces régions de civilisation supérieure dont ils se sont emparés ? Tout est là. Il n'est qu'une réponse et elle est

---

[545] L. HALPHEN, *Les Barbares. Des grandes invasions aux conquêtes turques du XIe siècle*, Paris, 1926, p. 132 : « Si les Arabes ont vaincu, c'est que le monde auquel ils s'attaquaient, était prêt à tomber en ruines. »

[546] DAWSON, *Les origines de l'Europe*, trad. franç., p. 153, voit dans l'enthousiasme religieux la cause essentielle des conquêtes.

d'ordre moral. Tandis que les Germains n'ont rien à opposer au christianisme de l'Empire, les Arabes sont exaltés par une foi nouvelle. C'est cela et cela seul qui les rend inassimilables. Car pour le reste, ils n'ont pas plus de préventions que les Germains contre la civilisation de ceux qu'ils ont conquis. Au contraire, ils se l'assimilent avec une étonnante rapidité ; en science, ils se mettent à l'école des Grecs ; en art, à celle des Grecs et des Perses. Ils ne sont même pas fanatiques, du moins au début, et n'entendent pas convertir leurs sujets. Mais ils veulent les faire obéir au seul dieu, Allah, à son prophète Mahomet et, puisqu'il était Arabe, à l'Arabie. Leur religion universelle est en même temps nationale. Ils sont les serviteurs de Dieu.

Islam signifie résignation ou soumission à Dieu et Musulman veut dire soumis. Allah est un et il est logique dès lors que tous ses serviteurs aient pour devoir de l'imposer aux incroyants, aux infidèles. Ce qu'ils se proposent, ce n'est pas, comme on l'a dit, leur conversion, mais leur sujétion[547]. C'est cela qu'ils apportent avec eux. Ils ne demandent pas mieux, après la conquête, que de prendre comme un butin la science et l'art des infidèles ; ils les cultiveront en l'honneur d'Allah. Ils leur prendront même leurs institutions dans la mesure où elles leur seront utiles. Ils y sont poussés d'ailleurs, par leurs propres conquêtes. Pour gouverner l'Empire qu'ils ont fondé, ils ne peuvent plus s'appuyer sur leurs institutions tribales ; de même les Germains n'ont pu imposer les leurs à l'Empire romain. La différence est que partout où ils sont, ils dominent. Les vaincus sont leurs sujets, payent seuls l'impôt, sont hors de la communauté des croyants. La barrière est infranchissable ; aucune fusion ne peut se faire entre les populations conquises et les Musulmans. Quel contraste formidable avec un Théodoric qui se met au service de ses vaincus et cherche à s'assimiler à eux !

---

[547] VASILIEV, *op. cit.*, t. I, p. 279, citant GOLDZIHER, *Vorlesungen über den Islam*, 1910.

Chez les Germains, le vainqueur ira au vaincu spontanément. Chez les Arabes c'est le contraire, c'est le vaincu qui ira au vainqueur et il n'y pourra aller qu'en servant, comme lui, Allah, en lisant, comme lui, le Coran, donc en apprenant la langue qui est la langue sainte en même temps que la langue maîtresse.

Aucune propagande ni même, comme chez les Chrétiens après le triomphe de l'Église, aucune compression religieuse. « Si Dieu avait voulu, dit le Coran, il n'aurait fait qu'un seul peuple de tous les hommes », et il condamne en propres termes la violence contre l'erreur[548]. Il n'exige que l'obéissance à Allah, obéissance extérieure d'êtres inférieurs, dégradés, méprisables, qu'on tolère mais qui vivent dans l'abjection. C'est cela qui est intolérable et, pour l'infidèle, démoralisant. On n'attaque pas sa foi, on l'ignore et c'est le moyen le plus efficace pour l'en détacher et pour l'amener à Allah qui, en même temps qu'il lui rendra la dignité, lui ouvrira les portes de la cité musulmane. C'est parce que sa religion oblige en conscience le Musulman à traiter l'infidèle en sujet, que l'infidèle est venu à lui, et en venant à lui, il a rompu avec sa patrie et son peuple[549].

Le Germain se romanise dès qu'il entre dans la *Romania*. Le Romain, au contraire, s'arabise dès qu'il est conquis par l'Islam[550]. Il importe peu que, jusqu'en plein Moyen Age, il ait subsisté au milieu des Musulmans de petites communautés de Coptes, de Nestoriens et surtout de Juifs. Toute l'ambiance n'en a pas moins été profondément transformée. Il y a eu coupure, rupture nette avec le passé. Le nouveau maître ne permet plus que, dans le rayon où il domine, aucune influence

---

[548] *Ibid.*, p. 275.

[549] On vient d'ailleurs aussi à l'Islam par intérêt. En Afrique, d'après Ibn Khaldoun, les Berbères apostasièrent douze fois en soixante-dix ans. JULIEN, *Histoire de l'Afrique du Nord*, 1931, p. 320.

[550] En Espagne, au IXe siècle, même les Chrétiens ne savent plus le latin et on traduit en arabe les textes des conciles.

puisse échapper au contrôle d'Allah. Son droit tiré du Coran se substitue au droit romain, sa langue au grec et au latin.

En se christianisant, l'Empire avait changé d'âme, si l'on peut dire ; en s'islamisant, il change à la fois d'âme et de corps. La société civile est aussi transformée que la société religieuse.

Avec l'Islam, c'est un nouveau monde qui s'introduit sur ces rivages méditerranéens où Rome avait répandu le syncrétisme de sa civilisation. Une déchirure se fait qui durera jusqu'à nos jours. Aux bords du *Mare nostrum* s'étendent désormais deux civilisations différentes et hostiles. Et si de nos jours l'Européenne s'est subordonné l'Asiatique, elle ne l'a pas assimilée. La mer qui avait été jusque-là le centre de la Chrétienté en devient la frontière. L'unité méditerranéenne est brisée.

La première expansion se ralentit sous le khalife Othman et son assassinat, en 656, ouvre une crise politique et religieuse qui ne cesse qu'à l'avènement de Moawiah en 660.

Il était dans l'ordre des choses qu'un pouvoir, doué d'une force d'expansion telle que l'Islam, dût s'imposer à tout le bassin du grand lac intérieur. Et en fait, il en a fait l'effort. Dès la seconde moitié du VIIe siècle, il vise à devenir une puissance maritime sur ces eaux où domine Byzance, sous le règne de Constant II (641-668). Les vaisseaux arabes du khalife Moawiah (660) commencent à envahir les eaux byzantines. Ils occupent l'île de Chypre et, non loin de la côte d'Asie Mineure, remportent une victoire navale sur l'empereur Constant II lui-même ; ils s'emparent de Rhodes et poussent jusqu'en Crète et en Sicile[551]. Puis ils font du port de Cyzique une base navale d'où ils assiègent, à plusieurs reprises, Constantinople qui leur oppose

---

[551] VASILIEV, *op. cit.*, t. I, p. 282.

victorieusement le feu grégeois, jusqu'à ce qu'en 677 ils renoncent à l'entreprise[552].

La poussée vers l'Afrique, commencée par l'émir d'Égypte Ibn Sad, en 647, avait abouti à une victoire sur l'exarque Grégoire. Cependant, les forteresses construites sous Justinien n'avaient pas succombé, et les Berbères, oubliant leur vieille hostilité aux Romains, avaient coopéré avec eux contre l'envahisseur. Une fois de plus l'importance de l'Afrique, dont la conquête par les Vandales avait jadis provoqué le déclin défensif de l'Empire en Occident, se révélait. D'elle dépendait la sécurité de la Sicile et de l'Italie, le passage maritime vers l'Occident. C'est sans doute pour pouvoir la défendre que Constant II, après la dernière visite à Rome qu'ait faite un empereur byzantin, vint s'établir à Syracuse.

Les troubles du khalifat à cette époque amenèrent un répit.

Mais l'avènement de Moawiah en 660 devait faire reprendre la lutte. En 664, une nouvelle grande *razzia* amène une nouvelle défaite des Byzantins. L'armée qu'ils avaient envoyée à Hadrumète fut vaincue et la forteresse de Djeloula enlevée, après quoi les envahisseurs se retirèrent[553]. Mais pour parer à la fois aux retours offensifs des Byzantins, qui tenaient les villes de la côte, et contenir les Berbères du massif de l'Aurès, Ogba-ben-Nafi fonde en 670 Kairouan « place d'armes » de l'Islam jusqu'à la fin des temps[554]. C'est d'elle que partent ces raids, accompagnés de massacres, contre les Berbères qui tiennent toujours dans leurs montagnes. En 681, Ogba, en une poussée formidable, atteint l'Atlantique. Mais une réaction des Berbères et des Romains balaye tout cela. Le prince berbère

---

[552] Ils attaquent Constantinople en 668 et 669 ; en 673, ils inaugurent un blocus qui dure près de cinq ans. HALPHEN, *op. cit.*, p. 139.

[553] JULIEN, *op. cit.*, p. 318.

[554] *Ibid.*, p. 319.

Kossayla entre en vainqueur à Kairouan et les Berbères qui avaient embrassé l'Islam, s'empressent d'abjurer[555]. Les Byzantins de leur côté passent à l'offensive. Vaincus à Kairouan, les Musulmans de Kossayla reculent sur Barka où ils sont surpris et massacrés par un corps de débarquement byzantin (689). Leur chef fut tué dans la bataille[556].

Cette victoire, qui rend la côte d'Afrique aux Byzantins, menace toute l'expansion arabe dans la Méditerranée. Aussi les Arabes, qui s'acharnent, reviennent-ils à la charge ; Carthage est enlevée d'assaut (695). L'empereur Léontius voit le péril et arme une flotte qui, commandée par le patrice Jean, réussit à reprendre la ville.

De leur côté, les Berbères groupés sous la reine mystérieuse nommée la Kahina écrasent l'armée arabe près de Tébessa et la rejettent en Tripolitaine[557].

Mais l'année suivante, Hassân reprend l'attaque et s'empare de Carthage (698), dont la conquête cette fois devait être définitive. Les habitants ont fui. On substitue aussitôt à la ville ancienne une nouvelle capitale, au fond du golfe : Tunis, dont le port de La Goulette va devenir la grande base de l'Islam dans la Méditerranée. Les Arabes, qui enfin ont une flotte, dispersent les vaisseaux byzantins. La maîtrise de la mer désormais leur appartient. Bientôt, les Grecs ne conservèrent plus que la place de Septem (Ceuta), avec quelques débris de la Maurétanie Seconde et de la Tingitane, Majorque, Minorque et de rares villes en Espagne. Il semble qu'ils aient constitué ces

---

[555] JULIEN, *op. cit.*, p. 320. Cet auteur me paraît tout à fait minimiser le rôle des Byzantins au profit des Berbères.

[556] JULIEN, *op. cit.*, p. 321.

[557] JULIEN, *op. cit.*, p. 322-323.

possessions éparses en un exarchat qui devait subsister dix ans encore[558].

C'en était fait, dès lors, de la résistance des Berbères sous la reine Kahina. Traquée dans l'Aurès, elle est massacrée et sa tête est envoyée au khalife.

Les années suivantes voient s'imprimer l'empreinte arabe. Mousa Ibn Noçayr soumet le Maroc et impose l'Islam aux tribus berbères[559].

Ce sont ces nouveaux convertis qui vont conquérir l'Espagne. Elle avait déjà été harcelée en même temps que la Sardaigne et la Sicile. C'était la conséquence nécessaire de l'occupation de l'Afrique. En 675, les Arabes avaient attaqué l'Espagne par mer mais avaient été repoussés par la flotte wisigothique[560].

Le détroit de Gibraltar ne pouvait arrêter les conquérants ; les Wisigoths s'en doutaient. En 694, le roi Egica accuse les Juifs de conspirer avec les Musulmans, et peut-être, en effet, les persécutions dont ils étaient l'objet les poussaient-elles à espérer la conquête du pays. En 710, le roi de Tolède, Achila, dépossédé par Rodrigue, duc de Bétique, s'enfuit au Maroc où, sans doute, il sollicite l'aide des Musulmans. Ceux-ci, en tout cas, mettent les événements à profit, car en 711 une armée, que l'on évalue à 7000 Berbères, sous le commandement de Tarik, passe le détroit. Rodrigue vaincu au premier choc, toutes les villes s'ouvrent devant le conquérant qui, appuyé en 712 par une armée de renfort, achève la prise de possession du pays. En 713, Mouça, le gouverneur de l'Afrique du Nord, proclame

---

[558] *Ibid.*, p. 323.

[559] *Ibid.*, p. 327.

[560] LOT, PFISTER et GANSHOF, *Histoire du Moyen Age*, t. I, p. 240.

dans la capitale de Tolède la souveraineté du khalife de Damas[561].

Et pourquoi s'arrêter en Espagne ? Celle-ci se prolonge d'ailleurs dans la Narbonnaise. À peine la soumission de la péninsule est-elle complète, qu'en 720 les Musulmans s'emparent de Narbonne, puis assiègent Toulouse, entamant ainsi le royaume franc. Le roi, impuissant, ne fait rien. Le duc Eudes d'Aquitaine les repousse en 721, mais Narbonne reste entre leurs mains. C'est de là que part, en 725, une nouvelle et formidable poussée. Carcassonne est prise et les cavaliers du Croissant poussent jusqu'à Autun, mis à sac le 22 août 725.

Nouvelle razzia en 732 par l'émir d'Espagne Abd-er-Rhaman qui, parti de Pampelune, passe les Pyrénées et marche sur Bordeaux. Eudes, battu, fuit chez Charles Martel. C'est du Nord que va enfin partir la réaction contre les Musulmans, vu l'impuissance que manifeste le Midi. Charles marche avec Eudes à la rencontre de l'envahisseur et le rejoint à cette même trouée de Poitiers où Clovis a jadis vaincu les Wisigoths. Le choc a lieu en octobre 732. Abd-er-Rhaman est vaincu et tué[562], mais le péril n'est pas écarté. Il se porte maintenant vers la Provence, c'est-à-dire vers la mer. En 735, le gouverneur arabe de Narbonne, Jussef Ibn Abd-er-Rhaman, s'empare d'Arles, appuyé par des complicités qu'il trouve dans le pays[563].

Puis, en 737, les Arabes prennent Avignon avec l'appui de Maucontus et étendent leurs ravages jusqu'à Lyon et jusqu'en Aquitaine. Charles de nouveau marche contre eux. Il reprend

---

[561] HALPHEN, *op. cit.*, p. 142-143.

[562] Cette bataille n'a pas l'importance qu'on lui attribue. Elle n'est pas comparable à la victoire remportée sur Attila. Elle marque la fin d'un raid, mais n'arrête rien en réalité. Si Charles avait été vaincu, il n'en serait résulté qu'un pillage plus considérable.

[563] BREYSIG, *Jahrbücher des Fränkisches Reiches. Die Zeit Karl Martels*, p. 77-78.

Avignon et va attaquer Narbonne devant laquelle il bat une armée de secours arabe venue par mer, mais il ne peut prendre la ville. Il retourne vers l'Austrasie avec un immense butin, car il a pris, détruit et brûlé Maguelonne, Agde, Béziers et Nîmes[564].

Ces succès n'empêchent pas une nouvelle incursion des Arabes en Provence en 739. Cette fois-ci, ils menacent aussi les Lombards ; Charles, avec le secours de ces derniers, les repousse une nouvelle fois[565].

Tout ce qui suit est obscur, mais il semble bien que les Arabes aient de nouveau soumis la côte provençale et s'y soient maintenus quelques années. Pépin les en expulsa en 752, mais attaqua vainement Narbonne[566]. Il ne devait s'en emparer définitivement qu'en 759. Cette victoire marque, sinon la fin des expéditions contre la Provence, tout au moins celle de l'expansion musulmane sur le continent occidental[567]. De même que Constantinople a résisté à la grande attaque de 718 et protégé par là l'Orient, ici ce sont les forces intactes de l'Austrasie, les vassaux des Carolingiens, qui sauvent l'Occident.

---

[564] BREYSIG, *op. cit.*, p. 84.

[565] *Ibid.*, p. 86.

[566] H. HAHN, *Jahrbücher des Fränkischen Reichs*, 741-752, p. 141.

[567] Il y aura encore pas mal de dévastations en Provence. En 799, les Sarrasins pillent les côtes d'Aquitaine, sans doute du côté de l'Atlantique, *Miracula S. Filiberti*, M. G. H. SS. t. XV, p. 303. Cf. W. VOGEL, *Die Normannen und das Fränkische Reich*, Heidelberg, 1907, p. 51, n. 4. Déjà en 768, les Maures inquiètent les environs de Marseille, *Chronique du pseudo-Frédégaire, Continuatio*, M. G. H. SS. rer. Merov., t. II, p. 191. En 778, ils menacent l'Italie, JAFFÉ-WATTENBACH, *Regesta*, n° 2424. En 793, ils attaquent la Septimanie, BÖHMER-MUHLBACHER, *Regesten*, p. 138. En 813, pillage de Nice et de Civita Vecchia ; en 838, pillage de Marseille. En 848, prise de Marseille. En 847 et 850, ravage de la Provence. En 889, établissement des Arabes à Saint-Tropez et à La Garde-Freynet. Du côté de l'Atlantique, il y a des Sarrasins, venus d'Espagne au VIIIe siècle, dans l'île de Noirmoutier, POUPARDIN, *Monuments de l'histoire des abbayes de Saint-Philibert*, 1905, p. 66.

Pourtant si en Orient la flotte byzantine parvient à écarter l'Islam de la mer Égée, en Occident la mer Tyrrhénienne tombera en son pouvoir.

Les expéditions contre la Sicile se succèdent en 720, 727, 728, 730, 732, 752, 753 ; arrêtées un moment par des troubles civils en Afrique[568], elles reprennent en 827 sous l'émir aghlabite Siadet Allah Ier, qui profite d'une révolte contre l'empereur pour tenter un coup de main contre Syracuse. Une flotte arabe quitte Souze en 827, mais les Byzantins poussent énergiquement la guerre et une flotte byzantine fait lever le siège de Syracuse.

De leur côté, les Musulmans reçoivent des renforts d'Espagne, puis d'Afrique. En août-septembre 831, ils s'emparent de Palerme après un siège d'un an, acquérant ainsi une base défensive en Sicile. Malgré cet échec, la résistance des Byzantins continue énergiquement sur mer et sur terre. Ils ne peuvent empêcher cependant les Musulmans, aidés par les Napolitains, de s'emparer de Messine en 843. En 859, le siège de la résistance byzantine est emporté et Syracuse succombe, le 21 mai 878, après une défense héroïque.

Tandis que l'Empire byzantin luttait pour sauver la Sicile, Charlemagne était aux prises avec les Musulmans sur les frontières de l'Espagne. En 778, il envoie une armée qui échoue devant Saragosse et dont l'arrière-garde se fait massacrer à Roncevaux. Il se résout alors à la défensive, jusqu'au moment où les Sarrasins ayant envahi la Septimanie (793), il établit contre eux la marche d'Espagne (795)[569] sur laquelle son fils Louis, roi d'Aquitaine, devait s'appuyer en 801 pour s'emparer de Barcelone. Après diverses expéditions infructueuses, menées

---

[568] HARTMANN, *op. cit.*, t. III, p. 170-171.

[569] RICHTER et KOHL, *Annalen des Fränkischen Reichs im Zeitalter der Karolinger*, p. 132.

notamment par le *missus* Ingobert en 810, Tortose tomba également aux mains de Louis en 811. Par contre, il échoua devant Huesca. Il ne devait pas pousser plus avant[570].

En réalité, Charlemagne rencontra en Espagne une résistance extrêmement vive. Et Éginhard exagère quand il relate qu'il occupa tout le pays jusqu'à l'Èbre. En fait, il n'a touché le fleuve qu'en deux points, dans la haute vallée, au sud de la Navarre et dans la basse vallée à Tortose, en admettant que cette ville ait été vraiment occupée[571].

Si Charlemagne n'a guère pu profiter de la prise de Barcelone, c'est qu'il n'avait pas de flotte. Contre les Sarrasins qui possédaient Tunis, dominaient les côtes d'Espagne et occupaient les îles, il ne pouvait rien. Il chercha à défendre les Baléares et y remporta quelques succès passagers. En 798, les Musulmans ravagèrent ces îles[572]. L'année suivante, cédant aux sollicitations des habitants, Charlemagne leur envoya des troupes qui furent sans doute transportées sur des navires des Baléares. Cette démonstration militaire paraît avoir été efficace, puisque les enseignes arabes furent envoyées comme trophées au roi[573]. On ne voit pas cependant que les Francs se soient maintenus dans ces îles.

En fait Charlemagne a, presque tout le temps, guerroyé dans la région des Pyrénées. Les agitations qui troublèrent le monde musulman lui ont profité. La fondation du khalifat ommiade de Cordoue en 765, dirigé contre celui des Abbassides de Bagdad, lui a été favorable, chacun d'eux ayant intérêt à ménager les Francs.

---

[570] KLEINCLAUSZ, *Charlemagne*, Paris, 1934, p. 326 sqq.

[571] KLEINCLAUSZ, *op. cit.*, p. 330.

[572] RICHTER et KOHL, *op. cit.*, p. 141.

[573] *Annales regni Francorum*, a° 799, éd. Kurze, M. G. H. SS. in us. schol., p. 180.

Charlemagne ne remporta guère de succès sur d'autres points de la Méditerranée. En 806, les Sarrasins s'emparent de la petite île de Pantellaria et vendent en Espagne comme esclaves les moines qu'ils y ont trouvés. Charles les fait racheter[574]. La même année, 806, Pépin, son fils, roi d'Italie, essaye de chasser les Sarrasins de la Corse où ils se sont établis. Il arme une flotte et, selon les annalistes carolingiens, se rend maître de l'île. Mais, dès 807, elle est retombée au pouvoir des ennemis[575].

Aussitôt, Charles envoie contre eux le connétable Burchard qui les force à se retirer après un combat où ils perdent treize vaisseaux. Mais la victoire, cette fois encore n'est qu'éphémère, car en 808, le pape Léon III, parlant à Charles des mesures qu'il prend pour la défense de la côte italienne, le prie de se charger de la Corse[576]. On voit, en effet, qu'en 809 et en 810 les Sarrasins occupent la Corse et la Sardaigne.

La situation s'aggrave quand l'Afrique, travaillée par des troubles endémiques, s'est organisée sous la dynastie des Aghlabites qui reconnaissent le khalife de Bagdad, Haroun-al-Raschid.

En 812, les Sarrasins d'Afrique, malgré l'arrivée d'une flotte grecque commandée par un patrice et renforcée par des bateaux de Gaète et d'Amalfi, pillent les îles de Lampédouze, Ponza et Ischia. Léon III met les côtes de l'Italie en état de défense[577], et l'empereur lui envoie son cousin Wala pour l'assister. Charles se met aussi en relations avec le patrice Georges, mais celui-ci conclut une trêve de dix ans avec l'ennemi. On n'en tient cependant nul compte, et la guerre sur

---

[574] KLEINCLAUSZ, *op. cit.*, p. 332, n. 2.

[575] *Annales regni Francorum*, ais 806 et 807, éd. Kurze, p. 122 et p. 124.

[576] JAFFÉ-WATTENBACH, *Regesta*, n° 2515 ; KLEINCLAUSZ, *op. cit.*, p. 331.

[577] JAFFÉ-WATTENBACH, *Regesta*, n° 2524.

mer ne désarme pas ; c'est à peine si la destruction par la tempête d'une flotte sarrasine de cent navires, en 813, ralentit quelque peu les *razzias* des Arabes d'Espagne, qui ne cessent de piller Civita Vecchia, Nice, la Sardaigne et la Corse d'où ils ramènent 500 captifs.

Au milieu des guerres cependant, quelques efforts diplomatiques sont tentés. Déjà, en 765, Pépin avait envoyé une ambassade à Bagdad. En 768, il avait reçu en Aquitaine des envoyés des Sarrasins d'Espagne venus par Marseille. En 810, Haroun-al-Raschid avait dépêché une ambassade auprès de Charlemagne qui, en 812, signait, d'autre part, un traité avec El-Hakem l'Espagnol.

Ces diverses tentatives n'eurent aucune suite. Et de plus en plus Charlemagne, incapable de résister aux flottes musulmanes, se résigna à la défensive, parant difficilement les coups qu'il recevait.

La situation devait empirer encore après la mort de Charlemagne. Sans doute, en 828, Boniface de Toscane s'avance-t-il avec une petite flotte destinée à la protection de la Corse et de la Sardaigne, jusque sur les côtes d'Afrique entre Carthage et Utique[578]. Je suppose qu'il profita de ce que les Musulmans étaient en ce moment occupés en Sicile. Mais quelques années plus tard l'Italie, au nord des villes byzantines, ne fut bientôt plus qu'une proie pour les Musulmans. Brindisi et Tarente furent ravagées (838), Bari conquise (840), la flotte de Byzance et de Venise battue. En 841, les Musulmans ravagent Ancône et la côte dalmate jusqu'à Cattaro. Et

---

[578] HARTMANN, *op. cit.*, t. III, p. 179, observe que c'est la seule expédition d'outre-mer tentée par les Francs. Cf. RICHTER et KOHL, *op. cit.*, p. 260.

Lothaire, en 846, ne cachait-il point qu'il redoutait l'annexion de l'Italie[579] ?

En 846, soixante-dix navires attaquent Ostie et Porto, s'avancent en ravageant tout jusqu'aux murs de Rome et profanent l'église de Saint-Pierre. La garnison de Grégoriopolis n'a pu les arrêter. Ils sont finalement repoussés par Gui de Spolète. L'expédition de Lothaire en 847, l'an suivant, ne parvient pas à reprendre Bari.

En 849, à l'instigation du pape, Amalfi, Gaète et Naples constituent une ligue contre les Sarrasins et réunissent à Ostie une flotte que le pape Léon IV vient bénir[580]. Elle remporte une grande victoire navale sur les Sarrasins. En même temps, le pape entoure d'un mur le bourg du Vatican et en fait la *Civitas Leonina* (848-852)[581].

En 852, le pape établit à Porto, qu'il fortifie, des Corses fuyant l'île, mais cette ville neuve ne prospère pas. Il crée aussi Leopoli pour remplacer Civita Vecchia, vidée par la terreur qu'inspirent les Sarrasins[582]. De même, il restaure Orta et Améria en Toscane, pour fournir un refuge aux habitants lors des raids musulmans[583]. Ce qui n'empêche que ceux-ci, en 876 et 877, ravagent la campagne romaine ; c'est en vain que le pape implore l'empereur de Byzance. Les désastres que celui-ci subit à ce moment en Sicile, où Syracuse succombe (878), l'empêchent sans doute d'intervenir et finalement le pape est

---

[579] M. G. H. Capit., t. II, p. 67. La Provence, vers la même époque, fut encore pillée en 849. HARTMANN, *op. cit.*, t. III, p. 224. Elle devait l'être à nouveau en 890. M. G. H. Capit., t. II, p. 377.

[580] JAFFÉ-WATTENBACH, *Regesta*, p. 330.

[581] M. G. H. Capit., t. II, p. 66. Lothaire ordonne, en 846, une souscription dans tout l'Empire pour l'érection de ce mur.

[582] HARTMANN, *op. cit.*, t. III, p. 213.

[583] JAFFÉ-WATTENBACH, *Regesta*, n° 2959. Pillage des côtes italiennes en 872.

forcé de payer annuellement aux Maures, pour échapper à leurs coups de mains, 20000 *mancusi* d'argent. On n'a à faire d'ailleurs qu'à de simples bandes de pirates qui ne se proposent que le pillage. En 883, l'abbaye du mont Cassin est incendiée et détruite[584]. En 890, l'abbaye de Farfa est assiégée et résiste pendant sept ans. Subiaco est détruite, la vallée de l'Anio et Tivoli sont ravagés. Les Sarrasins ont constitué une place d'armes non loin de Rome, à Saracinesco, une autre dans les monts Sabins à Ciciliano.

La campagne romaine devient un désert : *redacta est terra in solitudinem*. Ce n'est qu'en 916 que le calme renaîtra quand Jean X, l'empereur, les princes de l'Italie du Sud et l'empereur de Constantinople qui envoie des galères à Naples, auront forcé la ville et ses voisines à abandonner leur alliance avec les Sarrasins, et unis à elles, auront enfin battu sur le Garigliano les terribles envahisseurs.

On peut donc dire que, dès la conquête de l'Espagne, et surtout de l'Afrique, la Méditerranée occidentale devient un lac musulman. L'Empire franc, démuni de la flotte, ne peut rien. Seules en possèdent encore Naples, Gaète et Amalfi. Mais leurs intérêts commerciaux les poussent à abandonner Byzance trop lointaine, pour se rapprocher des Musulmans.

C'est grâce à leur défection que les Sarrasins ont pu finalement prendre la Sicile. La flotte byzantine, il est vrai, est puissante, plus même que celles des villes maritimes italiennes, grâce au feu grégeois qui fait d'elle un redoutable moyen de guerre ; mais la Sicile prise, elle est à peu près complètement coupée de l'Occident où elle ne fait plus que de rares et inutiles apparitions. Mais elle a cependant permis aux empereurs de

---

[584] GAY, *L'Italie méridionale et l'Empire byzantin*, 1904, p. 130.

sauvegarder leur Empire qui est surtout côtier[585] ; c'est grâce à elle que les eaux autour de la Grèce restèrent libres et que l'Italie échappa finalement à l'emprise de l'Islam. Trente ans après sa conquête par les Musulmans en 840, Bari était reprise par la flotte de l'empereur Basile, forte de 400 vaisseaux[586]. Ce fut là le fait essentiel qui empêcha les Musulmans de prendre pied en Italie, y maintint la souveraineté byzantine et assura la sécurité de Venise.

Ce fut encore par sa flotte que Byzance put conserver une sorte de suprématie sur Naples, Amalfi et Gaète, dont la politique consistait à évoluer entre l'empereur, le duc de Bénévent et même les Musulmans, pour conserver l'autonomie nécessaire à leur commerce.

L'expansion islamique n'a donc pas pu englober toute la Méditerranée. Elle l'encercle à l'est, au sud et à l'ouest, mais elle n'a pu mordre sur le nord. L'ancienne mer romaine est devenue la limite entre l'Islam et la Chrétienté. Toutes les anciennes provinces méditerranéennes conquises par les Musulmans gravitent désormais vers Bagdad[587].

Du même coup, l'Orient a été séparé de l'Occident. Le lien qu'avait laissé subsister l'invasion germanique est coupé. Byzance n'est plus maintenant que le centre d'un Empire grec,

---

[585] La flotte défend Byzance non seulement contre les Musulmans, mais aussi contre les Francs ; en 806, il suffit de l'envoi d'une flotte contre laquelle Charlemagne ne peut rien, pour qu'il renonce à Venise. Les Francs sur mer, dépendent absolument des flottes italiennes ; en 846, Lothaire n'ayant pas de flotte, demande aux Vénitiens d'attaquer les Sarrasins de Bénévent *navali expeditione*. M. G. H. Capit. t. II, p. 67.

[586] SCHAUSE, *Handelsgeschichte der Romanischen Völker des Mittelmeer- gebiets*, Munich, 1906, p. 26. Louis II avait échoué dans sa campagne entreprise en Italie de 866 à 873, par suite de la discorde qui avait éclaté entre lui et les Italiens qui l'ont même un moment fait prisonnier, HARTMANN, *op. cit.*, t. III, p. 265, 288, 296.

[587] En parlant de l'Afrique, M. Marçais dit : « Les ponts sont coupés entre elle et l'Europe chrétienne. Elle vit les yeux fixés vers Bagdad ou vers Le Caire. »

pour lequel ne subsiste plus aucune possibilité d'une politique justinienne. Il en est réduit à défendre ses dernières possessions. Les postes les plus occidentaux en sont Naples, Venise, Gaète, Amalfi. La flotte permet encore de conserver le contact avec eux, empêchant ainsi la Méditerranée orientale de devenir un lac musulman. Mais la Méditerranée occidentale n'est plus que cela. Elle qui avait été la grande voie de communication est aujourd'hui une infranchissable barrière.

L'Islam a rompu l'unité méditerranéenne que les invasions germaniques avaient laissé subsister.

C'est là le fait le plus essentiel qui se soit passé dans l'histoire européenne depuis les guerres puniques. C'est la fin de la tradition antique. C'est le commencement du Moyen Age, au moment même où l'Europe était en voie de se byzantiniser.

II. LA FERMETURE DE LA MÉDITERRANÉE OCCIDENTALE

Tant que la Méditerranée est restée chrétienne, c'est la navigation orientale qui a entretenu le commerce avec l'Occident. La Syrie et l'Égypte en étaient les deux centres principaux ; or ce sont précisément ces deux riches provinces qui sont tombées les premières sous la domination de l'Islam. Ce serait une erreur évidente de croire que cette domination ait éteint l'activité économique. S'il y a eu de grands troubles, si l'on constate une émigration considérable de Syriens vers l'Occident, il ne faudrait pas croire cependant que l'armature économique se soit effondrée. Damas est devenu la première capitale du khalifat. Les épices n'ont pas cessé d'être importées, le papyrus d'être fabriqué, les ports de fonctionner. Du moment qu'ils payaient l'impôt, les Chrétiens n'étaient pas molestés. Le commerce a donc continué, mais la direction en a changé[588].

Il va de soi qu'en pleine guerre, le vainqueur ne laissa pas ses sujets trafiquer avec le vaincu. Et lorsque la paix ranima l'activité dans les provinces conquises, l'Islam l'orienta vers les destinées nouvelles que leur ouvrait l'immensité de ses conquêtes.

De nouvelles voies commerciales s'ouvrirent, qui reliaient la mer Caspienne à la Baltique par la Volga, et les Scandinaves, dont les marchands fréquentaient les rives de la mer Noire, ont dû prendre tout de suite le chemin nouveau ; on n'en veut pour preuve que les nombreuses monnaies orientales trouvées à Gothland.

Il est certain que les troubles inséparables de la conquête de la Syrie (634-636), puis de l'Égypte (640-642), ont momentanément empêché la navigation[589].

Les bateaux ont dû être réquisitionnés pour la flotte que l'Islam organise tout de suite dans la mer Égée. On ne voit pas bien d'ailleurs les marchands passant au milieu des flottes hostiles, à moins de profiter des circonstances, comme beaucoup d'entre eux durent le faire, pour se livrer à la piraterie.

Il faut certainement admettre qu'à partir du milieu du VIIe siècle, la navigation des ports musulmans de la mer Égée vers

---

[588] A propos de la fermeture de la Méditerranée occidentale par l'Islam (il n'en est pas de même pour l'Orient), voyez le texte du Chrétien arabe Yahya-Ibn-Said d'Antioche qui, au XIe siècle rapporte que depuis le pape Agathon (678-681), il ne possède pas avec certitude la liste des « patriarches de Rome ». BÉDIER, Charlemagne et la Palestine, *Revue historique*, t. CLVII, 1928, p. 281.

[589] Ce n'est pas par hasard que la série des monnaies pseudo-impériales en Gaule s'arrête à Héraclius (610-641). Cf. PROU, *Catalogue des monnaies mérovingiennes*, p. XXVII- XXVIII.

les ports restés chrétiens, est devenue impossible ; s'il en a subsisté quelque chose, c'est presque rien.

De Byzance et des côtes qu'elle défend autour d'elle, la navigation a pu se maintenir, protégée par la flotte, vers les autres régions grecques de la Grèce, de l'Adriatique, de l'Italie méridionale et de la Sicile, mais on admettra difficilement qu'elle ait pu s'aventurer au-delà puisque, déjà en 650, l'Islam attaque la Sicile.

Quant au mouvement commercial de l'Afrique, le ravage continuel du pays, de 643 à 708, y a incontestablement mis fin. Les rares vestiges qui avaient pu s'en conserver disparaissent après la prise de Carthage et la fondation de Tunis en 698.

La conquête de l'Espagne en 711 et, tout de suite après, l'insécurité où vit la côte de Provence, achèvent de rendre absolument impossible toute navigation commerciale dans la Méditerranée occidentale. Et les derniers ports chrétiens n'auraient pu entretenir entre eux quelque mouvement maritime, puisqu'ils n'avaient pas de flotte ou si peu que rien.

Ainsi, on peut affirmer que la navigation avec l'Orient cesse dès les environs de 650 avec les régions situées à l'est de la Sicile et que, dans la seconde moitié du VIIe siècle, elle s'éteint sur toutes les côtes de l'Occident.

Au début du VIIIe siècle, sa disparition est complète. Plus de trafic méditerranéen, sauf sur les côtes byzantines ; comme le dit Ibn Khaldoun (avec la réserve qu'il faut faire pour Byzance) : « Les Chrétiens ne peuvent plus faire flotter une planche sur la mer. » Elle est dorénavant livrée aux pirates sarrasins. Au IXe siècle, ils s'emparent des îles, détruisent les ports, font des *razzias* partout. Le vide se fait dans le grand port de Marseille qui avait été jadis la principale étape de l'Occident avec le Levant. L'ancienne unité économique de la Méditerranée est brisée, et elle le restera jusqu'à l'époque des

Croisades. Elle avait résisté aux invasions germaniques ; elle cède devant la poussée irrésistible de l'Islam.

Comment l'Occident aurait-il pu résister ? Il n'y avait pas de flotte chez les Francs. Celle des Wisigoths est anéantie et l'ennemi est, au contraire, bien préparé. Le port de Tunis et son arsenal sont imprenables. Sur toutes les côtes s'élèvent des *Ribat*, postes mi-religieux, mi-militaires, qui correspondent entre eux et entretiennent un perpétuel état de guerre. Contre cette puissance maritime, les Chrétiens ne purent rien ; le fait qu'ils ne firent qu'un seul petit raid contre la côte d'Afrique en est la preuve la plus éclatante.

Il faut insister sur ce point, puisque d'excellents érudits n'admettent pas que la conquête musulmane ait pu produire une coupure aussi nette. Ils croient même que les marchands syriens ont continué à fréquenter, comme jadis, l'Italie et la Gaule au cours du VIIe et du VIIIe siècle. Il est vrai que Rome notamment accueillit une quantité de Syriens durant les premières décades qui suivirent la conquête de leur pays par les Arabes. Et il faut que leur influence et leur nombre aient été considérables pour que plusieurs d'entre eux, tels Serge Ier (687-701) et Constantin Ier (708-715), aient été élevés à la papauté. De Rome, un certain nombre de ces réfugiés, dont la connaissance de la langue grecque assurait le prestige, se répandirent bientôt vers le nord apportant avec eux des manuscrits, des ivoires, des orfèvreries dont ils s'étaient pourvus en quittant leur patrie. Les souverains carolingiens ne manquèrent pas de les employer à l'œuvre de renouveau littéraire et artistique qu'ils avaient entreprise. Charlemagne en chargea quelques-uns de revoir le texte des évangiles. Et c'est probablement un de leurs compatriotes qui a laissé à Metz un texte grec des *Laudes* qui y est mentionné au IXe siècle.

On doit encore considérer comme une preuve de la pénétration syrienne en Occident, après le VIIe siècle, l'action que l'art de l'Asie Mineure a exercée sur le développement de l'ornementation à l'époque carolingienne. On n'ignore pas, d'ailleurs, que beaucoup d'ecclésiastiques de la *Francia* se rendaient en Orient pour y vénérer les sanctuaires de la Palestine, et qu'ils en revenaient pourvus, non seulement de reliques, mais sans doute aussi de manuscrits et d'ornements d'église.

C'est un fait bien connu que Haroun-al-Raschid, désireux de gagner Charlemagne à sa lutte contre les Ommiades, lui donna le tombeau du Christ[590] en même temps qu'un vague protectorat sur les lieux saints.

Mais tous ces faits, si intéressants qu'ils soient pour l'histoire de la civilisation, ne le sont pas pour l'histoire économique. L'immigration de savants et d'artistes n'établit en rien l'existence de relations commerciales entre leur pays d'origine et ceux où ils vont chercher refuge. Le XVe siècle qui vit tant d'érudits byzantins fuir en Italie devant les Turcs, n'est-il pas précisément l'époque où Constantinople cesse d'être un grand port ? Il ne faut pas confondre avec la circulation des marchandises celle des pèlerins, des érudits et des artistes. La première suppose une organisation des transports et des relations permanentes d'importation et d'exportation, la seconde s'effectue au hasard des circonstances. Pour que l'on soit en droit d'affirmer la persistance de la navigation syrienne et orientale dans la mer Tyrrhénienne et le golfe du Lion après le VIIe siècle, il faudrait montrer que Marseille et les ports de Provence sont demeurés en rapports, après cette date, avec le

---

[590] D'après KLEINCLAUSZ, La légende du protectorat de Charlemagne sur la Terre sainte, *Syria*, 1926, p. 211-233, Haroun ne donna à l'empereur que le tombeau du Christ. BÉDIER reprenant la question, *op. cit.*, *Revue historique*, t. CLVII, 1928, p. 277-291, pense que sans qu'il y ait eu concession de protectorat, Haroun a concédé à Charles une « autorité morale » sur les Chrétiens de Palestine.

Levant. Or, le dernier texte que l'on puisse invoquer à cet égard, c'est le document pour Corbie de 716[591].

D'après ce texte, l'entrepôt du fisc à Marseille ou à Fos aurait encore à cette époque été plein d'épices et d'huile, c'est-à-dire de produits originaires d'Asie et d'Afrique. Je crois pourtant qu'il n'y a là qu'un archaïsme. Nous avons à faire à un acte confirmant à l'abbaye de Corbie d'anciens privilèges ; il est vraisemblable qu'il reproduit tel quel des textes antérieurs. Il est impossible, en effet, que l'huile d'Afrique ait encore pu être importée à ce moment. On pourrait admettre, il est vrai, que le *cellarium fisci* vivait sur ses stocks, mais alors ce n'est plus un indice de l'existence de relations commerciales actives en 716. En tout cas, c'est la dernière et ultime mention que nous ayons de produits orientaux entreposés dans les ports de Provence. Quatre ans après, d'ailleurs, les Musulmans débarquent sur ces côtes et pillent le pays. Marseille est morte à cette époque. En vain alléguera-t-on, pour prouver son activité, le passage de pèlerins se rendant en Orient. Il est certain, en effet, que pareils pèlerinages, ne pouvant s'effectuer par la vallée du Danube, occupée par les Avars, puis par les Hongrois, supposent des traversées maritimes. Mais on remarque, chaque fois qu'il est possible de connaître les itinéraires suivis, que c'est dans des ports de l'Italie byzantine que se sont embarqués les pieux voyageurs. Saint Willibald, le futur évêque d'Eichstädt, s'embarque en 726 à Gaëte après avoir franchi les Alpes.

---

[591] R. BUCHNER, *op. cit.*, p. 48, estime que le commerce existe encore à cette date mais plus après, notamment parce que l'abbaye de Saint-Denis ne fait plus confirmer ses privilèges. En 695, elle obtient une villa en échange d'un revenu en espèces levé sur le trésor public. Ph. LAUER, *Les diplômes originaux des Mérovingiens*, Pl. 24. Cf. LEVILLAIN *Études sur l'abbaye de Saint-Denis*, Bibl. École de Chartes, t. XCI, 1930, p. 288 et ss.

Madalveus, évêque de Verdun, se rendant à Jérusalem, prend en Apulie, vers 776, un navire en partance pour Constantinople[592].

Les lettres de saint Boniface nous montrent les Anglo-Saxons gagnant Rome par terre au lieu de prendre la route de Marseille et s'imposant la traversée des Alpes. Et c'est de Tarente que part, au IXe siècle, le moine Bernard, pour gagner Alexandrie[593].

Non seulement nous n'avons plus un seul texte sur la présence de marchands syriens ou orientaux, mais nous constatons qu'à partir du VIIIe siècle, tous les produits qu'ils importaient ne se rencontrent plus en Gaule ; contre ce fait, il n'est pas de réplique[594].

Le papyrus tout d'abord a disparu. Tous les ouvrages écrits en Occident sur papyrus, que nous connaissons, sont du VIe ou du VIIe siècle. Jusqu'en 659-677, on se servit exclusivement de

---

[592] Il y a encore quelque navigation au VIIIe siècle. Par exemple, les papes envoyent souvent leurs ambassadeurs à Pépin *marino itinere* à cause des Lombards. Mais le fait même qu'on l'indique, montre que cela est exceptionnel. De même les ambassadeurs, envoyés par les khalifes à Pépin et à Charles, viennent par Marseille, Porto, Venise et Pise.

[593] BUCHNER, *op. cit.*, p. 49, fournit d'autres exemples d'où il résulte qu'il n'y a plus de navigation de Marseille à Rome. C'est par erreur que Kleinclausz rapporte que les légats, envoyés par Charlemagne à Byzance, se sont embarqués à Marseille.

[594] Je sais bien qu'il faudrait rendre les armes si les *Cappi*, cités en 877 par le capitulaire de Kiersy (M. G. H. Capit., t. II, p. 361, § 31), étaient, comme le suppose M. THOMPSON, *Economic and social history of the Middle Ages*, 1928, p. 269, des marchands syriens. Mais pour admettre cela, il faut supposer avec lui que Cappi n'est que la forme latinisée du mot grec καπηλος qui devenu *Kapíla* en syrien, y signifie un marchand.

Mais, outre que c'est là une impossibilité linguistique, il faut prendre garde au fait que l'expression *Cappi* ne désigne que des Juifs. Et enfin ce fameux *apax legomenon* n'est sans doute dû qu'à une mauvaise lecture de Sirmond qui, en 1623, a édité ce texte d'après un manuscrit aujourd'hui disparu.

papyrus à la chancellerie royale mérovingienne. Puis apparaît le parchemin[595].

Quelques actes privés ont encore été écrits sur cette matière, prélevés sans doute sur d'anciens stocks, jusque vers la fin du VIIIe siècle. Après quoi l'on n'en trouve plus.

Et ceci ne peut s'expliquer par la cessation de sa fabrication puisqu'elle continua, comme le prouvent jusqu'à l'évidence les beaux actes sur papyrus du VIIe siècle du Musée arabe du Caire. La disparition du papyrus en Gaule ne peut donc être due qu'au ralentissement, puis à la cessation du commerce. Le parchemin semble au début avoir été peu répandu. Grégoire de Tours, qui l'appelle *membrana,* ne le cite qu'une fois[596] et il semble indiquer qu'il était fabriqué par les moines pour leur usage. Or, on sait combien sont tenaces les usages de chancellerie. Si, à la fin du VIIe siècle, les bureaux du roi avaient cessé de se servir du papyrus, c'est qu'il devenait fort difficile de s'en procurer.

L'usage du papyrus s'est conservé quelque peu en Italie. Les papes s'en sont servi pour la dernière fois en 1057. Faut-il admettre, avec Bresslau, qu'ils usaient de vieux stocks ? Venait-il de Sicile où les Arabes en introduisirent la fabrication au Xe siècle ? Cette provenance sicilienne est cependant discutée. Il me paraît vraisemblable qu'on se le procurait par le commerce des ports byzantins : Naples, Gaète, Amalfi, Venise.

Mais pour la Gaule, c'est bien fini.

---

[595] Le premier acte royal sur parchemin est du 12 septembre 677.
[596] *Liber Vitae Patrum,* M. G. H. SS. rer. Merov., t. I, p. 742.

Les épices, comme le papyrus, disparaissent des textes après 716[597]. Les statuts d'Adalhard de Corbie ne mentionnent plus que le *pulmentaria*, c'est-à-dire une sorte de potage aux herbes[598].

Les épices doivent, en effet, avoir disparu en même temps que le papyrus, puisqu'elles venaient par les mêmes bateaux. Parcourons les capitulaires. On n'y cite, en fait d'épices et de produits exotiques, que des plantes propres à être cultivées dans les *villae*[599], telles que la garance, le cumin, ou les amandes[600]. Mais le poivre, la girofle (*cariofilo*), le nard (*spico*), la canelle, les dattes, les pistaches ne s'y retrouvent plus une seule fois.

Les *tractoriae* carolingiennes mentionnent parmi les aliments qui seront servis aux fonctionnaires en voyage du pain, de la viande

---

[597] On l'a nié en invoquant un texte, qui figure à la suite des fameux statuts de l'abbé Adalhard de Corbie, dans un manuscrit dont M. Levillain place la rédaction peu après 986. LEVILLAIN, Les statuts d'Adalhard, *Le Moyen Age*, 1900, p. 335. Or, comme ces statuts ont été composés en 822, on s'accorde généralement à placer la rédaction de ce texte entre 822 et 986.

S'il en était ainsi, il en résulterait que l'on aurait pu continuer à cette époque, en tout cas après 822, à s'approvisionner de papyrus au marché de Cambrai et, dès lors, dans toute la Gaule. Il est toutefois bien extraordinaire de constater que rien ne vient confirmer ce texte. En fait, il n'y a là aucune difficulté. Le texte en question ne fait pas corps avec les statuts ; c'est une addition postérieure et elle remonte sans aucun doute possible à l'époque mérovingienne.

Le texte consiste, en effet, essentiellement en une longue liste des épices que les moines de Corbie pouvaient acheter au marché de Cambrai. Or, il suffit de parcourir cette liste pour y retrouver, augmentés de quelques autres, tous les produits cités dans la charte de 716 pour Corbie. Rien de plus simple à première vue, et c'est ce qu'on n'a pas manqué de faire, que de s'expliquer cette concordance par la continuité de l'exportation. Mais c'est ce qui est malheureusement impossible. *Polyptyque de l'abbé Irminon*, éd. B. Guérard, t. II, p. 336.

[598] DUGANGE, *Glossarium*, v° *pulmentum*.

[599] M. G. H. Capit., t. I, p. 90. Capitulaire « de villis », c. 70.

[600] M. G. H. Capit., t. I, p. 91, *ibid*.

de porc, des poulets, des œufs, du sel, des herbes, des légumes, du poisson, du fromage, mais pas une épice[601].

De même la *tractoria « de conjectu missis dando »*[602], de 829, énumère comme aliments à fournir aux *missi* 40 pains, de la viande de porc ou d'agneau, 4 poulets, 20 œufs, 8 setiers de vin, 2 muids de bière, 2 muids de froment. C'est un menu rustique.

Les *Capitula episcoporum*[603] de 845-850 attribuent aux évêques lors de leurs déplacements, 100 pains, de la viande de porc, 50 setiers de vin, 10 poulets, 50 œufs, 1 agneau, 1 porcelet, 6 muids d'avoine pour les chevaux, 3 chars de foin, du miel, de l'huile, de la cire. Mais dans tout cela, il n'est pas question de condiments.

On voit, par les lettres de saint Boniface, combien les épices étaient devenues rares et chères. Il reçoit ou envoie des cadeaux qui consistent en de petites quantités d'encens[604]. En 742-743, un cardinal lui envoye *aliquantum cotzumbri quod incensum, Domino offeratis*[605]. En 748, un archidiacre de Rome lui fait aussi un petit envoi d'épices et de parfums[606]. Ces dons prouvent la rareté des épices au nord des Alpes, puisqu'elles y constituent de précieux cadeaux. Remarquez, en outre, qu'elles viennent toutes d'Italie. Le port de Marseille n'en reçoit plus. Le *cellarium fisci* est vide, ou bien même, ce qui est très probable, il a été incendié par les Sarrasins. Et les épices ne sont plus un article de commerce normal. S'il s'en introduit encore un peu, c'est par des colporteurs.

---

[601] *Formulae*, éd. K. Zeumer, p. 292.

[602] M. G. H. Capit., t. II, p. 10.

[603] *Ibid.*, p. 83.

[604] M. G. H. Epist. selectae, in-8°, t. I, 1916, éd. Tangl, p. 156.

[605] *Ibid.*, p. 97.

[606] *Ibid.*, p. 189 et p. 191.

Dans toute la littérature du temps, pourtant très abondante, il n'en est guère question.

On peut affirmer, en présence de cette carence, que les épices ont disparu, à la fin du VIIe siècle et au commencement du VIIIe, de l'alimentation courante. Elles ne devaient y reparaître qu'à partir du XIIe siècle, lors de la réouverture de la mer.

Il en va de même naturellement du vin de Gaza qui disparaît aussi. L'huile n'est plus exportée de l'Afrique. Celle dont on se sert encore vient de Provence. C'est la cire qui fournit désormais le luminaire aux églises.

De même, l'usage de la soie paraît bien étranger à l'époque. Je n'en trouve qu'une seule mention dans les capitulaires[607].

On sait combien Charlemagne était simple dans ses vêtements. La cour certainement l'a imité. Mais sans doute cette simplicité, qui contraste si fort avec le luxe mérovingien, lui est-elle imposée.

Il faut conclure de tout cela à la cessation de l'importation orientale par suite de l'expansion islamique.

Un autre fait tout à fait frappant est à constater, c'est la raréfaction progressive de l'or. On peut s'en apercevoir par le monnayage d'or mérovingien du VIIIe siècle, dont les pièces contiennent un alliage d'argent de plus en plus fort. Manifestement, l'or a cessé de venir d'Orient. Tandis qu'il continue à circuler en Italie, il se raréfie en Gaule au point qu'on renonce à s'en servir comme monnaie. À partir de Pépin

---

[607] M. G. H. Capit., t. I, p. 251, dans les *Brevium Exempla* composés vers 810, où il est question de la présence dans le trésor d'une église, d'une *dalmatica sirica*, de *fanones lineos serico paratos*, de *linteamina serico parata*, de *manicas sericeas auro et margaritis paratas et alia sericeas*, de *plumatium serico indutum*. Ce sont tous ornements d'église, mais un certain nombre sans doute remontent à la période antérieure.

et de Charlemagne, on ne frappe plus, sauf de très rares exceptions, que des deniers d'argent. L'or ne reprendra plus sa place dans le système monétaire qu'à la même époque où les épices reprendront la leur dans l'alimentation.

C'est là un fait essentiel et qui vaut mieux que tous les textes. Il faut bien admettre que la circulation de l'or était une conséquence du commerce, puisque là où le commerce s'est conservé, c'est-à-dire dans l'Italie du Sud, l'or s'est conservé également.

L'effacement du commerce oriental et du trafic maritime a eu pour conséquence la disparition des marchands de profession à l'intérieur du pays. Il n'en est presque jamais plus question dans les textes ; toutes les mentions qu'on trouve peuvent être interprétées comme s'appliquant à des marchands occasionnels. Je ne vois plus à cette époque un seul *negociator* du type mérovingien, c'est-à-dire prêtant de l'argent à intérêt, se faisant enterrer dans un sarcophage, donnant des biens aux pauvres et aux églises. Rien ne nous montre qu'il y ait encore, dans les villes, des colonies marchandes ou une *domus negotiantum*. Comme classe, les marchands ont certainement disparu. Le commerce lui, n'a pas disparu, car une époque sans aucun échange est impossible à imaginer, mais il a pris un autre caractère. Comme on le verra plus loin, l'esprit de l'époque lui est hostile, sauf dans les pays byzantins. La restriction du savoir lire et écrire chez les laïques rend d'ailleurs impossible le maintien d'une classe de gens vivant normalement de vente et d'achat. Et la disparition du prêt à intérêt prouve, à son tour, la régression économique produite par la fermeture de la mer.

Que l'on n'aille pas croire que les Musulmans d'Afrique et d'Espagne, ou même de Syrie, auraient pu se substituer aux anciens commerçants du Levant byzantin. Tout d'abord, entre eux et les Chrétiens, c'est la guerre perpétuelle. Ils ne songent pas à trafiquer, mais à piller. Pas un texte n'en mentionne un seul établi en Gaule ou en Italie. C'est un fait constaté que les commerçants musulmans ne s'installent pas en dehors de l'Islam. S'ils ont fait le commerce, ils l'ont fait entre eux. On ne trouve pas un seul indice d'un trafic qui aurait existé, depuis la conquête, entre l'Afrique et les Chrétiens, sauf comme on l'a déjà dit, en ce qui concerne les Chrétiens de l'Italie du Sud. Mais rien de pareil ne se constate pour ceux de la côte de Provence.

Dans ces conditions, ce qui reste pour soutenir le commerce, ce sont les Juifs. Ils sont nombreux partout. Les Arabes ne les ont ni chassés, ni massacrés, et les Chrétiens n'ont pas changé d'attitude à leur égard. Ils constituent donc la seule classe dont la subsistance soit due au négoce. Et ils sont en même temps, par le contact qu'ils conservent les uns avec les autres, le seul lien économique qui subsiste entre l'Islam et la Chrétienté ou, si l'on veut, entre l'Orient et l'Occident.

III. Venise et Byzance

On peut dire que l'invasion islamique a été aussi décisive pour l'Orient que pour l'Occident de l'Europe. Avant elle, l'empereur de Constantinople est encore l'empereur romain. La politique de Justinien à cet égard est caractéristique ; il prétend maintenir, sous l'autorité impériale, toute la Méditerranée. Après elle, au contraire, l'empereur en est réduit à la défensive dans les eaux grecques en attendant qu'il appelle au XIe siècle l'Occident à son secours. L'Islam le fixe et l'absorbe. Toute l'explication de sa politique est là. L'Occident lui est désormais fermé.

Une fois perdues l'Afrique et Carthage, qu'elle s'est encore obstinée à défendre dans des conditions désastreuses, la sphère d'action de la politique byzantine ne dépassera plus l'Italie, dont elle ne parviendra même à conserver que les côtes. À l'intérieur, Byzance ne peut plus résister aux Lombards ; son impuissance provoquera la révolte du pays et la défection du pape. L'Empire ne lutte plus que pour la Sicile, l'Adriatique et les villes du sud qui constituent pour lui des avant-postes d'ailleurs de plus en plus autonomes.

L'expansion de l'Islam est venue mourir aux frontières byzantines. Elle lui a enlevé ses provinces syriennes, égyptiennes et africaines, en exploitant en partie les différences de nationalités, mais le bloc grec a résisté, et en résistant il a sauvé l'Europe, et sans doute, avec elle, le christianisme.

Pourtant, le choc a été dur : Byzance, attaquée deux fois à l'époque de la pleine vigueur de l'Islam, a dû la victoire à sa flotte. Elle reste, malgré tout, la grande puissance maritime.

De tous les prolongements byzantins vers l'ouest, le plus important et le plus original, c'est l'extraordinaire Venise, la plus curieuse réussite de l'histoire économique de tous les temps avec celle des Provinces-Unies. Les premiers habitants des îlots sableux et désolés de la lagune sont des malheureux, fuyant devant les hordes d'Attila au Ve siècle, lors de l'attaque contre Aquilée. D'autres sont venus lors de l'occupation franque de l'Istrie à l'époque de Narsès[608] et surtout à l'occasion de l'invasion lombarde. Ainsi se peupla toute cette bande de terres marines en un exode, momentané d'abord, puis définitif. Grado recueillit la plupart des fugitifs d'Aquilée dont l'évêque prit le titre de patriarche et fut le chef spirituel de la nouvelle Vénétie. Caorle, dans l'estuaire de la Livenza, reçut les émigrants et l'évêque de Concordia. Puis il y eut Héracliana et Aquilée près de la Piave. Les gens d'Altinum se réfugièrent à Torcello, Murano, Mazzorbo. Ceux de Padoue s'établirent à Malamocco et à Chioggia. Au début, le groupe d'îlots où plus tard grandira Venise, fut le plus faiblement occupé : Rialto,

---

[608] HARTMANN, *op. cit.*, t. II2, p. 102 et ss.

Olivolo, Spinalunga, Dorsoduro, ne reçurent que quelques pêcheurs[609].

Dans la primitive Vénétie du VIe et du VIIe siècle, le centre religieux fut Grado, le centre politique Héracliana, le centre commercial Torcello. Échappant aux vainqueurs de la terre ferme, l'administration byzantine s'y maintint, représentée par quelques fonctionnaires et des *tribuni*.

Il y a là une population essentiellement maritime que décrit Cassiodore et qui fait penser à celle de la Hollande primitive. « Il semble de loin que les barques glissent sur la prairie, car on n'en aperçoit pas les coques »[610]. On comprend ce qu'une telle vie a eu de favorable à l'expansion de l'énergie et de l'ingéniosité. Tout d'abord, elle fut fondée sur la pêche et la fabrication du sel, que les barques allaient troquer sur le rivage contre du blé. Le seul centre commercial de la région est Comacchio à l'embouchure du Pô, que fréquentent les navires byzantins rapportant l'huile et les épices. Comacchio, le port de la vallée du Pô, a sans doute profité de la cessation du trafic oriental avec le golfe du Lion. Un traité de commerce, passé vers 715 entre la ville de Luitprand, dans lequel il est fait mention du poivre, montre que le port était en relations avec le Levant[611].

Sans doute, les Vénitiens imitèrent-ils bientôt leurs voisins. En tout cas, leur commerce prend naissance au cours du VIIIe siècle. En 787-791, leurs marchands sont exclus de Ravenne à la demande de Charlemagne — ce qui prouve qu'ils n'avaient pas voulu le reconnaître comme roi des Lombards[612] ; leur alliance

---

[609] Ch. DIEHL, *Une république patricienne*. Venise, p. 5.

[610] DIEHL, *op. cit.*, p. 7.

[611] R. BUCHNER, *op. cit.*, p. 58.

[612] JAEFÉ-WATTENBACH, *Regesta*, n° 2480.

avec Byzance s'en trouva nécessairement renforcée. Leurs rapports avec l'empereur, trop éloigné, ne présentent pour eux que des avantages. Leur idéal est l'autonomie sous un ou deux doges qu'ils élisent, et qui sont ratifiés par Byzance.

De temps en temps des différends surgissent. Venise alors se retourne vers l'empereur franc. C'est ainsi qu'en 805, elle envoie une ambassade à Charles pour se placer sous son protectorat. Mais cette démarche se rattache plutôt à des luttes de partis dans les villes et à des conflits avec Grado, dont déjà en 803 le patriarche a demandé, de son côté, la protection de Charles[613]. À ce moment, Venise vient de s'imposer aux petites villes de la côte dalmate et craint sans doute une réaction de Byzance. Cet incident, pour avoir été peu remarqué, n'en a pas moins eu une très grande importance. Charles, en réponse à l'ambassade des Vénitiens, annexa tout de suite leur ville au royaume d'Italie ; son Empire eut, dès lors, l'occasion de devenir une puissance maritime et de prendre pied en Dalmatie. Il n'en profita point. Byzance, au contraire, vit tout de suite le danger. Dès l'année suivante, Nicéphore envoyait une flotte qui obtint immédiatement la soumission de Venise. Charles ne réagit point : il se borna à offrir un refuge dans ses États au patriarche de Grado[614].

En 807, le roi d'Italie, Pépin, concluait une trêve avec le commandant de la flotte, Nicetas, et les Vénitiens livraient les coupables au βασιλευς qui les fit exiler. Il récompensa ses partisans par les titres de spathaire et d'ὑπατος[615].

L'affaire était trop tentante pour qu'on en restât là. En 810, Pépin, ayant emprunté les bateaux de Comacchio, reprenait

---

[613] RICHTER et KOHL, *op. cit.*, t. II, p. 166.
[614] RICHTER et KOHL, *op. cit.*, t. II, p. 172 ; HARTMANN, *op. cit.*, t. III, p. 60.
[615] RICHTER et KOHL, *op. cit.*, t. II, p. 178.

Venise et la côte dalmate[616]. Mais une flotte byzantine, que commandait Paul, préfet de Céphalonie, l'obligea immédiatement à abandonner ses conquêtes. Il mourut la même année (8 juillet). Charles s'empressa de convier à Aix les légats byzantins avec lesquels il conclut la paix en leur abandonnant Venise et les villes d'Istrie, de Liburnie et de Dalmatie. Cette paix devint un traité définitif le 13 janvier 812 : l'Empire carolingien renonçait à la mer où il venait de prouver son impuissance de façon éclatante[617]. Venise allait décidément graviter dans l'orbite byzantine et marquer, à la limite de l'Occident, le commencement d'un autre monde. Sa *piazza* le prouve mieux que tous les textes.

La paix de 812 donnait à Venise une situation exceptionnellement favorable. Elle fut la condition de sa grandeur future[618]. D'une part, son union à l'Empire livrait l'Orient à son expansion, et cela sans menacer son autonomie, puisque l'Empire avait besoin de son appui dans sa lutte contre l'Islam. Et, d'autre part, elle lui ouvrait l'Occident, car tout en renonçant à la posséder, Charlemagne lui reconnaissait le droit de faire le commerce dans l'Empire franc. Intangible à l'ouest, elle n'avait à craindre que la seule Comacchio qui détenait l'embouchure du Pô. Aussi, dès 875, détruisit-elle sa rivale qui disparut définitivement. Désormais, c'est de son commerce que dépendront les marchés et les ports de la Haute-Italie : Pavie, Crémone, Milan, etc.[619].

Restait le péril sarrasin. Ici, l'intérêt de Venise est le même que celui de l'empereur. Dès 828, il lui demande le concours de ses

---

[616] HARTMANN, *op. cit.*, t. III, p. 62.

[617] RICHTER et KOHL, *op. cit.*, t. II, p. 188 ; HARTMANN, *op. cit.*, t. III, p. 64.

[618] HARTMANN, *op. cit.*, t. III, p. 66.

[619] HARTMANN, Die Wirtschaftlichen Anfänge Venedigs, *Vierteljahrschrift für Sozial und Wirtschaftsgeschichte*, t. II, 1904, p. 434-442.

navires de guerre. En 840, Venise envoie soixante vaisseaux contre Tarente à la rescousse de l'Empire ; sur quoi les Musulmans brûlent Ancône et capturent les bateaux vénitiens[620]. En 867-871, Venise agit contre Bari par mer, de concert avec les Byzantins et avec Louis II qui attaque la ville par terre. Mais en 872, les Musulmans attaquent la Dalmatie ; en 875, ils assiègent Grado. Venise pourtant conserve la maîtrise de l'Adriatique et, par elle, assure la navigation vers le Levant. Ce qui, d'ailleurs, n'empêche point Venise de trafiquer avec l'Islam. L'empereur, dès 814-820, a bien interdit le commerce avec les Sarrasins de Syrie et d'Égypte, mais les Vénitiens, tout en combattant l'infidèle, marchandent avec lui. Et c'est d'Alexandrie qu'une flotte de dix navires rapporte, en 827, les reliques de saint Marc volées aussi bien à l'insu des Chrétiens que des Musulmans de la ville[621].

Le grand commerce de Venise est celui des esclaves slaves de la côte dalmate. En 876, le doge l'interdit vainement. Les marchands vendent même, au milieu du IXe siècle, des esclaves chrétiens aux Musulmans[622].

Le traité de commerce, passé par Venise avec Lothaire en 840[623] et qui la montre comme une ville essentiellement marchande, interdit la vente des esclaves chrétiens et celle des eunuques. Venise est, par excellence, un port et un marché. Elle reprend le rôle qui, jadis, était dévolu à Marseille. C'est là que s'embarquent les passagers pour le Levant et que s'exportent vers l'Égypte les bois de construction.

---

[620] SCHAUBE, *op. cit.*, p. 3.

[621] HARTMANN, *op. cit.*, t. III, p. 68.

[622] SCHAUBE, *op. cit.*, p. 3, n. 3 et p. 22 ; A. DOPSCH, *Die Wirtschaftsentwicklung des Karolingerzeit*, t. II, 2e éd., 1922, p. 143.

[623] M. G. H. Capit., t. II, p. 130.

D'Orient y arrivent les épices et la soie, qui sont aussitôt réexportées à travers l'Italie, vers Pavie et vers Rome[624]. Sans doute, dut-il y avoir aussi quelque transport par-delà les Alpes[625], quoique le commerce par cette voie ait été insignifiant à cette époque.

Venise a aussi comme marché toute la côte dalmate. C'est avec elle, sans doute, que se fait le commerce le plus actif.

Comparée à l'Occident, Venise est un autre monde. Ses habitants ont l'esprit mercantile et ne s'embarrassent pas des interdictions relatives au *turpe lucrum*[626]. Et cette mentalité, c'est tout simplement celle qui a disparu dans le monde occidental et en Italie depuis les conquêtes arabes, mais qui se maintient encore à Venise et dans toutes les autres places byzantines de l'Italie méridionale.

Bari, par exemple, reste complètement grecque et conservera ses institutions municipales byzantines jusque sous Bohémond[627]. Quoique Bari ait été occupée par les Musulmans jusqu'en 871, leur « soudan » délivre des permis de navigation aux moines partant pour Jérusalem et les recommande au khalife de Bagdad[628].

Il en va de même de Salerne, Naples, Gaète, Amalfi sur la côte occidentale. Ce sont là des ports essentiellement actifs et qui, comme Venise, ne conservent qu'un lien très lâche avec

---

[624] THOMPSON, *Economic and social history of the Middle Ages*, 1928, p. 267.

[625] R. BUCHNER, *op. cit.*, p. 59.

[626] Voir, à cet égard, la curieuse histoire de saint Géraud d'Aurillac. F. L. GANSHOF, Note sur un passage de la vie de saint Géraud d'Aurillac, *Mélanges Jorga*, 1933, p. 295-307.

[627] BRÉHIER, Bulletin historique. Histoire byzantine, *Revue historique*, t. CLIII, 1926, p. 205.

[628] GAY, *L'Italie méridionale et l'Empire byzantin*, p. 66.

Byzance ; ils luttent aussi pour leur autonomie contre le duc de Bénévent. Leur hinterland est beaucoup plus riche que celui de Venise, car Bénévent conserve sa monnaie d'or et ils ne sont pas loin de Rome qui reste tout de même, par ses églises et l'afflux des pèlerins, un gros consommateur d'épices, de parfums, de tissus précieux et même de papyrus. Il se maintient d'ailleurs, dans le duché de Bénévent, une civilisation encore assez raffinée. Paul Diacre y enseigne le grec à la princesse Adelperga. Le duc Arichis, à la fin du VIIIe siècle, y construit une église de Sainte-Sophie qu'il embellit d'ornements venus de Constantinople ; il se vante de recevoir d'Orient des étoffes de soie, de pourpre, des vases d'or et d'argent ciselé, ainsi que des produits de l'Inde, de l'Arabie, de l'Éthiopie[629].

Il faut insister sur ce fait que les ducs de Bénévent conservent la monnaie d'or[630] et même le système monétaire byzantin[631]. La continuation de l'unité méditerranéenne qui devait y disparaître plus tard, est encore visible ici.

Ces villes maritimes du sud conservent une flotte. En 820, on signale huit navires marchands revenant de Sardaigne vers l'Italie[632], qui ont été capturés par des pirates sarrasins. On doit supposer que c'est avec leurs bateaux que s'est faite, en 828, l'expédition de Boniface de Toscane en Afrique, car on sait qu'il y eut à ce propos une entente entre les deux empereurs.

Le pape parle à Charlemagne des navires grecs (*naves Graecorum gentis*) qu'il a fait brûler à Civita Vecchia. Peut-être ces navires remontaient-ils parfois jusque sur la côte de Provence, et

---

[629] GAY, *op. cit.*, p. 46-48.

[630] Ils payent en sous d'or leurs amendes aux souverains francs.

[631] ENGEL et SERRURE, *Traité de numismatique*, p. 288.

[632] *Annales regni Francorum*, a° 820, éd. Kurze, M. G. H. SS. in *us. schol.*, p. 153 : *In Italico mari octo naves negotiatorum de Sardinia ad Italiam revertentium*.

apparaissaient-ils au IXe siècle à Marseille et à Arles. Mais leur navigation gravite vers le Levant et son orbite est byzantine. Ce qui ne les empêche pas plus que les Vénitiens, non seulement d'entretenir des relations avec les ports arabes d'Espagne et d'Afrique, mais même, comme les Napolitains, de venir parfois à la rescousse de ceux-ci dans l'attaque de la Sicile. Cela relève de la même tournure d'esprit que celle de ces ressortissants alliés qui fournissaient des munitions à l'Allemagne pendant la Grande Guerre.

En 879, l'amiral grec, envoyé pour défendre la Sicile, arrête de nombreux bateaux marchands qui, malgré la guerre, faisaient le commerce entre l'Italie et la Sicile. Il leur prit de l'huile — preuve qu'ils venaient d'Afrique — en telle quantité que le prix de cette denrée tomba, à Constantinople, à un chiffre dérisoire[633].

Ce commerce des ports de l'Italie méridionale avec les Musulmans était aussi un commerce d'esclaves. Le pape le leur reproche[634]. Déjà en 836, le traité entre Naples et le duc de Bénévent reconnaît aux marchands de la ville la liberté commerciale la plus étendue dans le duché qui, sans doute, ne peut se passer d'eux. Mais il leur interdit d'acheter des esclaves lombards pour faire la traite[635]. Ce qui nous apprend que ces esclaves venaient de Lombardie, c'est-à-dire de l'Empire franc.

Et pourtant, ces mêmes vendeurs de chair humaine, en 849, remportent en faveur du pape une grande victoire maritime devant Ostie. Et saint Janvier est à Naples l'objet d'une vénération aussi grande que saint Marc à Venise.

---

[633] GAY, *op. cit.*, p. 112.

[634] *Ibid.*, p. 33.

[635] *Ibid.*, p. 41-42.

De ces villes, Amalfi est la plus purement marchande. Elle n'a qu'un petit territoire montagneux dont les forêts lui fournissent le bois pour la construction de ses vaisseaux qui cinglent jusqu'en Syrie[636].

Au reste, il n'y a entre tous ces marchands et le duc de Bénévent aucune entente. Il n'y a même pas d'entente entre eux. Vers 830, Naples, pour résister au duc, s'appuie sur les Sarrasins. Elle s'allie encore à eux, vers Sao, contre sa rivale Amalfi, puis en 880 contre l'influence byzantine redevenue puissante depuis Basile Ier[637]. À ce moment, Gaète se rapproche aussi des Sarrasins, puis revient au pape qui fait des concessions à son *hypatos*[638]. En 875, des navires de toutes les villes du sud, unis à ceux des Sarrasins, pillent la côte romaine et Louis II déclare que Naples est devenue une autre Afrique[639]. En 877, le pape Jean VIII cherche vainement, par l'argent et l'excommunication, à détacher Amalfi des Sarrasins. Cependant, la même année, la ville s'engage à protéger contre eux la côte de l'Italie du Sud[640].

La politique de ces villes commerciales paraît, à première vue, aussi confuse que possible. Elle s'explique cependant par le souci constant et exclusif de protéger leur commerce. Leurs alliances avec les Musulmans n'empêchent pas qu'elles résistent à outrance contre toute tentative de conquête de leur part.

En 856, les Sarrasins, dont le but est de s'emparer de l'Italie méridionale qu'ils attaquent à la fois par Bari et par l'ouest,

---

[636] *Ibid.*, p. 249.

[637] *Ibid.*, p. 98 et p. 127.

[638] *Ibid.*, p. 128.

[639] *Ibid.*, p. 98.

[640] HARTMANN, *op. cit.*, t. III2, p. 35.

assaillent Naples et détruisent Misène⁶⁴¹. Si les villes veulent bien commercer avec eux, elles ne veulent pas passer sous leur joug, ni leur laisser la maîtrise de leurs eaux. Leur politique à cet égard est tout à fait semblable à celle des Vénitiens. Elles se défient de tout ce qui n'est pas elles-mêmes et ne veulent obéir à personne. Mais elles sont d'implacables rivales, et pour se détruire entre elles, elles n'hésitent pas à s'allier avec les Musulmans ; c'est ainsi que Naples les aide en 843 à s'emparer de Messine, arrachée à l'Empire byzantin dont elle aussi fait cependant partie. Mais ici encore, ces villes n'acceptent vis-à-vis de Byzance qu'une sujétion purement nominale. Seule la menace directe contre leur prospérité les fait agir. Et c'est pourquoi elles ne soutiennent pas, en 846, les efforts de Lothaire contre les Musulmans, pas plus qu'elles n'appuyeront, plus tard, ceux de Louis II⁶⁴². Gay dit fort bien : « Par une force invincible, les États maritimes, Gaète, Naples, Amalfi sont toujours ramenés vers l'alliance sarrasine... L'essentiel pour eux, c'est de garder le littoral et d'assurer les intérêts de leur commerce. En négociant avec les Sarrasins, ils ont leur part de butin et continuent de s'enrichir. La politique de Naples et d'Amalfi est avant tout la politique de marchands qui vivent de pillage autant que du commerce régulier »⁶⁴³. C'est pour cela qu'ils n'ont pas aidé l'empereur à défendre la Sicile. Leur politique a été celle des Hollandais au Japon, au XVIIe siècle. D'ailleurs avec qui auraient-ils pu faire le commerce s'ils avaient négligé les côtes musulmanes ? L'Orient appartenait à Venise.

Résumons-nous. La Méditerranée chrétienne est donc divisée en deux bassins : l'est et l'ouest, entourés par les pays de l'Islam. Ceux-ci, la guerre de Conquête étant terminée à la fin du IXe siècle, forment un monde à part qui se suffit à lui-même

---

⁶⁴¹ *Ibid.*, t. III1, p. 249.

⁶⁴² M. G. H. Capit., t. II, p. 67.

⁶⁴³ GAY, *op. cit.*, p. 129.

et s'oriente vers Bagdad. C'est vers ce point central que s'acheminent les caravanes de l'Asie et la grande route qui, par la Volga, aboutit à la Baltique. C'est de là que les produits rayonnent vers l'Afrique et l'Espagne. Aucun commerce n'est fait par les Musulmans eux-mêmes avec les Chrétiens. Mais ils ne se ferment pas à ceux-ci. Ils les laissent fréquenter leurs ports, leur apporter des esclaves et du bois et en rapporter ce qu'ils veulent acheter.

L'activité de la navigation chrétienne ne se continue d'ailleurs qu'en Orient et à l'Orient se rattache la pointe avancée de l'Italie du Sud. Là Byzance a su conserver la maîtrise de la mer sur l'Islam. Les bateaux continuent à circuler de Venise, le long de la côte adriatique, de la côte grecque, vers la grande ville du Bosphore. Et ils ne se font pas faute de visiter par surcroît, les ports musulmans d'Asie Mineure, d'Égypte, d'Afrique, de Sicile et d'Espagne. La prospérité de plus en plus grande des pays musulmans, une fois passée la période d'expansion, tourne à l'avantage des villes maritimes d'Italie. Grâce à cette prospérité, il se conserve, dans l'Italie méridionale et dans l'Empire byzantin, une civilisation avancée avec des villes, un monnayage d'or, des marchands de profession, bref une civilisation qui garde ses bases antiques.

En Occident, au contraire, la côte du golfe du Lion et de la Riviera jusqu'à l'embouchure du Tibre, ravagée par la guerre et les pirates, auxquels, n'ayant pas de flotte, les Chrétiens n'ont pu résister, n'est plus qu'un désert et qu'un objectif de piraterie. Les ports et les villes sont abandonnés. Le lien est coupé avec l'Orient et aucune relation ne se noue avec les côtes sarrasines. C'est la mort. L'Empire carolingien présente le contraste le plus frappant avec le byzantin. Il est purement terrien, parce qu'il est embouteillé. Les territoires méditerranéens, jadis les plus vivants de ces pays, et qui entretenaient la vie de l'ensemble, sont aujourd'hui les plus pauvres, les plus déserts, les plus menacés. Pour la première fois dans l'histoire, l'axe de la civilisation occidentale a été repoussé vers le nord ; durant de nombreux siècles, il se maintiendra entre la Seine et le Rhin. Et les peuples germaniques, qui n'ont joué jusqu'ici que le rôle négatif de destructeurs, vont être appelés à jouer maintenant un rôle positif dans la reconstruction de la civilisation européenne.

La tradition antique se brise parce que l'Islam a détruit l'ancienne unité méditerranéenne.

CHAPITRE II

LE COUP D'ÉTAT CAROLINGIEN ET LA VOLTE-FACE DU PAPE

I. LA DÉCADENCE MÉROVINGIENNE

De tous les États fondés en Occident par les Germains à la fin du Ve siècle, dans le bassin de la Méditerranée, les deux plus brillants au début, les royaumes vandale et ostrogoth, étaient tombés sous les coups de Justinien. Les Wisigoths, dès 629, avaient repris à l'Empire le petit territoire qui lui restait dans la péninsule[644]. Les Francs étaient restés indemnes. Quant aux Lombards, il avait semblé un instant qu'ils allaient reconstituer le royaume d'Italie à leur profit. L'obligation où s'était trouvé l'Empire de se défendre contre les Perses avait favorisé leur entreprise ; il avait dû recourir contre eux à l'alliance franque qui ne s'était pas montrée sans danger. Pourtant la victoire d'Héraclius faisait présager une reprise de l'offensive byzantine, quand, tout à coup, l'Islam avait fait irruption.

Devant lui, l'Empire avait reculé définitivement. Il avait perdu l'Afrique et ses possessions d'Italie étaient menacées par les Musulmans établis en Sicile. Les Wisigoths avaient été anéantis. Les Francs entamés au sud s'étaient repris à Poitiers, mais n'en avaient pas moins été coupés de la mer. Seuls les Lombards n'avaient pas encore reçu les coups de l'Islam qui, au contraire, les avait favorisés d'une part, en desserrant l'emprise de Byzance obligée de faire front à l'est et, d'autre part, en les protégeant contre le péril franc.

---

[644] LOT, PFISTER et GANSHOF, *Histoire du Moyen Age*, t. I, p. 237.

C'était à la France pourtant, qui avait arrêté en Occident l'expansion continentale de l'Islam, qu'il était réservé de reconstituer l'Europe sur des bases nouvelles.

D'elle dépendait l'avenir. Mais la France, telle qu'elle apparaît à ce moment est bien différente de celle des Mérovingiens. Son centre de gravité n'est plus dans la *Romania*. Il s'est déplacé vers le Nord germanique et, pour la première fois, apparaît avec elle une force politique cessant de graviter vers la Méditerranée où domine l'Islam. Avec les Carolingiens, c'est une nouvelle orientation définitive que prend l'Europe. Jusqu'à eux, elle a continué à vivre de la vie de l'Antiquité. Mais l'Islam a bouleversé toutes les conditions traditionnelles. Les Carolingiens se trouveront dans une situation qu'ils n'ont pas faite, mais qu'ils ont trouvée et dont ils tirèrent un parti qui ouvre une époque nouvelle. Leur rôle ne s'explique que par la transformation de l'équilibre imposée au monde par l'Islam. Le coup d'État qui les a substitués à la dynastie mérovingienne, la seule qui subsistait depuis les invasions, ne se comprend lui-même en grande partie que par la fermeture de la Méditerranée par les Sarrasins. Cela paraît évident si l'on étudie sans parti pris la décadence mérovingienne. Si l'on n'en a pas été frappé, c'est que l'on a toujours considéré la période franque comme un tout dans lequel les Carolingiens faisaient figure de continuateurs des Mérovingiens ; on a cru que la continuité se manifestait aussi bien dans les domaines du droit et des institutions, que dans ceux de l'économie et de l'organisation sociale. Or, il y a une différence essentielle entre l'époque mérovingienne et la période carolingienne. Tout d'abord, la situation européenne qui leur est respectivement faite, offre un contraste complet. Fustel de Coulanges l'a fort bien dit : « Qu'on regarde les cent cinquante années qui suivent la mort de Clovis... on reconnaîtra que les hommes différaient peu de ce qu'ils avaient été au dernier siècle de l'Empire. Qu'on se transporte, au contraire, au VIIIe siècle et au IXe siècle, on verra que, sous des dehors plus romains peut-être, la société est absolument différente de ce qu'elle avait été sous l'autorité de Rome »[645]. Et Waitz, de son côté, avait eu raison de séparer les deux époques, comme Brunner a eu tort de les réunir.

La coupure des deux mondes se fait définitivement avec le coup d'État de Pépin. Mais il se prépare bien plus tôt. L'État mérovingien ne connaît plus qu'une longue décadence à partir de la mort de Dagobert Ier en 639. Cette décadence, c'est celle de la royauté. On a vu plus haut que le pouvoir royal est absolu, caractère qu'il a repris à l'Empire romain. Pour que l'État soit gouverné, il faut que le roi conserve la puissance de s'affirmer ; il n'y a d'ailleurs contre lui et contre cette manière de gouverner aucune opposition d'aucune sorte, ni nationale, ni politique[646]. Les partages eux-mêmes qui reclassent si fréquemment les hommes et les territoires, sont l'affaire des rois qui se répartissent leur héritage. Les peuples restent indifférents. Le prestige de la dynastie est très grand et sans doute incompréhensible sans l'Église, car on ne peut invoquer pour l'expliquer aucun sentiment germanique.

C'est précisément en Germanie qu'a eu lieu en 656 l'essai de Grimoald, le fils de Pépin Ier, de se substituer au roi légitime, ce qui soulève l'indignation des Francs et amène l'arrestation et la mort du coupable[647].

Le roi s'appuye sur l'Église qu'il protège et, en fait, qu'il domine. En 644, au moment où commence le déclin, Sigebert

---

[645] FUSTEL DE COULANGES, *L'invasion germanique et la fin de l'Empire*, p. 559.

[646] FUSTEL DE COULANGES, *Les transformations de la royauté pendant l'époque carolingienne*, p. 85.

[647] RICHTER, *Annalen der Fränk. Reichs im Zeitalter der Merowinger*, p. 168.

III défend encore que les synodes soient tenus sans son autorisation[648].

On fait remonter, en général, la décadence mérovingienne à l'édit de Clotaire II de 614. Mais cet édit m'apparaît comme un moyen de s'attacher l'Église en affermissant sa position surtout par des privilèges de juridiction[649].

En tout cas, Dagobert Ier est encore un grand roi qui fait la guerre aux Germains et jouit d'une situation européenne que n'a eue aucun de ses prédécesseurs depuis Théodebert.

Le royaume franc, sous les Mérovingiens, est une puissance qui joue un rôle international dominé par une politique constante : s'installer solidement sur la Méditerranée. Dès leur installation en Gaule, les Mérovingiens avaient cherché à atteindre la Provence. Théodoric les en avait écartés. Ils s'étaient retournés alors vers l'Espagne, et avaient engagé la lutte contre les Wisigoths[650].

La guerre de Justinien contre les Ostrogoths allait leur ouvrir le chemin de la mer. L'empereur ayant sollicité leur appui en 535, Vitigès, pour empêcher l'alliance de l'empereur et des Francs, leur cède la Provence que jadis Théodoric les avait empêchés de conquérir sur les Wisigoths[651]. Installé sur la côte, et cherchant à prendre pied en Italie, Théodebert s'allie un moment avec les Ostrogoths auxquels il envoie une armée de 10000 hommes[652].

---

[648] RICHTER, *op. cit.*, p. 167.

[649] FUSTEL DE COULANGES, *Les transformations de la royauté pendant l'époque carolingienne*, p. 9, ne voit absolument rien dans l'édit de 614, qui indique un affaissement de la royauté. En sens contraire, voir Lot, dans LOT, PFISTER et GANSHOF, *Histoire du Moyen Age*, t. I, p. 321-322.

[650] RICHTER, *op. cit.*, p. 49 et p. 53.

[651] HARTMANN, *op. cit.*, t. I, p. 267.

[652] *Ibid.*, p. 282-283.

Mais bientôt, se tournant à la fois contre les Goths et contre les Byzantins, il conquiert en 539 la plus grande partie de la Vénétie et de la Ligurie[653].

Le royaume est si vigoureux à cette époque, que la campagne en Italie à peine terminée, Childebert et Clotaire reprennent la guerre contre les Wisigoths (542), s'emparent de Pampelune, ravagent la vallée de l'Èbre ; mais ils échouent devant Saragosse et sont enfin refoulés par Theudis[654].

L'échec subi en Espagne rejette à nouveau les rois francs contre l'Italie. En 552, une armée franque, renforcée par des Alamans, redescend dans la péninsule contre les impériaux, pille le pays jusqu'à ce que, décimée par les maladies et écrasée par Narsès, ses débris sont obligés de refluer en Gaule.

Vaincus par les armes, les Francs devaient obtenir, grâce à la politique, une importante province. En 567, le territoire wisigoth entre la Garonne et les Pyrénées devient franc par le mariage de Chilpéric avec Galswinthe[655].

L'arrivée des Lombards en Italie devait être, pour les Mérovingiens, une nouvelle cause de guerre en Italie.

Dès 568, les Lombards attaquent la Provence. Rejetés, ils l'envahissent à nouveau en 575[656]. En 583, imploré par le pape Pélage II qui le supplie d'intervenir contre les Lombards, Childebert II s'allie contre eux avec l'empereur Maurice, qui paie cette alliance de 50 000 sous d'or, et envoie une armée

---

[653] *Ibid.*, p. 284. Cf. RICHTER, *op. cit.*, p. 57.

[654] RICHTER, *op. cit.*, p. 58.

[655] *Ibid.*, p. 69.

[656] *Ibid.*, p. 70 et p. 72.

franque combattre en Italie, sans succès d'ailleurs, jusqu'en 585[657].

La même année pourtant (585), Gontran attaque la Septimanie ; ses troupes sont repoussées avec de grandes pertes par Reccared, le fils de Léovigild. Mais l'état d'hostilité subsiste. En 589, Gontran renouvelle encore son attaque, mais cette fois éprouve une défaite définitive près de Carcassonne[658].

Cet échec des armes franques apparaissait comme d'autant plus sérieux, qu'en 588 l'armée de Childebert avait été battue par les Lombards en Italie[659], ce qui avait amené le roi, en 589, à conclure la paix avec eux.

Mais Childebert n'avait pas renoncé à sa politique italienne. Dès l'année suivante (590), il dirigeait une nouvelle expédition contre les Lombards. Elle ne devait pas réussir et il fallut cette fois se résigner à la paix[660].

Dagobert, le dernier grand roi mérovingien, devait continuer cette politique d'intervention en Italie et en Espagne. En 605, il s'alliait avec l'empereur Héraclius et, en 630, soutenait le prétendant Wisigoth Sisenand contre le roi Svinthila[661]. Dagobert devait être le dernier représentant de la politique traditionnelle de sa dynastie. Après lui, il n'y aura plus d'intervention politique ni en Italie, ni en Espagne, en dehors d'une expédition, qui échoue d'ailleurs, en 662-663[662].

---

[657] *Ibid.*, p. 81.

[658] *Ibid.*, p. 87 et p. 93.

[659] *Ibid.*, p. 92.

[660] *Ibid.*, p. 94.

[661] *Ibid.*, p. 159 et p. 161.

[662] HARTMANN, *op. cit.*, t. II, p. 247.

Le royaume s'affaiblit aussi vers le nord ; en Germanie, la Thuringe devient indépendante, la Bavière à peu près, et les Saxons prennent une attitude menaçante. Ainsi donc, à partir de 630-632, l'État mérovingien se replie sur lui-même, et tombe en décadence. Sans doute, les luttes civiles incessantes entre rois ainsi que le conflit Frédégonde-Brunehaut, puis les intrigues de Brunehaut jusqu'à sa mort affreuse en 613, y ont contribué. Mais il faut se rappeler que, jusqu'en 613, les luttes civiles avaient été la règle générale. Ce qui les rend plus graves désormais, ce sont les continuelles minorités des rois. En 715, quand Chilpéric II monte sur le trône, il y avait vingt-cinq ans qu'aucun roi n'y était plus parvenu à l'âge d'homme. Et ceci s'explique par la débauche et les excès vénériens de ces princes qui peuvent tout se permettre. La plupart d'entre eux sont, sans doute, des dégénérés. Clovis II meurt fou. C'est ce qui donne à la décadence mérovingienne cet aspect morne, par lequel elle contraste si vivement avec celle des empereurs romains d'Occident et plus tard avec celle des Carolingiens. Aucun de ces rois n'exerce plus une action quelconque ; ce sont des jouets dans la main des maires du palais, contre lesquels ils n'essayent même pas de réagir. Pas un seul n'a cherché à faire assassiner son maire du palais comme le faisaient jadis les empereurs à Ravenne ; c'est eux, au contraire, qu'on assassine parfois. Ils vivent sous la tutelle de leur mère et parfois de leur tante. Mais depuis Brunehaut, d'ailleurs Wisigothe, les reines sont prises pour leur beauté. La reine Nautechilde est une servante (*puella de ministerio*), que Dagobert a fait entrer dans son lit. Il en résulte que le maire du palais devient tout-puissant. C'est le *shogoun* des Japonais.

La diminution des ressources dont disposent les rois mérovingiens au VIIe siècle, les livre, d'autre part, de plus en plus à l'influence de l'aristocratie terrienne dont la puissance ne cesse de grandir. Tout naturellement, ainsi qu'il a toujours été de règle de la part d'une aristocratie, elle cherche à s'imposer à la royauté et, pour cela, à la rendre élective.

Tant que le roi avait été puissant, il avait pu la tenir en bride. Il nommait qui il voulait dans les comtés et, en réalité, aussi dans les évêchés. Il faisait condamner qui il voulait sous prétexte de lèse-majesté, ce qui, grâce à la confiscation qui s'ensuivait, enrichissait son trésor. Tant que le trésor lui avait fourni suffisamment de ressources, il avait eu en main un admirable *instrumentum regni*. Il faut remarquer que, puisque tous les tonlieux appartenaient au roi, le trésor demeurait largement alimenté tant que le commerce restait florissant.

Ce trésor permettait d'entretenir la *trustis* royale qui est la garde du roi et, si on veut, sa véritable armée permanente[663].

Mais il faut qu'il puisse payer pour qu'à cette époque, où les rois donnent eux-mêmes continuellement l'exemple du parjure, les « antrustions » restent fidèles à leur serment. Or, ce trésor qui est la véritable base de la puissance royale, commence à s'amincir dans le courant du VIIe siècle. D'abord, il n'y a plus le butin des guerres extérieures. Il n'y a plus non plus les subsides byzantins. Le roi n'est pas du tout un « foncier », qui ne vit que de ses terres[664] ; il suffit, pour s'en assurer, de lire Grégoire de Tours. Évidemment, il a des quantités de terres et de *villae* qui constituent son fisc. Et il peut en donner beaucoup, et même en gaspiller au profit de ses amis et des églises qu'il comble tout particulièrement[665].

Mais je ne vois pas, dans Grégoire de Tours, le rôle politique que joue cette propriété. Tant que le roi est puissant d'ailleurs, il

---

[663] GUILHIERMOZ, *Essai sur les origines de la noblesse*, p. 70.

[664] LOT, PFISTER et GANSHOF, *op. cit.*, p. 318-320.

[665] L'immensité même des donations foncières faites par les rois qui, d'après LOT, PFISTER et GANSHOF, *op. cit.*, p. 340, donnent au clergé une richesse plus grande qu'à aucune autre époque, indique qu'ils ne devaient accorder une grande importance, ni à ces terres, ni à leurs produits, ni même à l'impôt qui en provenait. Il faut donc admettre que le *teloneum* était de beaucoup la partie la plus importante de leurs ressources.

peut reprendre ce qu'il a donné. Et je ne comprends pas bien comment, au milieu des partages continuels, il pourrait établir son pouvoir sur le fisc foncier sans cesse autrement réparti. Tout indique que c'est l'impôt qui constitue l'essentiel de ses revenus. Fustel de Coulanges reconnaît, qu'à lui seul, il suffisait à enrichir la royauté et à pourvoir à tous les besoins de son gouvernement[666].

Comment donc cet impôt, legs de Rome, qui n'a jamais été supprimé, a-t-il cependant rapporté de moins en moins ? D'après Fustel de Coulanges, la cause doit en être cherchée dans la résistance des évêques et dans les immunités accordées aux grands tant laïques qu'ecclésiastiques. Le roi aurait donc lui-même sapé la base de son pouvoir[667]. Et de même les revenus du tonlieu se seraient réduits de plus en plus par suite des exemptions qu'il aurait octroyées.

Mais encore faudrait-il trouver une raison à cette politique des rois qui aboutit à la destruction de la base même de leur pouvoir. Pourquoi n'ont-ils pas, comme on le fit plus tard, concédé l'impôt lui-même ? Sans doute accordent-ils des franchises, mais ils n'abandonnent pas leur droit régalien. D'ailleurs, les exemptions d'impôt, c'est-à-dire de tonlieu, n'affectent que des monastères et ce n'est sûrement pas par eux que se maintient la grande circulation des marchandises. Celle-ci a pour origine le commerce. Il faut donc admettre que, le commerce diminuant, l'impôt indirect, disons les péages, aura diminué d'autant. Or, d'après ce que nous avons vu plus haut, le ralentissement du commerce a dû commencer aux environs de 650, ce qui correspond exactement avec les progrès de l'anarchie dans le royaume. À la fin du VIIe siècle, il est certain

---

[666] FUSTEL, *Les transformations*, p. 29 et ss.

[667] Voir tous les exemples que donne FUSTEL DE COULANGES, *Les transformations*, p. 32 et ss., de la remise ou de l'abolition de l'impôt foncier. Sur les immunités, voir LOT, PFISTER et GANSHOF, *op. cit.*, p. 316-317.

que les ressources pécuniaires du roi ont énormément fléchi. On en a une preuve curieuse dans le fait que, en 695, le roi donne la *villa* de Nassigny à l'abbé de Saint-Denis, moyennant l'abandon par ce dernier d'une rente perpétuelle de 300 sous qu'il percevait sur le trésor. Ainsi, le roi préfère ses ressources en argent à sa terre[668].

Que ces ressources dépendissent surtout des péages sur la circulation commerciale, c'est ce dont on ne peut douter. La perception en était infiniment plus facile que celle de l'impôt foncier et ne provoquait guère de résistance. On ne voit pas que les évêques soient intervenus à ce propos. Pourtant, l'impôt foncier s'est certainement conservé à côté du tonlieu, mais en rapportant de moins en moins. Sans doute, spéculant sur la faiblesse croissante du roi, les grands lui ont-ils arraché de plus en plus des privilèges d'immunité. Mais l'erreur est de voir dans les immunités la cause de la faiblesse du roi ; elles en sont, en réalité, une conséquence.

Il paraît donc évident que l'affaiblissement du trésor, qui provoqua l'affaiblissement de la royauté et de l'État, est surtout une conséquence de l'anémie croissante du commerce[669]. Or, celle-ci est due à la disparition du commerce maritime que provoqua l'expansion de l'Islam sur les côtes de la Méditerranée. Cette décadence du commerce devait atteindre surtout la Neustrie, où se trouvaient les villes commerciales. C'est pourquoi cette région du royaume, qui avait été la base de la puissance royale, devait peu à peu le céder à l'Austrasie où la vie était évidemment moins basée sur l'économie monétaire. Quant à l'impôt, on ne le percevait pas chez les Bavarois et les

---

[668] H. PIRENNE, Le Cellarium fisci, *Bulletin de la Classe des Lettres de l'Académie royale de Belgique*, 1930, p. 202.

[669] Qu'on ne dise pas que j'exagère l'importance du commerce. Sans doute, au point de vue absolu, il était peu de chose ; mais le commerce du Moyen Age aussi n'avait pas une ampleur considérable, et pourtant quelles conséquences n'ont pas eues les prohibitions des laines anglaises par exemple, au XIIIe et au XIVe siècle !

Thuringiens ; pour ce qui est des Saxons, nous savons qu'ils payaient comme tribut 500 vaches[670]. La décadence du commerce affecta donc certainement beaucoup moins les régions du Nord essentiellement agricoles. Après la ruine de l'économie urbaine et commerciale, on s'explique donc facilement que le mouvement de restauration devait venir d'elles. La décadence du commerce, en concentrant toute la vie vers la terre, devait donner à l'aristocratie une puissance que plus rien ne pourrait entraver. En Neustrie, l'aristocratie s'efforce aussitôt de profiter de la faiblesse croissante du roi. Certes, la royauté cherchera à lui résister. La politique de Brunehaut se retrouve, pour autant que permette de l'entrevoir notre misérable information, dans celle du maire Ébroïn. Le despotisme dont on l'accuse, dès 664, s'explique certainement par sa tentative de maintenir l'administration royale, c'est-à-dire l'administration à la romaine, avec son personnel royal, qui prétend s'imposer à tous, même aux grands.

On peut considérer l'assassinat d'Ébroïn en 680 ou 683 comme marquant l'échec final de la lutte des rois contre les grands. Or, à ce moment, qui coïncide à peu près avec la prise de Carthage, le commerce maritime est réduit à presque rien.

Désormais, le roi est aux mains de l'aristocratie. Peut-être a-t-il cherché, pour lui résister encore, à s'appuyer sur l'Église. Mais l'Église elle-même tombe dans l'anarchie. Il suffit, pour s'en rendre compte, de lire les listes épiscopales dressées par Mgr Duchesne[671]. Elles montrent que le désordre des églises est infiniment plus grand dans le sud de la Gaule que dans le nord. D'une manière générale, les évêques du sud, dont l'influence avait été prépondérante dans l'Église de la Gaule, disparaissent vers 680 pour ne reparaître que vers 800. Sans doute faut-il

---

[670] F. LOT, La conquête du pays d'entre Seine-et-Loire par les Francs, *Revue historique*, t. CLXV, 1930, p. 249-251.
[671] *Fastes épiscopaux de l'ancienne Gaule*, 3 vol.

tenir compte du hasard qui nous a dérobé des noms, mais le fait est trop général pour qu'on ne doive pas lui attribuer une cause profonde.

À Périgueux, après Ermenomaris (673-675), il n'y aura plus d'évêques avant le Xe siècle[672]. Il en est de même à Agen[673]. À Bordeaux, on n'en trouve plus de 673-675 à 814[674] ; à Mende, de 627 à Louis le Pieux[675] ; à Limoges, une interruption d'un siècle se marque dans la succession des évêques après Emenus[676], et à Cahors, après Beto (673-675)[677] ; à Auch, les évêques ne reparaissent qu'en 836[678]. Aucun évêque n'est mentionné à Lectoure[679], à Saint-Bertrand-de-Comminges, à Saint-Lizier, à Aire, à Autun de 696 à 762[680], à Chalon de 675 à 779[681], à Genève de 650 à 833[682], à Die de 614 à 788[683], à Arles de 683 à 794[684]. Des interruptions semblables se constatent à Orange, Avignon, Carpentras, Marseille, Toulon (679-879), Aix (596-794), Antibes (660-788), Embrun (677-828), Béziers (693-788), Nîmes (680-788), Lodève (683-817), Uzès (675-788), Agde (683-788), Maguelonne (683-788), Carcassonne (683-788),

---

[672] DUCHESNE, op. cit., t. II, p. 88.
[673] Ibid., t. II, p. 64.
[674] Ibid., t. II, p. 62.
[675] Ibid., t. II, p. 55.
[676] Ibid., t. II, p. 52.
[677] Ibid., t. II, p. 46.
[678] Ibid., t. II, p. 97.
[679] Ibid., t. II, p. 98.
[680] Ibid., t. II, p. 181.
[681] Ibid., t. II, p. 194.
[682] Ibid., t. II, p. 229.
[683] Ibid., t. I, p. 235.
[684] Ibid., t. I, p. 261.

Elne (683-788)⁶⁸⁵. D'après Lot, le dernier concile tenu en Gaule serait de 695, et il n'y en aurait plus été réuni avant 742⁶⁸⁶.

On remarque d'ailleurs la disparition des synodes dans le dernier tiers du VIIe siècle. Il n'y en a plus au VIIIe siècle sous Pépin et Carloman. De même Leblanc constate la disparition croissante des inscriptions.

Et si l'on songe à l'influence considérable que les évêques exercent depuis le VIIe siècle dans les cités, on doit nécessairement conclure à la décadence des institutions urbaines ; sans aucun doute, ce qu'elles avaient conservé de leur curie disparaît au milieu de cette anarchie.

La vie urbaine, telle que le commerce l'avait conservée, s'efface. C'est que la source méditerranéenne du commerce, que les invasions du Ve siècle n'avaient pas tarie, se dessèche maintenant que la mer est fermée.

Et il est caractéristique que les grandes familles sénatoriales, qui fournissaient le personnel ecclésiastique des diocèses et le haut personnel laïque de l'administration, se font de plus en plus rares dans un milieu si profondément transformé⁶⁸⁷. Sûrement à partir du milieu du VIIe siècle, la société se déromanise rapidement et ce sera chose faite, ou à peu près, au commencement du VIIIe siècle. C'est la même population, mais ce n'est plus la même civilisation.

On peut attester cela par des preuves. D'après la *Vita* de saint Didier de Cahors (d. 655), la ville, florissante sous son

---

685 *Ibid.*, p. 1, passim.

686 LOT, PFISTER et GANSHOF, *op. cit.*, p. 332.

687 La dernière mention d'une personne sénatoriale en Gaule est du début du VIIIe siècle (LOT, PFISTER et GANSHOF, *op. cit.*, p. 311, n. 69).

épiscopat, est tombée après lui dans le marasme[688]. De même Lyon, où un grand marchand est encore signalé en 601, tombe dans une décadence épouvantable qui a atteint son maximum quand, vers 800, Leidrade écrit son rapport à Charlemagne[689].

L'anarchie qui, par suite de la décadence du pouvoir royal, s'empare de la Gaule, la conduit au morcellement. L'Aquitaine, à partir de 675-680, devient un duché à part qui vit de sa vie propre.

En revanche, l'Austrasie qui n'a pas été affectée par la disparition du commerce et des villes, où l'administration royale était moins développée et où la société gravitait tout entière autour des grands domaines, prend une prépondérance de plus en plus marquée. A la tête de son aristocratie apparaît la famille des Pépin, dont le rôle a déjà été considérable dans les événements qui ont amené la chute de Brunehaut. C'est une famille de grands propriétaires de Belgique[690]. Vers 640 déjà, Itte, épouse de Pépin Ier (de Landen), fonde le monastère de Nivelles et ses libéralités permettent à l'apôtre irlandais saint Feuillen de fonder à Fosses le *monasterium Scottorum*. Lierneux — un bien de la famille — est donné par Pépin II entre 687 et 714 au monastère de Stavelot-Malmedy[691].

En 691, Begge, épouse d'Anségise et mère de Pépin II, fonde à Andenne un monastère où elle se retire et finit ses jours en 693. Pépin II donne à saint Ursmar, abbé de Lobbes, entre 697 et 713, les *villae* de Leernes et de Trazegnies[692]. Ils ont un puissant

---

[688] Ed. Poupardin, p. 56.

[689] COVILLE, *Recherches sur l'histoire de Lyon*, 1928, p. 283.

[690] F. ROUSSEAU, *La Meuse et le pays mosan en Belgique*, Namur, 1930, p. 45 et p. 221 (*Annales de la Société d'Archéologie de Namur*, t. XXXXI).

[691] *Recueil des chartes de Stavelot-Malmedy*, éd. Roland & J. Halkin, t. I, p. 39.

[692] F. ROUSSEAU, *op. cit.*, p. 226.

château fort à Chèvremont, qui fait partie de leur domaine de Jupille. Non loin, à Herstal, sur la Meuse, se trouve une résidence qui sera un de leurs séjours favoris et qui est mentionnée fréquemment comme un *palatium* à partir de 752.

C'est dans cette région mosane qu'ils se trouvent vraiment chez eux, aux bords de la forêt d'Ardenne. En vrais ruraux qu'ils sont, ils n'ont que de l'antipathie, semble-t-il, pour la résidence de Metz qui a été la capitale de l'Austrasie. C'est à Liège que Grimoald, le fils de Pépin II, est tué en 714 par un Frison. En 741, Carloman et Pépin le Bref enferment leur frère Grifon à Chèvremont, après la mort de Charles Martel.

A leurs terres wallonnes s'en ajoutent bien d'autres en Allemagne, mais leur berceau est le pays liégeois, ce pays où le nom de Pépin se rencontre encore si souvent au Moyen Age et, de nos jours encore, dans celui de Pepinster.

Pour la première fois, c'est une famille du Nord, au moins à demi germanique, de droit franc-ripuaire, sans attaches sénatoriales et en tout cas pure de toute alliance romaine, qui va jouer le premier rôle. Les Carolingiens ne sont pas adaptés au milieu neustrien qui, de son côté, leur est hostile. Et c'est ce qui explique que, si le premier Pépin parvient déjà à imposer au roi son influence incontestable lorsque celui-ci séjourne en Austrasie, il n'exerce en revanche aucune action sur le souverain lorsqu'il s'établit en Neustrie[693]. Sans doute y eut-il, à cause de cela, un mécontentement parmi les grands d'Austrasie à la suite duquel Dagobert Ier aurait, en 632, nommé son fils, le futur Sigebert III, vice-roi.

Ainsi, dans cette *Francia* où l'on ne constate pas la moindre hostilité nationale aussi longtemps que la royauté reste forte, la séparation commence à se faire, au moment où elle tombe en

---

[693] RICHTER, *op. cit.*, p. 159.

décadence, sous la forme de l'opposition évidente qui se manifeste entre le romanisme et le germanisme[694].

Dans ces pays du Nord, domaines de la Loi Salique et de la Loi Ripuaire, les mœurs sont beaucoup plus rudes que dans le Sud. On y trouve même encore des païens. Et à mesure que le pouvoir du roi décline, les influences des aristocraties régionales se font de plus en plus prépondérantes et se manifestent très nettement dans le recrutement des autorités et du clergé[695].

Or, les Pépin sont les chefs de cette aristocratie austrasienne qui cherche à secouer la tutelle du palais, à s'emparer héréditairement des fonctions, et qui fait montre d'une antipathie marquée pour les Romains de Neustrie. Quand ils s'imposèrent comme maires du palais à la monarchie, leur action se fit aussitôt sentir comme nettement hostile à l'absolutisme royal ; elle est anti-romaine et, pourrait-on dire, « anti-antique ».

En Neustrie, Ébroïn représentait la tendance exactement opposée à celle des Pépin. Le roi étant mineur, il avait été désigné par les grands pour exercer le pouvoir[696]. Aussitôt, il prétendit dominer l'aristocratie à laquelle d'ailleurs il n'appartenait pas, empêcher l'hérédité des familles palatines et élever aux emplois, semble-t-il, des gens de basse naissance qui lui devaient tout (656). Il se heurta naturellement à la résistance des grandes familles, à la tête desquelles figure saint Léger, depuis 659 évêque d'Autun.

---

[694] On peut déjà s'en apercevoir peut-être dans la *Vita S. Eligii*, II, 20, M. G. H. SS. rer. Merov., t. IV, p. 712, où il est dit au saint pendant son apostolat dans le nord de la Gaule : *Numquam tu, Romane, quamvis haec frequenter taxes, consuetudines nostras evellere poteris.*

[695] H. WIERUSZOWSKI, *op. cit.*, *Bonner Jahrbücher*, 1921, constate que sous les Pépin, le clergé se germanise, mais cela a certainement commencé par l'Austrasie.

[696] Voyez les textes dans FUSTEL DE COULANGES, *Les transformations*, p. 80.

La lutte se dessine entre les défenseurs du pouvoir royal et l'aristocratie. Or, ce qui est caractéristique, c'est que les rois eux-mêmes n'y prennent aucune part.

À la mort de Clotaire III (673), Ébroïn, qui craint l'intervention des grands, fait aussitôt monter Thierry III sur le trône. Mais les grands, qui prétendent maintenant intervenir dans la désignation du roi, refusent de le reconnaître et désignent comme roi son frère Childéric II[697].

Cette fois, c'est un représentant de l'aristocratie, saint Léger, qui exerce en fait le pouvoir. Il en use pour imposer au roi de larges concessions aux grands : dorénavant, les hauts fonctionnaires ne pourront être envoyés d'un pays dans un autre. Ainsi s'affirmera davantage l'influence des grands dont l'autorité prendra une sorte de caractère héréditaire. Et pourtant cette mesure, imposée par l'aristocratie, n'est pas à l'avantage des Pipinides. On y discerne cette opposition, déjà signalée, entre sud et nord, et sans doute eut-elle pour mobile, en partie, d'empêcher le nouveau roi, intronisé avec l'appui de l'aristocratie austrasienne, d'imposer en Neustrie des grands venus d'Austrasie[698].

La mairie du palais est supprimée en Neustrie et en Bourgogne, Vulfoald demeurant maire du palais en Austrasie. Il semble que l'on ait cherché à établir au palais un roulement entre les grands. Mais les grands ne s'entendent pas, et Childéric II en profite pour se débarrasser de Léger qu'il relègue à Luxeuil (675). La réponse ne se fit pas attendre. La même année, Childéric II périt assassiné. Thierry III lui succéda. Ce meurtre, cependant, par la réaction qu'il produisit, devait avoir pour conséquence de ramener Ébroïn, élevé à la dignité de maire du

---

[697] FUSTEL DE COULANGES, *op. cit.*, p. 100.

[698] *Ibid.*, p. 101.

palais, au pouvoir. Il en résulta, dit Fustel de Coulanges[699], « un immense déplacement dans les fonctions et les dignités ». Tout le personnel du palais est transformé. Léger est condamné à mort, après avoir été aveuglé suivant la coutume byzantine[700]. Contre Ébroïn, tout le parti aristocratique fait bloc et place maintenant tout son espoir en Pépin qui, en Austrasie, a pris la dignité de maire du palais à la mort de Vulfoald. À quel titre ? Sans doute comme descendant de Pépin Ier et de Grimoald[701], c'est-à-dire en vertu précisément de ce principe d'hérédité qu'Ébroïn combat en Neustrie. Pépin exerce en Austrasie un pouvoir de fait ; les chroniqueurs l'ont fort bien relevé en disant de lui : « *dominabatur in Austria* »[702]. La différence entre le pouvoir qu'il prétend détenir et celui qu'exerce Ébroïn est flagrante. Contrairement à Ébroïn, il n'est pas un fonctionnaire. Il doit le pouvoir aux unions de sa famille et à sa qualité de chef reconnu de l'aristocratie qui, de plus en plus, se groupe autour de lui. À en croire les *Annales Mettenses* : « beaucoup de grands de Neustrie, traités cruellement par Ébroïn, passèrent de Neustrie en Austrasie et se réfugièrent auprès de Pépin » (681). Ainsi l'Austrasie, franque de race, devenait la protagoniste de l'aristocratie[703].

Depuis la mort de Dagobert II, c'est-à-dire depuis son assassinat, peut-être à l'instigation d'Ébroïn en 679, il n'y a plus de roi en Austrasie. Pépin, qui a succédé comme maire à Vulfoald, renversé sans doute à cette occasion, marche contre Ébroïn, mais est vaincu près de Laon[704]. Ébroïn devait périr assassiné peu après, en 680 ou 683, de la main d'Ermenfridus

---

[699] *Ibid.*, p. 106.

[700] RICHTER, *op. cit.*, p. 173.

[701] Anségise, père de Pépin, n'a pas été maire.

[702] FUSTEL DE COULANGES, *op. cit.*, p. 168.

[703] *Ibid.*, p. 178.

[704] RICHTER, *op. cit.*, p. 174.

qui chercha refuge en Austrasie auprès de Pépin. Il est bien difficile de ne pas soupçonner Pépin d'avoir été mêlé à cette affaire.

Ébroïn tué, Waratton lui succède en Neustrie comme maire du palais ; il fait aussitôt la paix avec Pépin. Mais il est renversé par son fils Gislemar qui marche contre Pépin, et le bat à Namur ; Gislemar meurt assassiné, semble-t-il. Waratton, de nouveau maire du palais, confirme la paix qu'il avait signée avec Pépin en 683. Il meurt en 686 et son gendre Berchier lui succède[705].

Contre lui se manifeste aussitôt l'opposition des grands ; la plupart d'entre eux, parmi lesquels l'évêque de Reims, se rallient à Pépin. Celui-ci marche contre Berchier et le roi Thierry III, qui sont vaincus à Tertry, près de Saint-Quentin en 687. Berchier est assassiné en 688 et Pépin reconnu par le roi comme maire du palais. Désormais, il est le seul maire du palais pour tout le royaume. Mais il se considère si peu comme le serviteur du roi qu'il ne s'établit même pas à sa cour. Il le flanque d'un de ses hommes de confiance : *Nordebertum quondam de suis*[706], et quant à lui, retourne en Austrasie.

II. LES MAIRES DU PALAIS CAROLINGIEN

En 688, le maire du palais d'Austrasie a donc imposé sa tutelle au royaume. Mais il n'est pas resté auprès du roi. Il lui a suffi de vaincre son rival, maire du palais de Neustrie, et de prendre sa place. Les affaires du royaume ne l'intéressent que pour autant qu'elles servent à fortifier sa position dans le Nord. Pour lui, c'est là l'essentiel. Elle était menacée par le voisinage de la Frise, où le paganisme régnait encore et dont le prince, Ratbod, était

---

[705] RICHTER, *op. cit.*, p. 175. D'après le *Liber Historiae Francorum*, M. G. H. SS. rer. Merov., t. II, p. 322, c. 48, il était : *statura pusillum, sapientia ignobilem, consilio inutilem*.

[706] *Liber Historiae Francorum, loc. cit.*, p. 323.

peut-être déjà alors excité par les Neustriens, ennemis de Pépin. En tout cas, la lutte qui éclata en 689 tourna contre lui. Il fut battu à Wyk-lez-Duurstede et dut céder la Westfrise au vainqueur[707]. Et l'on comprend combien sa victoire a dû augmenter de toute manière le prestige de Pépin. C'est dans ce pays que, l'année suivante (690), apparaissait l'Anglo-Saxon Willibrord qui commença la conversion des Frisons et fut le premier intermédiaire entre les Carolingiens et l'Église anglo-saxonne. Les rapports entre ces deux puissances devaient avoir d'importantes conséquences. Un peu plus tard, on voit Pépin protéger un autre missionnaire anglo-saxon, Suitbert, auquel sa femme Plectrude donna, dans une île du Rhin, un domaine où il construisit le monastère de Kaiserswerth[708].

Les Frisons vaincus, Pépin, de 709 à 712, se tourna contre les Alamans qui s'étaient constitués en duché indépendant. Il ne semble pas y avoir remporté de grands avantages[709]. Jusqu'à sa mort (décembre 714), il n'a plus vu la Neustrie, mais a continué à s'en assurer par personne interposée. En effet, en 695, à la mort de Norbert, il donne comme maire du palais à Childebert III, son propre fils Grimoald. La famille carolingienne tient ainsi toute la monarchie. Elle la tient si bien que, lors de l'assassinat de Grimoald, quelques semaines avant sa propre mort, Pépin lui donne comme successeur en Neustrie, Théodebald, le fils bâtard de Grimoald, âgé de six ans[710]. La mairie du palais est donc considérée par lui comme un bien de famille, une sorte de royauté parallèle à l'autre.

Mais il a trop tendu la corde. Les aristocrates neustriens se voient trop sacrifiés aux Carolingiens ; pourtant, ceux-ci ont

---

[707] RICHTER, *op. cit.*, p. 177.

[708] *Ibid.*, p. 182.

[709] *Ibid.*, p. 181.

[710] *Ibid.*, p. 182.

pris des mesures en leur faveur, comme, par exemple, la désignation des comtes par les évêques et les grands, sans que le roi Dagobert III ait d'ailleurs rien fait pour s'y opposer.

En 715, quelques semaines après la mort de Pépin II, les grands de Neustrie se soulèvent contre Plectrude, femme de Pépin qui, comme une reine mérovingienne, exerce la régence pour Théodebald. On ne peut voir là un mouvement national. Ce n'est que la réaction d'une aristocratie qui veut secouer la tutelle des maires pipinides et reprendre la direction du palais. On voit fort bien qu'il y eut alors une réaction contre la clientèle que Pépin avait mise au pouvoir[711].

Les grands portent Raginfred à la mairie du palais ; mais un bâtard de Pépin, Charles, le premier de ce nom germanique (*vocavit nomen ejus lingua propria Carlum*)[712], qui a vingt-cinq ans et a échappé à la prison où Plectrude le tenait enfermé, prend la tête des fidèles austrasiens. Contre lui, Raginfred s'allie à Ratbod. En même temps, les Saxons franchissent la frontière. Quant au jeune Dagobert III, il meurt à ce moment, probablement assassiné. Son fils, l'enfant Thierry, est envoyé au monastère de Chelles et les grands choisissent comme roi Chilpéric II, fils de Childéric Ier, assassiné en 673, qui était relégué dans un cloître. C'est, depuis vingt-cinq ans, le premier Mérovingien qui monte sur le trône à l'âge d'homme et ce sera le dernier. La royauté n'est plus qu'un instrument dont joue l'aristocratie[713].

Charles, attaqué à la fois par Ratbod, qui a remonté le Rhin en bateau avec les Frisons jusqu'à Cologne, et par les Neustriens conduits par le roi et Raginfred, s'enfuit dans l'Eifel[714]. Mais il

---

[711] *Ibid.*, p. 183 : *fuit illo tempore valida persecutio.*

[712] *Ibid.*, p. 176.

[713] *Ibid.*, p. 184.

[714] *Ibid.*, p. 185.

attaque et bat les Neustriens à Amblève pendant leur retraite en 716. Il aurait volontiers fait la paix, à condition de récupérer sans doute la mairie du palais.

Mais le refus de ses adversaires le force à combattre. Il les bat à Vincy près de Cambrai, le 21 mars 717. Puis, après avoir dévasté les environs de Paris, il remonte en Austrasie et se donne pour roi Clotaire IV, apparenté aux Mérovingiens, mais dont on ne sait rien[715]. En retournant dans ses domaines, il dépose l'évêque de Reims, Rigobert, qui ne l'avait pas soutenu, et donne son évêché à Milon, évêque de Trèves *sola tonsura clericus,* accumulant ainsi dans la même main deux diocèses au mépris du droit canon[716]. Mais l'Église n'est pour lui qu'un moyen de se constituer des partisans[717]. Il y a là un capital magnifique dont il peut disposer[718].

Maire du palais, Charles se comporte en souverain. En 718, il entreprend une expédition punitive contre les Saxons dont il ravage le territoire jusqu'au Weser.

---

[715] *Ibid.*, p. 185.

[716] FUSTEL DE COULANGES, *Les transformations*, p. 189, ne veut pas croire, contre l'évidence, à une réaction germanique. Il est vrai qu'elle est inconsciente.

[717] RICHTER, *op. cit.*, p. 185.

[718] On peut se rendre compte d'ailleurs par l'histoire de l'abbaye de Saint-Pierre de Gand, de ce qui se passa alors. Les ennemis de l'abbé Célestin se rendent chez le princeps Charles, accusant Célestin d'avoir écrit à Raginfred. En conséquence, Charles : *privavit eum a coenobiali monachorum caterna ac de eadem qua morabatur expulit provincia. Villas quoque que subjacebant dominio monasterii Blandiniensis, suos divisit per vasallos absque reverentia Dei.* Cette situation dura, dit l'annaliste, jusqu'au temps de Louis le Pieux. Ainsi donc, c'est la curée des biens de l'Église, y compris ceux des monastères, qui récompense des vassaux fidèles. Il est certain que c'est avec leur clientèle que Charles fait sa fortune (*Liber traditionum S. Petri*, éd. A. Fayen, 1906, p. 5). Charles fait même mettre à mort des ecclésiastiques sans se soucier des synodes, comme par exemple en 739 l'abbé Wido de Saint-Vaast d'Arras, chef d'une conspiration (BREYSIG, *op. cit.*, p. 87-88).

En 719, Chilpéric et Raginfred, abandonnant leurs alliés du Nord, s'entendent avec Eudes qui s'est créé un duché en Aquitaine et qui vient les rejoindre à Paris pour marcher contre Charles. C'est donc bien maintenant une coalition romane qui se forme contre ce dernier. Du reste, les confédérés n'osent affronter le choc de Charles qui s'avance contre eux. Eudes conduit Chilpéric, avec ses trésors qu'il emporte, en Aquitaine. Mais Clotaire IV meurt et Charles fait la paix avec Eudes et reconnaît Chilpéric II comme roi de toute la monarchie[719].

Celui-ci meurt en 720, et les Francs lui donnent pour successeur Thierry IV, fils mineur de Dagobert III. Quant à Raginfred, reste-t-il maire ? Il s'est réfugié à Angers où, en 724, il se soulève contre Charles. Ce sera la dernière réaction des Neustriens. Charles, qui a fait la paix avec Eudes d'Aquitaine, peut se consacrer à ses guerres du Nord. En 720, il reprend la lutte contre les Saxons ; pour la continuer, semble-t-il, en 722. En même temps, il soutient l'activité de Willibrord chez les Frisons, et sans doute aussi les efforts de saint Boniface, que Grégoire II (715-731) a fait évêque des peuples païens de l'Allemagne.

En 725, il entreprend une première expédition pour soumettre la Bavière. Favorisé par les dissentiments qui régnaient dans la famille ducale, il s'avance jusqu'au Danube après avoir, semble-t-il, préparé sa campagne par un accord avec les Lombards. En 728, une seconde expédition ne peut cependant le rendre maître de la Bavière qui conserve son autonomie sous le duc Hubert. En 730, on le trouve en Alémanie qu'il semble avoir réunie à la *Francia*. En 734, il assujettit la Frise, conquise, dès lors, au christianisme. Enfin, en 738, il repart en expédition contre les Saxons. Toutes ces guerres du Nord ont eu pour résultat d'annexer la Frise et l'Alémanie.

---

[719] RICHTER, *op. cit.*, p. 186.

Mais Charles allait devoir se tourner contre l'Islam. En 720, les Arabes d'Espagne, ayant passé les Pyrénées, s'étaient emparés de Narbonne et avaient mis le siège devant Toulouse. Au printemps de 721, Eudes marche contre eux, les bat sous les murs de Toulouse, les refoule d'Aquitaine, mais sans pouvoir leur reprendre Narbonne[720]. En 725, les Sarrasins entreprennent une grande *razzia*, s'emparent de Carcassonne, occupent par traité, semble-t-il, tout le pays jusqu'à Nîmes, remontent la vallée du Rhône et, au mois d'août, sont devant Autun qu'ils pillent, avant de retourner en Espagne, chargés de butin.

Eudes, se sentant menacé en Aquitaine, donne, pour se garantir, sa fille en mariage à Othman, le chef arabe de la frontière.

Mais à ce moment, les Arabes sont aussi agités par des troubles civils que les Chrétiens. En 732, le gouverneur d'Espagne Abd-er-Rhaman, qui vient de tuer Othman, passe les Pyrénées, assiège Bordeaux, bat Eudes au passage de la Garonne et, en ravageant tout, monte vers la Loire. Eudes appelle Charles à l'aide qui, en octobre 732, à la tête d'une armée, sans doute essentiellement composée d'Austrasiens, bat et refoule l'envahisseur, puis s'en retourne, sans pousser plus loin.

Mais l'année suivante, 733, il arrive en Bourgogne, s'impose à Lyon ; il y a là une tentative certaine de mainmise sur le Midi ; des *leudes probatissimi* sont chargés de contenir le pays[721]. Du côté de l'Aquitaine, il compte sans doute sur Eudes. On ne voit pas qu'il y ait dans tout cela des mesures dirigées contre l'Islam. En 735, Eudes meurt et Charles se jette sur son pays. Il en occupe les villes et y laisse sûrement des vassaux à lui. Il ne fait rien contre les Arabes qui viennent de se répandre de Narbonne jusqu'à Arles, sans doute en vertu du traité signé

---

[720] *Ibid.*, p. 187.

[721] *Ibid.*, p. 195.

précédemment, et on ne voit pas qu'il se soit manifesté contre eux la moindre résistance. Ainsi, toutes les côtes du golfe du Lion sont occupées par l'Islam. D'après la chronique de Moissac, les Sarrasins seraient restés quatre ans dans le pays, le livrant au pillage[722].

Charles, ne pouvant subjuguer l'Aquitaine, y laisse Chunold, fils de Eudes, comme duc, moyennant un serment de vassalité[723]. Puis il se dirige vers la vallée du Rhône qu'il soumet jusqu'à Marseille et Arles. Cette fois, il s'agit bien d'une prise de possession par les gens du Nord. Mais elle provoque une réaction à la tête de laquelle apparaît un certain « duc » Maurontus. Les sources ne permettent pas de comprendre exactement ce qui se passe. Il semble que Maurontus agisse de concert avec les Sarrasins. En 737, ceux-ci se sont emparés d'Avignon. Après en avoir fait le siège, Charles prend la ville, puis descend le Rhône et vient attaquer Narbonne que les Arabes délivrent. Puis Charles s'en retourne, brûlant en chemin Nîmes, Agde, Béziers[724].

Il veut évidemment terroriser cette population méridionale, car il est insensé de croire qu'il ait détruit ces villes pour empêcher une autre invasion arabe. Mais pendant qu'il est retourné combattre en Saxe, les Musulmans se répandent de nouveau jusqu'à la Provence et prennent Arles. Charles demande contre eux le secours des Lombards. Luitprand, dont ils menacent les frontières, passe les Alpes et les refoule. Maurontus, au milieu de tout cela, résiste toujours. En 739, Charles avec son frère

---

[722] *Ibid.*, p. 196.

[723] *Ibid.*, p. 196.

[724] *Ibid.*, p. 197. Il y avait déjà eu, en Provence, une révolte contre Pépin de Herstal, dirigée par le patrice Antenor. PROU, *Catalogue des monnaies mérovingiennes*, p. CX. Il est impossible d'admettre qu'il n'y ait pas, dans tout cela, une hostilité nationale. Les *Formulae Arvernenses* donnent comme cause de la disparition de chartes qu'il importe de reconstituer l'*hostilitas Francorum*. BRUNNER, *Deutsche Rechtsgeschichte*, t. I, 2ᵉ éd., p. 581, n. 31.

Hildebrand, marche contre lui et reconquiert le pays jusqu'à la mer.

Sur ces entrefaites, Charles meurt le 21 octobre 741. Depuis la mort de Thierry IV en 737, il a gouverné sans roi. Avant de mourir, il partage l'État, ou si l'on veut, le gouvernement, entre ses deux fils : Carloman, l'aîné, auquel il donne l'Austrasie, et Pépin. La Bavière et l'Aquitaine échappent à ce partage ; elles restent des duchés autonomes. Bien que fait *consilio optimatum suorum*, cet arrangement provoque aussitôt des difficultés : Grifon, bâtard de Charles, se soulève ; ses frères l'enferment à Chèvremont. Puis la Bourgogne s'agite, les Alamans et les Aquitains courent aux armes, pendant que les Saxons recommencent la lutte. Les deux frères marchent d'abord contre les Aquitains du duc Chunôld, que le continuateur de Frédégaire appelle *Romanos*, les poursuivent jusqu'à Bourges, détruisent le château de Loches ; ils se jettent alors sur les Alamans dont ils parcourent le pays jusqu'au Danube et qu'ils soumettent[725]. Puis, en 743, ils battent le duc de Bavière et font de lui un vassal.

C'est la même année, 743, et sans doute à cause de ces troubles, qu'ils se décident à remettre sur le trône, que leur père a laissé vacant, le dernier mérovingien Childéric III (743-757), dont les rapports de parenté avec les rois précédents sont obscurs.

En 747, Carloman renonce au gouvernement et se fait moine au mont Cassin. Pépin reste seul au gouvernement à côté de son roi fantôme. Il a encore quelques difficultés avec Grifon qu'il a remis en liberté et qui soulève les Saxons et les Bavarois. Mais c'est un incident passager et sans suites.

---

[725] RICHTER, *op. cit.*, p. 202.

Enfin, l'année 749-750 est paisible[726]. Pépin peut considérer son pouvoir comme affermi. Il est né en 714 et a donc trente-six ans, l'âge de la pleine force. Va-t-il continuer à porter ce titre subordonné de maire du palais ? Comment le pourrait-il ? Il a maintenant des vassaux à lui partout. Tous, sauf en Aquitaine, lui sont reliés par des serments et la situation de ses fidèles dépend de sa puissance. Il est donc assuré de son pouvoir que légitimise de plus son hérédité de fait.

Même l'Église, que son père a si fort malmenée et dont les dépouilles sont aux mains de ses fidèles, il se l'est conciliée. En 742, Carloman, instigué par Boniface, a convoqué un synode en Austrasie, le premier depuis des dizaines d'années, pour remettre de l'ordre dans cette Église terriblement dégradée dans son personnel[727]. En 744, un second synode est réuni à Soissons, puis bientôt se tient un troisième synode austrasien.

En 745, après ces efforts de réforme qui sont surtout partis du Nord comme on le voit, alors que, jusqu'au commencement du VIIIe siècle, tout le mouvement ecclésiastique venait du Midi, a lieu la première assemblée générale de l'Église franque sous la présidence de saint Boniface. Et cette fois, on y voit intervenir l'influence du pape, car c'est lui qui fait convoquer l'assemblée.

Pépin et Carloman, par Boniface, sont donc conduits vers le pape. Et toute l'Église, qui s'organise en Allemagne, les considère toujours, grâce à Boniface, comme des protecteurs. Comment ne pas faire ratifier et sanctionner par le chef de cette Église le pouvoir que l'on exerce et que l'on possède ? La conjonction avec la papauté s'indique. Elle va se faire d'autant mieux qu'elle est dans son intérêt ; et Pépin le sait bien, puisque le pape s'est déjà adressé à Charles Martel pour lui demander son appui.

---

[726] *Ibid.*, p. 214.

[727] *Ibid.*, p. 203-204.

III. L'Italie, le pape et Byzance

La volte-face de la papauté

L'Église, à la chute du gouvernement impérial en Occident, avait fidèlement conservé le souvenir et la révérence de cet Empire romain, dont sa propre organisation représentait l'image avec ses diocèses (*civitates*) et ses provinces. Elle ne le vénérait pas seulement, elle le continuait dans un certain sens, puisque tout son haut personnel était formé des descendants de vieilles familles sénatoriales qui en conservaient le respect et le regret. Toute l'Église vit sous le droit romain. Pour l'Église, l'événement de 476 n'avait eu aucune importance. Elle avait reconnu l'empereur de Ravenne, elle reconnaissait maintenant l'empereur de Constantinople. Elle le reconnaissait pour son chef. À Rome, le pape était son sujet, correspondait avec lui et entretenait un apocrisiaire à Constantinople. Il se rendait fidèlement aux synodes et à ses autres convocations.

L'empereur lui-même, quand les choses étaient normales, le regardait et le vénérait comme le premier patriarche de l'Empire, ayant la primauté sur ceux de Constantinople, de Jérusalem, d'Antioche et d'Alexandrie[728].

Cette adhésion sans réserve de l'Église d'Occident à l'Empire s'explique d'autant mieux que, jusqu'à Grégoire le Grand, les limites de l'ancien Empire romain étaient celles de l'Église ou à peu près. Certes, la formation des royaumes germaniques, constitués sur des ruines, avait divisé l'Église entre plusieurs États soumis à divers rois, vis-à-vis desquels, d'ailleurs, elle avait, dès le début, témoigné d'un loyalisme absolu. Si l'Empire

---

[728] Le pape obtint de Phocas, contre le patriarche de Constantinople, qui avait pris le titre d'œcuménique, d'être reconnu comme « la tête de toutes les Églises ». VASILIEV, *op. cit.*, t. I, p. 228.

ne subsistait plus en réalité, il en était cependant toujours un pour le pape de Rome[729].

Pas même sous Théodoric, en qui il n'avait jamais voulu voir qu'un fonctionnaire de l'Empire, le pape n'avait cessé de reconnaître l'autorité de l'empereur. Le retour triomphal des armées romaines avec Justinien avait encore renforcé sa subordination. Élu par le clergé et le peuple romain, le pape, depuis l'entrée de Bélisaire à Rome, demande sa ratification à l'empereur. Et, à partir de Vigile (537-555), depuis 550, il introduit le nom de l'empereur dans la date de ses actes.

Vigile, d'ailleurs, doit la tiare à l'empereur. En 537, pendant que Vitigès assiégeait Rome, le pape Silvère, sous prétexte d'entente avec les Goths, avait été déposé par Bélisaire et déporté dans l'île de Palmataria. Désigné par l'empereur Théodose, Vigile l'avait remplacé sur le siège pontifical[730]. Justinien ne devait pas tarder à en profiter, pour prétendre imposer au pape l'absolutisme religieux de l'empereur, à propos de l'affaire des trois chapitres, c'est-à-dire de l'édit impérial de 543 qui anathématisait trois théologiens du Ve siècle, prétendus nestoriens, dans le but de donner une satisfaction aux monophysites et de réconcilier avec eux l'État et les Orthodoxes.

Mais les Occidentaux, surtout les Africains, protestent. Le pape Vigile, invité à approuver l'édit, s'y refuse, excommunie le patriarche de Constantinople, puis finit par céder en 548. Pourtant, devant la résistance des évêques d'Occident, Vigile retire son acquiescement. Un concile œcuménique est alors convoqué à Constantinople. Mais, Vigile, quoique retenu dans cette ville, refuse, de même d'ailleurs que la grande majorité des évêques d'Occident, de s'y rendre, si bien que le concile

---

[729] Il date ses actes par les années de l'empereur.

[730] HARTMANN, *op. cit.*, t. I, p. 384.

œcuménique ne fut en réalité qu'un concile grec, présidé par le patriarche de Constantinople. Les trois chapitres y furent condamnés et Vigile, ne se soumettant pas, fut exilé par Justinien, dans une île de la mer de Marmara[731]. Il céda finalement et fut autorisé à retourner à Rome, mais mourut en cours de route à Syracuse, en 555[732].

Comme Vigile l'avait été lui-même, son successeur Pélage Ier, consacré en 555, est désigné par Justinien. Il maintient comme il peut la paix de l'Église, qui reste divisée sur la question des trois chapitres, malgré la crise tragique que les guerres font traverser à l'Italie.

Les Lombards, que les armées impériales retenues en Asie et sur le Danube[733] ne peuvent arrêter, submergent le pays. C'est le moment où l'Empire traverse une des périodes les plus critiques et les plus troublées de son histoire. Justin II, incapable d'envoyer des troupes, conseille de combattre les Lombards par l'or et de faire alliance, contre eux, avec les Francs.

Pourtant les Lombards, sous l'empereur Tibère II (578-582), atteignent Spolète et Bénévent. Le pape Pélage II seconde les efforts de l'empereur auprès des Francs, mais en vain. L'Italie sombre dans le plus terrible désordre.

Rome, où siège le pape, Ravenne, la ville impériale, tiennent toujours cependant. L'empereur Maurice (582-602) envoie à Ravenne un exarque, armé de pouvoirs illimités, mais qui dispose d'effectifs insuffisants.

---

[731] VASILIEV, *op. cit.*, p. 201-202.

[732] HARTMANN, *op. cit.*, t. I, p. 392-394.

[733] VASILIEV, t. I, p. 225.

Au moment où Grégoire le Grand (590-604) monte sur le trône pontifical, le péril est plus grand que jamais. En 592, les communications étant coupées entre Rome et Ravenne, Arnulf, le duc de Spolète, paraît sous les murs de Rome ; en 593, la ville est à nouveau menacée, cette fois par le roi Agilulf. Grégoire est seul pour défendre Rome. Il s'y dévoue, pour lui-même sans doute, mais aussi pour l'empereur.

À ce moment, le patriarche de Constantinople, profitant de la situation quasi désespérée de Rome, prend le titre d'œcuménique. Grégoire proteste aussitôt. L'empereur Phocas lui donne satisfaction et reconnaît le pape de Rome comme « la tête de toutes les Églises »[734].

Et, entouré de toutes parts par les envahisseurs qui viennent battre le mur de la ville, abandonné par l'empereur, le pape, pour affirmer son pouvoir de chef suprême de la chrétienté, érige une colonne sur le forum[735].

Mais cet abandon du pape dans Rome augmente son pouvoir et son prestige. C'est en 596 qu'il envoie ses premières missions en Angleterre, sous la conduite d'Augustin. Son but, en ce faisant est de gagner des âmes et il ne doute point qu'il donne ainsi des bases nouvelles à la grandeur de l'Église romaine et à son indépendance vis-à-vis de Byzance. De loin, il dirige et inspire ses missionnaires. Mais il ne devait pas lui être réservé de voir naître cette Église anglo-saxonne qui allait déterminer les destinées de Rome.

Les années suivantes devaient être décisives pour la papauté.

---

[734] HARTMANN, *op. cit.*, t. III1, p. 180.

[735] VASILIEV, *op. cit.*, p. 228.

Héraclius venait d'écarter de Constantinople le péril perse. L'Empire était redevenu une grande puissance. Il allait pouvoir reprendre sur les Lombards la totalité de l'Italie, lorsque brusquement l'Islam fit irruption dans la Méditerranée (634). Attaquée de toutes parts, Byzance doit renoncer à combattre les Lombards. Rome est abandonnée à elle-même.

La conquête des côtes asiatiques et africaines de la Méditerranée par les Musulmans fut, pour l'Église, la plus effroyable des catastrophes. Outre qu'elle réduisait à la seule Europe le territoire de la chrétienté, elle allait encore être la cause du grand schisme qui allait définitivement séparer l'Occident de l'Orient, Rome où trônait le pape, de Byzance où siégeait le dernier patriarche d'Orient qui ait survécu au flot islamique.

Héraclius, après avoir reconquis sur les Perses la Syrie, la Palestine et l'Égypte, où dominaient les monophysites, avait aspiré à ramener l'unité, comme jadis Justinien, par des concessions dans le domaine dogmatique. Les monophysites, qui ne reconnaissaient au Christ qu'une substance, la divine, s'opposaient irréductiblement aux Orthodoxes qui voyaient à la fois en lui, l'homme et le dieu ; pourtant, il semblait qu'il ne fût pas impossible de concilier ces deux thèses opposées, car si les Orthodoxes affirmaient qu'il y eût dans le Christ deux substances, ils ne lui reconnaissaient néanmoins qu'une seule vie. On pouvait arriver à concilier l'orthodoxie et le monophysisme en une doctrine unique, le monothélisme.

Pour renforcer l'unité du sentiment religieux et impérial contre les envahisseurs musulmans, l'empereur crut le moment venu de réconcilier Monophysites et Orthodoxes en proclamant la doctrine du monothélisme et en l'imposant à toute la chrétienté, par la publication de l'*Ecthesis* (638)[736].

Cette manifestation venait trop tard pour sauver l'Empire, puisqu'à cette époque la Syrie était déjà conquise par l'Islam. En revanche, elle devait dresser Rome contre Byzance. Le pape Honorius déclara hérétique la doctrine monothéliste.

Bientôt l'Égypte succombait à son tour, conquise par l'Islam. Les deux principaux centres du monophysisme étaient irrémédiablement perdus. Et pourtant Constantinople n'abandonna pas le monothélisme. Constant II, en 648, publia le *Type* — type de foi — défendant toute querelle sur le dogme, et confirmant le monothélisme.

Rome ne céda pas et au Synode de Latran, le pape Martin Ier condamnait à la fois l'*Ecthesis* et le *Type*, les déclarant entachés d'hérésie.

À la résistance du pape, l'empereur Constant II répondit en ordonnant à l'exarque de Ravenne d'arrêter Martin qui fut envoyé à Constantinople. Il y fut convaincu d'avoir essayé de provoquer un soulèvement contre l'empereur dans les provinces occidentales, emprisonné après de terribles humiliations, puis enfin envoyé en exil en Crimée, où il mourut en septembre 655.

La victoire de Constantin IV sur les Arabes, en dégageant Constantinople, fut sans doute le point de départ de l'abandon du monothélisme par l'empereur et du retour à Rome. Le rapprochement se fit sous Vitalien ; Constantin IV (668-685) convoqua le VIe Concile œcuménique à Constantinople, en 680, qui condamna le monothélisme et reconnut le pape

---

[736] *Ibid.*, p. 294.

comme « chef du premier siège de l'Église universelle ». Ainsi, la pression de l'Islam ramenait l'empereur vers l'Occident.

Le VIe Concile démontra à la Syrie, à la Palestine et à l'Égypte monophysites que Constantinople abandonnait l'espoir de se réconcilier avec les provinces arrachées à l'Empire. La paix de l'empereur avec Rome fut donc achetée au prix d'un abandon total des populations monophysites et monothélistes des provinces orientales.

Déjà Constant II, d'ailleurs, avait indiqué la même orientation vers l'Occident quand, malgré les divergences de doctrines qui le séparaient alors du pape, il s'était rendu à Rome, où il avait été reçu avec vénération le 5 juillet 663, par Vitalien. Peut-être avait-il songé à se réinstaller dans l'ancienne capitale de l'Empire ; il avait dû reconnaître cependant que sa présence y était impossible, sans armée pour refouler les Lombards menaçants et, après douze jours, il était parti pour la Sicile et s'était fixé à Syracuse où, du moins, il pouvait compter sur sa flotte. Il y mourut assassiné en 668.

Peu de temps après, en 677, Constantin IV repoussait, par le feu grégeois, la flotte arabe loin de Constantinople, obligeait le khalife Moawiah à lui payer tribut et, d'autre part, assurait les possessions d'Italie en signant une paix définitive avec les Lombards[737].

L'Empire a sauvé Constantinople, conservé Rome et l'exarchat de Ravenne, mais est dorénavant confiné — après la perte de l'Espagne et de l'Afrique — dans la Méditerranée orientale. Et il semble à ce moment que l'Église romaine, qui vient elle aussi de perdre l'Afrique et l'Espagne par l'avance islamique, soit bien loin de se tourner vers l'Occident. Le Concile de 680 semble la lier très nettement au sort de l'Empire devenu

---

[737] *Ibid.*, p. 283.

purement grec. Sur treize papes qui ont gouverné de 678 à 752, on ne compte que deux Romains d'origine, Benoît II (684-685) et Grégoire II (715-731). Tous les autres sont Syriens, Grecs ou tout au moins Siciliens. Or la Sicile, où l'élément grec s'est considérablement accru par l'immigration syrienne qui a suivi la conquête de la Syrie par les Musulmans, est presque entièrement hellénisée à la fin du VIIe siècle[738].

La nouvelle orientation de l'Église vers Byzance ne s'explique pas du tout par une plus grande mainmise du pouvoir byzantin sur le pontificat. L'exarque qui, depuis Héraclius, a charge de ratifier les papes, n'intervient guère que pour la forme. L'élection du pape se fait, en toute indépendance, dans le milieu romain et c'est là ce qui rend étranges les désignations constantes de Grecs pour occuper le trône de Saint-Pierre.

Depuis la paix avec les Lombards, il n'y a plus en Italie byzantine que des troupes levées sur place, les autres étant employées contre l'Islam. Byzance ne peut donc imposer son autorité dans l'élection des papes. Mais les troupes, comme le clergé de Rome, jouent dans cette élection un rôle prépondérant. Or, la plupart des chefs militaires sont hellénisés, ainsi d'ailleurs que de très nombreux prêtres, ce qui explique ces nominations syriennes.

Les troupes d'ailleurs ne suivent, en cela, aucun ordre venu de Byzance. Isolées du pouvoir et sans contact avec lui, elles n'obéissent pas à l'exarque de Ravenne, et même pas à l'empereur. En 692, quand le pape Sergius refuse d'apposer sa signature au bas des actes du concile *in Trullo* qui contient des clauses opposées aux usages de Rome, Justinien II ordonne qu'on l'arrête et qu'on l'emmène à Constantinople. Mais la milice romaine se soulève et le délégué impérial ne doit qu'à l'intercession du pape de ne pas être mis à mort.

---

[738] GAY, *op. cit.*, p. 9-10.

Ainsi, quoique Rome fasse partie de l'Empire, le pape y jouit d'une indépendance de fait. Il en est tout à la fois le chef religieux, civil et militaire. Mais il reconnaît son appartenance à l'Empire ; elle fortifie d'ailleurs singulièrement son autorité, puisque l'empereur ne cesse pas de le considérer comme le premier personnage de l'Église ; lui-même, d'autre part, ne renonce pas à présider l'Église universelle dont la plus grande partie, depuis la conquête de l'Afrique et de l'Espagne, est constituée par les provinces d'Orient.

Aussi, la rupture momentanée qui suivit l'incident de 692, n'était-elle voulue ni par le pape, ni par l'empereur. Le dernier pape qui fut reçu dans la capitale de l'Empire y fut traité avec les plus grands honneurs : l'empereur se serait prosterné devant lui et lui aurait baisé les pieds[739] et, une fois encore, un arrangement satisfaisant pour les deux parties fut conclu ; la paix était rétablie.

Pourtant, l'ancienne querelle entre Orthodoxes et Monothélistes se réveille périodiquement. En 711, l'avènement de l'empereur monothéliste Philippicus provoque des émeutes à Rome. Et, d'autre part, l'autorité temporelle de l'empereur sur l'Italie s'affaiblit de plus en plus. En 710, les troupes de Ravenne se révoltent, l'exarque est tué et remplacé par un chef que se donnent les troupes[740]. Une vigoureuse intervention de l'Empire s'imposait. Mais la mort de Justinien II (711) ouvre une période d'anarchie (711-717), qui permet aux Bulgares d'atteindre Constantinople, tandis que les Arabes s'avancent par terre à travers l'Asie Mineure et que leurs flottes dominant l'Égée et la Propontide attaquent la capitale par mer (717)[741].

---

[739] VASILIEV, *op. cit.*, t. I, p. 297.
[740] HARTMANN, *op. cit.*, t. II, p. 77-78.
[741] VASILIEV, *op. cit.*, t. I, p. 313.

On peut dire que l'Europe fut alors sauvée par l'énergique soldat qui venait de prendre la couronne, Léon III l'Isaurien. Grâce à la supériorité que lui donnait sur la flotte arabe le redoutable feu grégeois, grâce aussi à l'alliance qu'il sut conclure avec les Bulgares, il força l'ennemi décimé à se retirer après un siège de plus d'un an (718).

C'est un fait historique beaucoup plus important que la bataille de Poitiers ; ce fut la dernière attaque tentée par les Arabes contre la cité « protégée de Dieu ». Ce fut, dit Bury, une date œcuménique[742]. Dès lors, jusqu'au règne de l'impératrice Irène (782-803), les Arabes furent contenus et même refoulés en Asie Mineure. Sous Léon et son fils Constantin, l'Empire se reprend ; une réorganisation administrative lui rend la cohésion qui lui manquait, par la généralisation du régime des thèmes[743].

Mais Léon voulut achever son œuvre par une réforme religieuse : l'Iconoclastie. Peut-être s'explique-t-elle en partie par le désir de diminuer l'opposition entre le christianisme et l'islam et celui de se concilier les provinces orientales de l'Asie Mineure, où les Pauliciens étaient nombreux[744].

À Rome, la promulgation de la nouvelle doctrine eut les conséquences les plus graves : Léon publie son premier édit contre les images en 725-726[745]. Tout de suite, le pape Grégoire II l'anathématise. Et le conflit qui s'engage prend d'emblée un caractère aigu. À l'affirmation de l'empereur, qui prétend imposer son autorité à l'Église, le pape répond par l'affirmation de la séparation des deux pouvoirs, sur un ton qu'aucun de ses

---

[742] *Ibid.*, p. 314.

[743] *Ibid.*, p. 331.

[744] *Ibid.*, p. 339.

[745] *Ibid.*, p. 342.

devanciers n'avait encore employé[746]. Il va jusqu'à défier l'empereur en invitant les fidèles à se garder contre l'hérésie qu'il vient de proclamer. Et, rejetant nettement son autorité, il reproche à l'empereur de ne pas pouvoir défendre l'Italie, le menace de se tourner vers les nations occidentales et défend aux Romains de payer l'impôt à l'empereur. Aussitôt, les troupes impériales cantonnées en Italie se soulèvent partout, déposent leurs chefs, s'en donnent d'autres ; l'exarque Paul est tué dans une émeute ; les Romains chassent leur duc. Toute l'Italie byzantine est en pleine révolte, prête sans doute à nommer un anti-empereur si le pape l'avait conseillé. Il n'en fit rien. Faut-il y voir un dernier scrupule de loyalisme, ou bien le pape ne voulait-il pas installer en Italie un empereur à ses côtés[747] ?

L'empereur pourtant ne cède point. Un nouvel exarque est envoyé à Ravenne, mais il ne peut rien, ne disposant pas de troupes. Et la situation est d'autant plus grave que les ducs lombards de Spolète et de Bénévent, révoltés contre leur roi, soutiennent le pape. Il ne reste à l'empereur qu'une chose à faire : s'allier au roi des Lombards, Luitprand, qui profitera de l'occasion pour réduire les ducs révoltés.

Grâce à Luitprand, l'exarque entre à Rome et, si le pape continue à s'opposer à l'iconoclastie, politiquement il capitule. Il accepte de reconnaître l'autorité temporelle de l'empereur, mais prétend maintenir son indépendance dans le domaine spirituel. En 730, il proteste à nouveau contre le nouvel édit iconoclaste promulgué par l'empereur, et déclare le patriarche de Constantinople déchu de sa qualité.

Politiquement, pourtant, le pape agit maintenant d'accord avec l'exarque dont l'autorité se rétablit sans conteste : un anti-

---

[746] JAFFÉ-WATTENBACH, *Regesta*, n° 2180. Cf. HARTMANN, *op. cit.*, t. II2, p. 94.
[747] HARTMANN, *op. cit.*, t. II2, p. 95.

empereur proclamé en Toscane est tué, et sa tête est envoyée à Byzance ; Ravenne, après avoir repoussé une flotte byzantine, est retombée au pouvoir de l'exarque.

Grégoire II mourut en 729. Son successeur fut le Syrien Grégoire III, le dernier pape qui ait demandé sa confirmation à l'empereur[748].

Mais, à peine intronisé, il reprend la lutte contre l'iconoclastie. Dès 731, il réunit un synode qui excommunie les destructeurs des images. L'empereur, attaqué de front, lui répond en détachant de la juridiction de Rome tous les diocèses à l'est de l'Adriatique (Illyrie), la Sicile, le Bruttium et la Calabre, qu'il place sous l'autorité du patriarche de Constantinople[749]. En outre, il lui enlève les domaines de l'Église en Sicile, Calabre et Bruttium qui rapportaient annuellement 350 livres d'or. Ainsi le pape, au point de vue byzantin de l'empereur, n'est plus guère qu'un évêque italien. Son influence hiérarchique et son influence dogmatique ne s'exerceront plus sur l'Orient dont il est exclu. L'Église latine est repoussée, par l'empereur lui-même, hors du monde byzantin.

Et, cependant, le pape ne rompt pas avec l'empereur. Peut-être sa fidélité s'explique-t-elle par le changement d'attitude de Luitprand qui, brisant maintenant avec l'exarque, s'empare de Ravenne et trahit ainsi son intention de conquérir toute l'Italie. Il en résulterait pour le pape, si Rome tombait, d'être dégradé au rang d'un évêque lombard. Aussi, malgré tout, s'attache-t-il à la cause grecque. Il exhorte l'évêque de Grado à obtenir des gens des lagunes, c'est-à-dire des Vénitiens, qu'ils utilisent leur marine contre les Lombards de Ravenne dépourvus de flotte. Grâce à ces hardis marins, la ville est reprise et de nouveau occupée par l'exarque en 735. Mais Luitprand reste

---

[748] JAFFÉ-WATTENBACH, *Regesta*, p. 257.

[749] HARTMANN, *op. cit.*, t. II2, p. 111-112.

redoutable[750]. En 738, le pape s'allie contre lui aux ducs de Spolète et de Bénévent qui cherchent à se rendre indépendants[751]. Mais, en 739, Luitprand attaque le duc de Spolète, le force à se réfugier à Rome et se met à piller la campagne romaine[752].

C'est au milieu de ces menaces constantes que le pape, s'appuyant sur l'Église anglo-saxonne, va entreprendre la conversion de la Germanie encore païenne. L'Église anglo-saxonne, organisée par le moine grec Théodore, dont le pape Vitalien, en 669, avait fait l'archevêque de Canterbury[753], était un vrai poste avancé de la papauté dans le Nord.

C'est d'elle que partent les grands évangélisateurs de la Germanie : Wynfrith (saint Boniface) qui y pénètre en 678 et Willibrord qui, en 690, arrive sur le continent. Avant d'entreprendre sa mission, il se rend à Rome demander la bénédiction du pape Serge qui le charge officiellement d'évangéliser la Germanie et d'y fonder des églises pour lesquelles il lui donne des reliques.

Willibrord part prêcher en Frise. Il y est soutenu dans son œuvre, par Pépin, pour des raisons — religieuses naturellement — mais surtout politiques, la christianisation devant favoriser la pénétration franque chez les Frisons. En 696, Willibrord revient à Rome, y reçoit le nom de Clément, le *pallium*, et est sacré, par le pape Serge, évêque d'Utrecht[754].

---

[750] *Ibid.*, p. 134.

[751] JAFFÉ-WATTENBACH, *Regesta*, n° 2244.

[752] HARTMANN, *op. cit.*, t. II2, p. 138.

[753] SCHUBERT, *Geschichte der Christlichen Kirche im Frühmittelalter*, p. 269.

[754] JAFFÉ-WATTENBACH, *Regesta*, p. 244.

Le 15 mai 719, Grégoire II donne mandat à Boniface (Wynfrith) de continuer l'évangélisation de la Frise, conformément à la doctrine de Rome. C'est alors qu'il reçut le nom de Boniface à cause du patron du jour[755]. Pendant son apostolat en Frise, aux côtés de Willibrord, Boniface ne cessa de bénéficier de la protection de Charles Martel. Revenu à Rome en 722, Boniface fut nommé évêque par Grégoire II, avec mission de prêcher la foi dans la Germanie sur la rive droite du Rhin[756]. Les lettres qu'il lui donne font vraiment de lui un missionnaire de Rome. En 724, le pape le recommande à Charles Martel[757] et enfin, en 732, Grégoire III le sacre archevêque, avec autorisation de nommer lui-même des évêques dans les territoires qu'il conquiert au Christ.

Ainsi, dans le même temps où l'empereur refoule Rome de l'Orient la mission de Boniface lui ouvre la perspective de s'étendre sur ces *extremas occidentis regiones*, dont Grégoire II avait entrevu déjà la conversion. Ce grand missionnaire, qui étend sur la Germanie l'autorité du pape de Rome, est en même temps, par la force des choses, le protégé de ce Charles Martel qui, par ailleurs, saccage l'Église, la dépouille et confisque ses biens pour donner des fiefs à ses vassaux. Comment le pape, dans la détresse où il se trouve en Italie, ne s'adresserait-il pas à ce tout-puissant protecteur de saint Boniface ? En 738, celui-ci est venu de nouveau à Rome, où il a séjourné environ un an. Il est certain qu'il n'a pas seulement parlé avec Grégoire III de l'organisation de l'Église allemande et il faut supposer qu'il lui a conseillé de chercher un appui en Charles Martel car, dès 739, le pape se met en rapport avec le tout-puissant maître de l'Occident. Il lui envoie sa grande « décoration », les clefs du sépulcre de saint Pierre, et lui offre, en retour de la protection

---

[755] SCHUBERT, *op. cit.*, p. 300.

[756] JAFFÉ-WATTENBACH, *Regesta*, n° 2159-2162.

[757] JAFFÉ-WATTENBACH, *Regesta*, n° 2168. Cf. SCHUBERT, *op. cit.*, p. 301.

qu'il sollicite de lui contre les Lombards, d'abandonner l'empereur[758].

Mais Charles ne pouvait se brouiller avec le roi des Lombards qui venait d'entreprendre pour lui une expédition contre les Sarrasins en Provence. Il se borna donc à répondre à Grégoire III, en lui envoyant une ambassade chargée de lui apporter la promesse d'un appui, qui d'ailleurs ne vint pas[759]. En 741 meurent en même temps Grégoire III, Charles Martel et l'empereur Léon III. Au premier succède Zacharie, au second Pépin, au troisième Constantin V Copronyme (741-775), qui est un iconoclaste fanatique.

Devant la persécution religieuse, 50000 moines grecs se réfugient à Rome, bannis par l'empereur et exaspérés contre lui. Zacharie ne s'est pas fait ratifier par l'empereur. Mais à peine élu, il conclut avec Luitprand une trêve de vingt ans ; Luitprand en profite pour attaquer de nouveau l'exarchat en 743. Mais alors, malgré tout, le pape prend le parti de l'empereur et, à la demande de l'exarque, obtient de Luitprand qu'il signe à Ravenne une trêve avec l'Empire[760].

Cependant par l'intermédiaire de Boniface, les relations du pape avec Pépin, beaucoup plus favorable à l'Église que ne l'était son père, sont devenues de plus en plus intimes. D'ailleurs, Pépin, débarrassé de Carloman, prépare son coup d'État. Sans doute, il n'a qu'à le vouloir pour le réaliser. Mais il ne veut rien laisser au hasard et, sachant qu'il peut compter sur la faveur de Zacharie, il tente auprès de lui sa célèbre démarche.

---

[758] *Ibid.*, n° 2249.

[759] HARTMANN, *op. cit.*, t. II2, p. 170-171.

[760] *Ibid.*, t. II2, p. 144.

En 751, Burchard, évêque de Wurtzbourg, l'un des nouveaux évêques créés en Germanie, et l'abbé Fulrad, viennent à Rome poser au pape la fameuse question de savoir qui, de celui qui porte le titre de roi ou de celui qui en exerce réellement les pouvoirs, doit ceindre la couronne. La réponse de Zacharie, favorable à Pépin, devrait marquer la fin de la dynastie mérovingienne.

Le pauvre roi mérovingien, qui attendait son sort, fut envoyé dans un monastère sans que personne se soit inquiété de lui.

Dès lors, le grand changement d'orientation est réalisé. Le nord l'emporte décidément. C'est en lui que réside la puissance temporelle depuis que l'Islam a ruiné la Gaule méridionale et il n'y a plus que lui qui puisse soutenir la papauté, depuis que l'Empire grec l'a rejetée d'Orient[761].

L'année 751 marque l'alliance des Carolingiens avec la papauté. Elle s'est nouée sous Zacharie, elle s'achèvera sous Étienne II. Pour que le renversement de la situation soit complet, il faut que le dernier fil qui rattache encore le pape à l'Empire se rompe, car tant qu'il subsiste, la papauté est forcée de demeurer, contre nature, une puissance méditerranéenne. Elle le serait restée sans aucun doute si l'Islam ne lui avait enlevé l'Afrique et l'Espagne. Mais la Germanie au nord pèse maintenant plus lourd.

Encore, la tradition était si forte que si, par impossible, l'empereur avait pu refouler les Lombards, le pape lui serait

---

[761] SCHUBERT, *op. cit.*, p. 287, a trouvé des termes fort justes pour caractériser ce renversement : *Die Heimat der abendländischen Christenheit, der Schauplatz ihrer Geschichte hat sich nach Norden verschoben ; die Linie Rom-Metz-York bezeichnet ihn. Rom die Herrin liegt nicht mehr im Mittelpunkt, sondern an der Peripherie. Zerbrochen ist die Einheitskultur der Mittelmeerländer. Neue Völker drängen sich ans Licht und streben nach neuer Einheit. Eine neue Zeit beginnt : die des Übergangs ist vorüber.*

resté fidèle. Mais, en 749, avec l'apparition d'Aistulf, les Lombards reprennent leur politique conquérante.

En 751, ils s'emparent de Ravenne et cette fois pour tout de bon. Rome ne peut plus échapper à son sort. En 752, l'armée d'Aistulf est devant ses murs. Un secours immédiat peut seul la sauver. Étienne commence par implorer celui de l'iconoclaste. Il lui demande une armée et qu'il vienne pour libérer la ville de Rome[762]. Mais Constantin V se borne à envoyer une ambassade au roi des Lombards. Aistulf la reçoit mais se refuse à toute concession. Le pape Étienne II implore alors le secours de Pépin, mais avant de faire le pas décisif, il se rend lui-même à Pavie pour obtenir d'Aistulf qu'il renonce à ses conquêtes. Devant l'échec qu'il subit, il part pour la cour de Pépin, où il arrive en janvier 754.

L'inévitable s'est accompli. La tradition, brisée par Pépin en 751, l'est, trois ans après, par le pape.

IV. LE NOUVEL EMPIRE

En 754, Étienne II se trouve donc dans ces *extremae occidentis regiones* dont, dès 729, Grégoire II avait indiqué la voie. Qu'y vient-il faire ? Demander protection pour Rome puisqu'Aistulf n'a rien voulu entendre et que l'envoyé de l'empereur n'a rien obtenu. Sûrement, si sa démarche à Pavie avait réussi, il n'aurait pas franchi les Alpes. Il a conscience sans doute de la gravité de sa démarche, mais il est aux abois.

---

[762] JAFFÉ-WATTENBACH, *Regesta*, n° 2308.

À Ponthion, Pépin l'attend, le 6 janvier 754. Étienne le supplie d'intervenir contre les Lombards. Et Pépin jure au pape *exarchatum Ravennae et reipublicae jura sue loca reddere*[763].

À en juger par ces textes, il y a dans tout cela une équivoque. Il est question de rendre à la *respublica* ce que le Lombard lui a pris. Mais la *respublica*, c'est l'Empire, ou c'est Rome qui est dans l'Empire. Pépin, qui ne tient sans doute pas à faire la guerre, envoie une ambassade à Aistulf. Mais celui-ci refuse d'écouter Pépin ; bien plus, il suscite contre lui l'opposition de Carloman auquel il est parvenu à faire quitter l'abbaye du mont Cassin et qui, arrivé en France, est arrêté et meurt[764].

Ainsi, le roi lombard s'est maladroitement brouillé avec Pépin. Il semble donc bien qu'Aistulf ait vraiment décidé, cette fois, de s'emparer de Rome et de toute l'Italie. Entre le pape et lui, c'est Pépin qui va décider. Avant de partir en campagne, Pépin a réuni ses grands à Quiersy-sur-Oise. Il y donne au pape un diplôme contenant ses promesses (14 avril). Trois mois plus tard, à Saint-Denis, avant de partir en guerre, le pape renouvelle solennellement le sacre que Boniface avait déjà donné à Pépin et, sous peine d'excommunication, fait défense aux Francs de choisir jamais un roi hors de la descendance de Pépin. Ainsi l'alliance est nouée entre la dynastie et le chef de l'Église. Et pour qu'elle soit plus ferme, Étienne donne à Pépin et à ses deux fils le titre de *patricius Romanorum*. En ce faisant il usurpe évidemment sur les droits de l'empereur. L'exarque avait porté le titre de patrice. Pépin devient donc, comme celui-ci l'était, le protecteur de Rome, mais en vertu d'une délégation du pape et non plus de l'empereur[765]. Il semble d'ailleurs qu'il ait agi de son propre mouvement et sans se soucier des convenances de

---

[763] BÖHMER-MUHLBACHER, *Die Regesten des Kaiserreichs*, t. I, 2ᵉ éd., p. 36.

[764] LOT, PFISTER et GANSHOF, *op. cit.*, p. 410.

[765] *Ibid.*, p. 411.

Pépin qui ne porta jamais ce titre, auquel sans doute il ne tenait pas.

Aistulf vaincu rendit par traité aux Romains les conquêtes qu'il avait faites, c'est-à-dire les *patrimonia* de Narni et de Ceccano, plus les territoires de l'exarchat. Dès que l'empereur en fut averti, en 756, il fit demander à Pépin de lui abandonner Ravenne et l'exarchat. Pépin naturellement refusa, malgré l'importante somme que l'empereur lui promettait en échange. Il n'avait agi que par révérence pour saint Pierre et rien ne pourrait le faire revenir sur ses promesses[766]. Au moment où arrive l'ambassade impériale, la guerre a d'ailleurs repris entre Pépin et Aistulf, celui-ci ayant tout de suite violé ses promesses. Il avait même mis, le Ier janvier 756, le siège devant Rome. Bloqué une deuxième fois dans Pavie, le Lombard demande une deuxième fois la paix. Il rend de nouveau les territoires et Pépin les remet au pape. Celui-ci est donc désormais maître de Rome et de son territoire[767]. Pourtant, il continue à reconnaître la souveraineté théorique de l'empereur.

Il est caractéristique que, dans aucune de ses deux expéditions, Pépin ne soit entré à Rome. Il ne devait plus d'ailleurs reparaître en Italie, quoique le successeur d'Aistulf, Didier, devenu roi en partie par son influence, lui ait encore causé des difficultés. Didier avait promis de céder au pape diverses conquêtes lombardes de Luitprand. Mais il n'avait consenti à en restituer qu'une partie.

Le successeur d'Étienne, Paul Ier (757-767) réclama en vain. Il semble que l'empereur ait alors cherché à tirer parti des circonstances. Son ambassadeur Georges, qui avait déjà négocié avec Pépin en 756, arrive à Naples en 758, et noue avec Didier des projets de coalition pour reprendre Rome et Ravenne ; puis

---

[766] L. OELSNER, *Jahrbücher des Fränkischen Reiches unter König Pippin*, 1871, p. 267.

[767] BÖHMER-MUHLBACHER, *op. cit.*, p. 42-43.

il se rend à la cour de Pépin où il n'obtient rien, Pépin restant fidèle au pape[768]. En 760, le bruit se répand à Rome que l'empereur envoie une flotte de 300 vaisseaux contre Rome et la France[769]. Sans doute, le pape espère-t-il ainsi pousser Pépin à descendre en Italie. Plus tard encore, il parle d'attaques que les *nefandissimi Greci* préparent contre Ravenne[770], opposant à ces hérétiques le *vere orthodoxus* Pépin[771].

Il sait que l'empereur continue à agir auprès de Pépin. En 762, des ambassadeurs de Pépin et du pape s'étaient rendus à Constantinople. Manifestement d'ailleurs, l'empereur cherche un rapprochement. Vers 765, l'empereur envoie à Pépin le spathaire Anthi et l'eunuque Sinésius pour traiter de la question des images et des fiançailles de Gisla, fille de Pépin, avec le fils de l'empereur[772]. Il y eut encore une grande discussion sur les images en 767, à Gentilly[773].

Mais Pépin reste inébranlable et en tout n'agit que d'accord avec le pape. Quant aux difficultés de celui-ci avec Didier, Pépin les a aplanies en 763, par un accord en vertu duquel le pape renonce à ses revendications territoriales, ainsi qu'à ses tentatives de protectorat sur Spolète et Bénévent[774]. En somme, grâce à lui, le pape s'est senti assuré contre ses ennemis, sûr de

---

[768] OELSNER, *op. cit.*, p. 320-321.

[769] OELSNER, *op. cit.*, p. 346. Cf. *Codex Carolinus*, éd. Gundlach, M. G. H. Epist., t. III, p. 521.

[770] *Codex Carolinus*, éd. Gundlach, M. G. H. pist., t. III, p. 536.

[771] Il lui écrit : *post Deum in vestra excellentia et fortissimi regni vestri brachio existit fiducia*. Et, plus loin, paraphrasant un texte biblique : *Salvum fac, Domine, Christianissimum Pippinum regem, quem oleo sancto per manus apostoli tui ungui praecepisti, et exaudi eum, in quacumque die invocaverit te*. *Codex Carolinus, loc. cit.*, p. 539.

[772] OELSNER *op. cit.*, p. 396-397.

[773] BÖHMER-MUHLBACHER, *op. cit.*, p. 53.

[774] LOT, PFISTER et GANSHOF, *op. cit.*, p. 413.

l'orthodoxie, mais obligé de s'en remettre absolument à sa protection.

Le règne de Charlemagne fut, en tous points, l'aboutissement de celui de Pépin. Son père lui léguait sa politique italienne, c'est-à-dire sa politique lombarde et sa politique romaine. Il montait sur le trône (9 octobre 768) avec le titre de patrice, comme son frère Carloman. Ce ne fut qu'après la mort de celui-ci qu'il put réellement agir (décembre 771).

Le roi des Lombards, Didier, continuait à ambitionner la possession de Rome. Dès janvier 773, le pape Adrien dut solliciter contre lui le secours de Charlemagne. Aussitôt celui-ci descend en Italie, et tandis que son armée met le siège devant Pavie où Didier s'est enfermé, il se rend à Rome pour y assister aux fêtes de Pâques (774). Et il intervient alors comme le grand bienfaiteur du Saint-Siège. Non seulement il renouvelle, mais il étend énormément les donations faites au pape par son père, au point d'y comprendre les duchés de Spolète et de Bénévent, ainsi que la Vénétie et l'Istrie[775]. Puis, revenu devant Pavie qui se rend en juin 774 avec Didier, il prend pour lui-même le titre de roi des Lombards.

Jusque-là, il s'était contenté de s'appeler *Carolus, gratia Dei, rex Francorum vir inluster*. Son titre est maintenant : *Rex Francorum et Longobardorum atque patricius Romanorum*[776].

Cette innovation montre sûrement que, pour lui., son patriciat romain, à la différence certaine de ce que voudrait le pape, est une annexe de sa royauté lombarde. Le roi des Francs est devenu une puissance italienne. Son pouvoir, né dans l'Austrasie germanique, s'est étendu jusqu'à la Méditerranée.

---

[775] BÖHMER-MUHLBACHER, *op. cit.*, p. 73. Cf. LOT, PFISTER et GANSHOF, *op. cit.*, p. 422.

[776] LOT, PFISTER et GANSHOF, *op. cit.*, p. 423.

Mais il ne s'établira pas à Rome. Il ne deviendra pas Méditerranéen. Il restera septentrional. L'Italie gravitera dans son orbite avec la papauté. Il laisse au royaume lombard une certaine autonomie, mais il y envoie des comtes francs et il y distribue des domaines à de grandes églises de la *Francia*.

Quant au pape, il cherche naturellement à ne voir dans ce *patricius*, qui en somme a reçu son pouvoir d'Étienne II à Quiersy, qu'un protecteur de sa situation. Mais il y a ici une contradiction fatale. D'abord tout protecteur devient facilement un maître. Pépin ne l'a pas été, lui qui a si fidèlement modelé sa politique italienne sur celle du pape, mais Charles le sera. Le fait qu'il ne prend le titre de patrice que lorsqu'il a conquis le royaume lombard, indique bien qu'il a considéré ce titre aussi comme une conquête, donc qu'il le possède par lui-même. Quant au pape qui, à partir de 772, ne date plus ses bulles par l'année du règne de l'empereur, en attendant qu'à partir de 781, il les date par celle de son pontificat[777], il cherche évidemment à s'étendre. Mais il rencontre l'opposition du prince lombard de Bénévent et du patrice de Sicile qui gouverne, ou prétend gouverner, au nom de l'empereur, la Sicile, la Calabre et le duché de Naples.

Charles ne songeait pas à livrer l'Italie au pape. Il était le roi des Lombards et, comme tel, entendait bien être le maître de toute la péninsule. Aussi quand il vint à Rome pour la seconde fois, aux fêtes de Pâques de 780, revenant en somme sur ses premières déclarations faites alors qu'il n'avait pas encore conquis la couronne lombarde, il empêcha le pape d'étendre son autorité sur Spolète dont le duc se reconnaissait son sujet.

D'autre part, l'Empire byzantin où Léon IV venait de mourir et où Irène renonçait à l'iconoclastie, esquissait un rapprochement. En 781, une ambassade de Constantinople

---

[777] JAFFÉ-WATTENBACH, *Regesta*, p. 289.

venait demander à Charles la main de sa fille Rotrude pour le jeune empereur et les fiançailles furent conclues[778]. Ce n'était donc pas le moment de se brouiller avec l'empereur, et Charles ne pouvait, par conséquent, favoriser les entreprises du pape contre les territoires impériaux.

A la fin de 786, Charles est de nouveau à Rome, appelé surtout par les menées du duc de Bénévent qu'il est obligé de réduire à l'obéissance. Mais à peine est-il parti que le duc Arichis manigance une alliance avec Byzance, aux termes de laquelle il doit recevoir le titre de patrice et représenter l'empereur en Italie et même à Rome. Un retour offensif de Byzance se dessine ainsi brusquement contre le pape et contre Charles. Le choc, qui se produisit en 788, n'aboutit qu'à renforcer l'emprise de Charles sur Bénévent et à lui valoir dans le Nord la conquête de l'Istrie[779]. Jamais, pourtant, Charles ne pourra vraiment s'imposer à Bénévent, malgré ses expéditions entreprises sans succès contre le duc en 791, 792-793, 800, 801-802[780].

Charles protège donc le pape par vénération pour saint Pierre, mais il ne se subordonne pas à lui comme Pépin. Il a même la prétention de lui dicter sa conduite en matière de dogme. Après la réprobation de l'iconoclastie par le Concile de Nicée en 787 qui, au point de vue dogmatique, réconcilie Rome et Constantinople, Charles refusa d'en accepter toutes les décisions. Il fit composer par des théologiens, contre le concile, une série de traités : les *Libri Carolini*, et envoya à Rome un ambassadeur chargé de présenter au souverain pontife un capitulaire qui contenait quatre-vingt-cinq remontrances à l'adresse du pape ; enfin, en 794, il réunit tous les évêques d'Occident à Francfort, en un concile où furent abandonnées

---

[778] LOT, PFISTER et GANSHOF, *op. cit.*, p. 425.

[779] *Ibid.*, p. 427.

[780] *Ibid.*, p. 427.

plusieurs des conclusions du Concile de Nicée, et où les doctrines des adorateurs d'images furent condamnées[781].

Après la mort d'Adrien il écrivit, en 796, à son successeur Léon III qu' » il est seigneur et père, roi et prêtre, chef et guide de tous les chrétiens »[782]. Et il lui trace sa conduite, fixant très exactement les limites de sa propre puissance temporelle et de la puissance spirituelle du pape[783].

D'ailleurs, en succédant à Adrien, Léon III lui a envoyé la bannière de la ville de Rome[784] et a introduit la mode nouvelle d'insérer dans la date de ses bulles les années de Charles *a quo cepit Italiam*.

Il est manifeste que Charles ne se considère plus comme un *patricius Romanorum*. Il agit en protecteur de la chrétienté. A cette époque, il a triomphé de la Saxe et des Lombards, soumis ou rejeté au-delà de la Theiss les Avars (796), et dans la plénitude de sa puissance, il peut prétendre assumer ce rôle. Il n'y a plus que lui en Occident, si on néglige les petits princes d'Angleterre et d'Espagne.

Sa situation dépasse celle qu'aucun roi a jamais eue. Et si des relents de suprématie byzantine traînaient encore dans la Romania, ils n'existent ni dans le Nord, ni dans ces milieux

---

[781] DAWSON, *Les origines de l'Europe*, trad. franç., p. 227.

[782] DAWSON, *op. cit.*, p. 226.

[783] *Nostrum est : secundum auxilium divinae pietatis sanctam undique Christi ecclesiam ab incursu paganorum et ab infidelium devastatione armis defendere foris, et intus catholicae fidei agnitione munire. Vestrum est, sanctissime pater : elevatis ad Deum cum Moyse manibus nostram adjuvare militiam, quatenus vobis intercedentibus Deo ductore et datore populus Christianus super inimicos sui sancti nominis ubique semper habeat victoriam, et nomen domini nostri Jesu Christi to clarificetur in orbe. Alcuini Epistolae*, n° 93, éd. Dümmler, M. G. H. Epist., t. IV, p. 137-138.

[784] BÖHMER-MUHLBACHER, *op. cit.*, p. 145.

anglo-saxons et germaniques où vit Charles ; Alcuin peut, en s'adressant à Charles, le traiter en empereur[785].

A Rome même, le pape quoiqu'il ne nie pas la souveraineté de l'empereur de Byzance, lui échappe en fait. Comment l'idée ne lui viendrait-elle pas, reconnaissant la puissance et le prestige dont jouit le roi des Francs, de reconstituer au profit de Charles l'Empire qui n'a plus de titulaire en Occident depuis le Ve siècle ? Ce à quoi il pense d'ailleurs, ce n'est évidemment pas à refaire l'Empire *in partibus Occidentis* et à donner, si on peut dire, un successeur à Romulus Augustule. Faire cela, ce serait ramener l'empereur à Rome et passer sous son pouvoir. Or, il veut rester indépendant de lui. La mosaïque qu'il a fait poser dans le *triclinium* du Latran et où l'on voit saint Pierre remettant le *pallium* à Léon III et l'étendard à Charles, le prouve bien. Ce n'est pas la Rome impériale, mais la Rome de saint Pierre que le pape veut exalter en reconstituant l'Empire, la tête de l'*ecclesia*, de cette *ecclesia* dont Charles se proclame le soldat. Ne dit-il pas lui-même, en parlant à Léon III, que son peuple est le *populus Christianus* ?

Charles pourrait, certes, s'octroyer à lui-même la dignité d'empereur ou se la faire remettre par un synode de son église. Mais combien plus légitime apparaîtra-t-elle pour toute la chrétienté si elle lui est conférée à l'initiative du pape ! La disproportion qu'il y a entre le titre de patricius, que porte Charles et la puissance qu'il possède, disparaîtra. Il sera le représentant militaire de saint Pierre, comme le pape est son représentant religieux. Ils seront l'un et l'autre conjugués dans un même système : celui de l'*ecclesia*.

---

[785] *Ad decorem imperialis regni vestri.* LOT, PFISTER et GANSHOF, *op. cit.*, p. 457, n. 10.

En 800, Charles a conquis la Saxe, la Bavière, anéanti les Avars, attaqué l'Espagne. Presque toute la chrétienté occidentale est en ses mains.

Et le 25 décembre 800, en posant sur son front la couronne impériale, le pape consacre cet Empire chrétien. Charlemagne y a reçu son titre suivant la forme usitée à Byzance, c'est-à-dire par l'*acclamatio*. Le pape lui a ensuite placé la couronne sur la tête et l'a adoré[786].

Dans sa forme, l'accession de Charles à l'Empire était donc conforme à la légalité[787]. L'acclamation du peuple a eu lieu comme à Byzance. En réalité, cependant, une différence essentielle sépare l'avènement de Charles de celui d'un empereur byzantin.

En fait, les Romains qui l'acclamèrent, n'étaient pas comme le peuple de Constantinople, les représentants d'un Empire, mais les habitants d'une ville dont l'élu était le patrice. Leurs acclamations ne pouvaient lier les sujets de Charles de l'Elbe aux Pyrénées. Au fait, ces acclamations étaient une mise en scène. En réalité, celui qui donna l'Empire à Charles, ce fut le pape, le chef de l'*ecclesia*, donc l'*ecclesia*. Par là, il en devient le défenseur attitré. Son titre impérial n'a pas de signification laïque à la différence de celui de l'ancien empereur romain. L'accession de Charles à l'Empire ne correspond à aucune institution impériale. Mais, par une sorte de coup d'État, le patrice qui protégeait Rome devient l'empereur qui protège l'Église.

---

[786] HARTMANN, *op. cit.*, t. II2, p. 348, ne croit pas Éginhard quand celui-ci prétend que Charles fut surpris par l'initiative de Léon III. Pour lui, tout était convenu d'avance.

[787] *Ibid.*, p. 350.

Le pouvoir qu'il a reçu en fait non un empereur, mais l'empereur. Il ne peut pas plus y avoir deux empereurs que deux papes. Charles est l'empereur de l'*ecclesia* telle que la conçoit le pape, de l'Église romaine dans le sens de l'Église universelle[788]. Il est *serenissimus Augustus, a Deo coronatus, magnus, pacificus, imperator*. Remarquez qu'il ne se dit pas *Romanorum imperator*, ni *semper Augustus*, titres que portaient les empereurs romains. Il ajoute seulement *Romanorum gubernans imperium*, expression assez vague que précisent les deux réalités *rex Francorum et Longobardorum*. Le pape lui, l'appelle dans ses bulles *imperante domino nostro Carolo piissimo perpetuo Augusto a Deo coronato magno et pacifico imperatore*[789].

Ce défenseur de l'Église, ce saint et pieux empereur, a le centre de son pouvoir effectif, non à Rome où il l'a reçu, mais dans le nord de l'Europe. L'ancien Empire méditerranéen avait eu, logiquement, son centre à Rome. Celui-ci, logiquement, a son centre en Austrasie. L'empereur de Byzance assista impuissant à l'avènement de Charles. Il ne put que ne pas le reconnaître. Pourtant, le 13 janvier 812, les deux empires font la paix. L'empereur de Byzance accepte le nouvel état de choses, Charles renonçant à Venise et à l'Italie méridionale qu'il restitue à l'Empire byzantin[790]. En somme, la politique de Charles en Italie a échoué ; il n'est pas devenu une puissance méditerranéenne.

---

[788] La situation de Charles comme chef de la chrétienté s'exprime encore sur ses monnaies où il fait frapper la légende : *Christiana religio* (HARTMANN, *op. cit.*, t. II2, p. 334). D'après PROU, *Catalogue des monnaies carolingiennes*, p. XI, ces monnaies seraient postérieures au couronnement. Elles portent au recto le buste impérial avec la légende : *D. N. Karlus Imp. Aug. Rex F. et L.* La tête est laurée à l'antique et le buste couvert du *paludamentum* comme les empereurs romains du Haut-Empire.

[789] A. GIRY, *Manuel de Diplomatique*, p. 671. Sous Justinien, on disait : *imperante domino nostro Justiniano perpetuo augusto* (GIRY, *op. cit.*, p. 668).

[790] HARTMANN, *op. cit.*, t. III1, p. 64.

Rien ne montre mieux le bouleversement de l'ordre antique et méditerranéen qui avait prévalu pendant tant de siècles. L'Empire de Charlemagne est le point d'aboutissement de la rupture, par l'Islam, de l'équilibre européen. S'il a pu se réaliser, c'est que, d'une part, la séparation de l'Orient d'avec l'Occident a limité l'autorité du pape à l'Europe occidentale ; et que, d'autre part, la conquête de l'Espagne et de l'Afrique, par l'Islam, avait fait du roi des Francs le maître de l'Occident chrétien.

Il est donc rigoureusement vrai de dire que, sans Mahomet, Charlemagne est inconcevable.

L'ancien Empire romain est devenu, en fait, au VIIe siècle, un Empire d'Orient ; l'Empire de Charles est un Empire d'Occident.

En réalité, chacun des deux ignore l'autre[791].

Et, conformément à la direction qu'a prise l'histoire, le centre de cet Empire est dans le Nord, là où s'est transporté le nouveau centre de gravité de l'Europe. Avec le royaume franc, mais avec le royaume franc australien-germanique, s'ouvre le Moyen Age. Après la période pendant laquelle, du Ve au VIIIe siècle, subsiste l'unité méditerranéenne, la rupture de celle-ci a déplacé l'axe du monde[792].

---

[791] Le couronnement de Charles ne s'explique point par le fait qu'à ce moment une femme règne à Constantinople.

[792] HARTMANN, *op. cit.*, t. II2, p. 353, l'a bien vu lorsqu'il écrit : *Geographisch und wirtschaftlich, politisch und kulturell hat sich eine Verschiebung in des Gruppierung des Christlichen Völker vollzogen, welche dem Mittelalter sein Gepräge gibt.*

Cf. aussi DAWSON, *op. cit.*, p. 147 : *It is in the seventh century, and not in the fifth, that we must place the end of the last phase of ancient Mediterranean civilisation, the age of the Christian Empire, and the beginnings of the Middle Ages.*

Le germanisme commence son rôle. Jusqu'ici la tradition romaine s'était continuée. Une civilisation romano-germanique originale va maintenant se développer.

L'Empire carolingien, ou plutôt l'Empire de Charlemagne, est le cadre du Moyen Age. L'État sur lequel il est basé, est extrêmement faible et croulera. Mais l'Empire subsistera comme unité supérieure de la chrétienté occidentale.

CHAPITRE III

LES DÉBUTS DU MOYEN AGE

I. L'ORGANISATION ÉCONOMIQUE ET SOCIALE

L'opinion courante considère le règne de Charlemagne comme une époque de restauration économique. Pour un peu, on parlerait ici tout comme dans le domaine des lettres, de renaissance. Il y a là une erreur évidente qui tient, non seulement à la force du préjugé en faveur du grand empereur, mais qui s'explique aussi par ce que l'on pourrait appeler une mauvaise perspective.

Les historiens ont toujours comparé la dernière phase de l'époque mérovingienne au règne de Charlemagne, dès lors, il n'est pas difficile de constater un redressement. En Gaule, l'ordre succède à l'anarchie, tandis que, dans la Germanie conquise et évangélisée, un progrès social évident se constate sans peine. Mais si l'on veut apprécier correctement la réalité, il importe de comparer l'ensemble des temps qui ont précédé l'ère carolingienne avec celle-ci. On s'aperçoit alors que l'on se trouve en présence de deux économies en plein contraste.

Avant le VIIIe siècle, ce qui existe c'est la continuation de l'économie méditerranéenne antique. Après le VIIIe siècle, c'est une rupture complète avec cette même économie. La mer est fermée. Le commerce a disparu. On se trouve en présence d'un Empire dont la terre est la seule richesse et où la circulation des biens meubles est réduite au minimum. Bien loin qu'il y ait progrès, il y a régression. Les parties jadis les plus vivantes de la Gaule en sont maintenant les plus pauvres. C'était le sud qui dominait le mouvement, maintenant c'est le nord qui imprime son caractère à l'époque.

Dans cette civilisation anticommerciale, il y a pourtant une exception qui semble contredire tout ce que l'on vient d'exposer.

Il est certain que, dans la première moitié du IXe siècle, l'extrême nord de l'Empire, c'est-à-dire les futurs Pays-Bas, a été animé d'une navigation fort active qui contraste vivement avec l'atonie du reste de l'Empire.

Ce n'est pas qu'il y ait là quelque chose d'absolument nouveau. Déjà, sous l'Empire romain, cette région où l'Escaut, la Meuse et le Rhin mêlent leurs eaux, avait connu un trafic maritime avec la Bretagne. Elle en exportait les blés pour les garnisons du Rhin et y importait les épices et les autres produits venus par la Méditerranée. Ce n'était là, cependant, que le prolongement du courant commercial de la mer Tyrrhénienne. Cela rentrait dans l'activité générale de la *Romania* ; c'en était la pointe extrême. Le monument de la déesse Nehalennia, protectrice celtique de la navigation, rappelle encore l'importance de ce trafic[793]. Les bateaux s'avançaient même jusqu'aux bouches de l'Elbe et du Weser. Plus tard, lors des invasions du IIIe siècle, il fallut organiser une flotte de guerre pour écarter les raids des Saxons. Le port principal où les bateaux de la mer rencontraient ceux de l'intérieur était Fectio (Vechten) près d'Utrecht.

Cette navigation, qui dut souffrir beaucoup des invasions du Ve siècle et de la conquête de la Bretagne par les Saxons, se retrouve et se continue à l'époque mérovingienne. Peut-être ce commerce s'étendait-il au VIIIe siècle jusqu'à la Scandinavie[794]. A la place de Fectio, sont nés les ports de Duurstede sur le Rhin et de Quentovic à l'embouchure de la Canche. A Quentovic ont été trouvées de nombreuses monnaies

---

[793] CUMONT, *Comment la Belgique fut romanisée*, p. 26 et p. 28.

[794] VOGEL, *Die Normannen*, p. 44 et ss.

mérovingiennes⁷⁹⁵. On en a également beaucoup de Maastricht⁷⁹⁶ ; elles sont bien plus nombreuses que celles de Cologne, Cambrai, etc. On en a aussi d'Anvers, quantité de Huy⁷⁹⁷, de Dinant, de Namur⁷⁹⁸. Enfin beaucoup de monnaies ont été frappées à Duurstede⁷⁹⁹ en Frise⁸⁰⁰.

Pourquoi ce commerce, qui fleurissait dans les provinces septentrionales, aurait-il disparu à l'époque carolingienne ? La mer sur la côte du Nord, restait libre. De plus, la draperie flamande, qui avait alimenté la navigation depuis l'époque romaine, n'avait pas disparu⁸⁰¹. Il y a même des raisons nouvelles qui expliquent la continuation de cette activité : d'abord la présence de la cour à Aix-la-Chapelle, puis la pacification et l'annexion de la Frise. On sait que la batellerie frisonne fut très active sur toutes les rivières de la région et sur le haut Rhin, jusqu'à la catastrophe des invasions normandes⁸⁰². On a trouvé en Frise des monnaies d'or⁸⁰³. Enfin, les principaux tonlieux de l'époque carolingienne, c'est-à-dire Rouen, Quentovic, Amiens, Maastricht, Duurstede,

---

⁷⁹⁵ PROU, *Catalogue des monnaies mérovingiennes*, p. 245-249.

⁷⁹⁶ *Ibid.*, p. 257-261.

⁷⁹⁷ *Ibid.*, p. 261-264.

⁷⁹⁸ *Ibid.*, p. 265-266.

⁷⁹⁹ *Ibid.*, p. 267-269.

⁸⁰⁰ *Ibid.*, p. 269-270. Sur le commerce de Duurstede, voir VOGEL, *Die Normannen*, p. 66 et ss.

⁸⁰¹ H. PIRENNE, Draps de Frise ou draps de Flandre ?, *Vierteljahrschrift für Sozial- und Wirtschaftgeschichte*, t. VII, 1909, p. 309-310.

⁸⁰² Prou cite de nombreux deniers frappés à Duurstede sous Charlemagne, Louis le Pieux et Lothaire Ier. PROU, *Catalogue des monnaie carolingiennes*, p. 9-12. Il y en a aussi de Maastricht, Visé, Dinant, Huy, Namur, Cambrai, Verdun (très nombreux), Ardenburg, Bruges, Gand, Cassel, Courtrai, Thérouanne, Quentovic (très nombreux), Tournai, Valenciennes, Arras, Amiens, Corbie, Péronne, *ibid.*, p. 14-38.

⁸⁰³ PROU, *op. cit.*, p. XXXIII.

Pont-Saint-Maxence sont tous situés au nord[804]. Il existe donc un grand commerce dans ce coin septentrional de l'Empire, et il semble même avoir été plus actif qu'auparavant.

Mais c'est un commerce orienté vers le nord et qui n'a plus de rapports avec la Méditerranée. Son domaine paraît comprendre outre les fleuves des Pays-Bas, la Bretagne et les mers du Nord. Il y a donc là une preuve caractéristique du refoulement méditerranéen. Dans ce commerce orienté vers le nord, les Frisons jouent le rôle que les Syriens jouaient dans la Méditerranée.

Vers l'intérieur, l'*hinterland* d'Amiens et de Quentovic s'étend jusqu'au seuil de la Bourgogne, mais pas plus loin[805]. Le commerce de Tournai paraît aussi assez important au IXe siècle[806].

Mais, dans la seconde moitié du IXe siècle, les invasions normandes mirent fin à ce commerce[807].

Il n'en reste pas moins qu'il a été très actif et qu'il a pu se conserver là une activité économique supérieure. Dans une large mesure d'ailleurs, ce commerce a dû dépendre de plus en

---

[804] VERCAUTEREN, *Étude sur les Civitates*, p. 453. En 790, Gervoldus est : *super regni negotia procurator constituitur per multos annos, per diversos portus ac civitates exigens tributa atque vectigalia, maxime in Quentawich. Gesta abbatum Fontanellensium*, éd. M. G. H. SS. in usum scholarum, p. 46. En 831, Louis le Pieux accorde à l'église de Strasbourg l'exemption du tonlieu dans tout le royaume, sauf à Quentovic, Duurstede et aux *Clusae*. Cf. G. G. DEPT, Le mot « Clusa » dans les diplômes carolingiens, *Mélanges H. Pirenne*, t. I, p. 89.

[805] VERCAUTEREN, L'interprétation économique d'une trouvaille de monnaies carolingiennes faite près d'Amiens, *Revue belge de phil. et d'hist.*, t. XIII, 1934, p. 750-758, montre que, dans ce trésor, aucune pièce ne provient du sud de la Loire et que 90% des monnaies ont été émises dans la région d'entre Meuse et Seine.

[806] VERCAUTEREN, *Étude sur les Civitates*, p. 246-247.

[807] Sur les exagérations de Bugge à propos du commerce des Normands avec la France, voyez VOGEL, *Die Normannen*, p. 417-418.

plus du commerce des Scandinaves qui, au IXe siècle, exportent du vin de France en Irlande[808]. Les rapports que, par la Russie, les Scandinaves entretenaient avec l'Islam, ont dû donner à leur commerce une puissante impulsion. Il y avait, au IXe siècle, dans la Baltique, des ports, ou disons mieux, des étapes maritimes importantes[809]. On sait, grâce à l'archéologie, que le commerce de Haithabu s'étendit, de 850 à 1000, jusqu'à Byzance et Bagdad, le long du Rhin, en Angleterre et dans le nord de la France.

La civilisation viking se développe d'ailleurs fort au IXe siècle, comme l'atteste le mobilier funéraire trouvé dans le bateau d'Oseberg aujourd'hui au Musée d'Oslo[810]. Les plus anciens dirhems arabes trouvés en Scandinavie seraient de la fin du VIIe siècle (698). Mais leur plus grande expansion date de la fin du IXe siècle et du milieu du Xe siècle. A Birka, en Suède, ont été trouvés des objets du IXe siècle de provenance arabe, et d'autres originaires de Duurstede et de la Frise. De Duurstede, les Scandinaves de Birka exportent d'ailleurs du vin au IXe siècle[811].

Les monnaies de Birka, du IXe et du Xe siècle, sont répandues en Norvège, Schleswig, Poméranie et Danemark ; elles sont imitées des deniers de Duurstede, frappés sous Charlemagne et Louis le Pieux.

L'Empire carolingien a donc deux points économiques sensibles : l'Italie du Nord, grâce au commerce de Venise, et les

---

[808] BULGE, *Die Nordeuropäischen Verkehrswege im frühen Mittelalter*, *Vierteljahrschrift für Sozial- und Wirtschaftsgeschichte*, t. IV, 1906, p. 271.

[809] En 808-809, le port de Réric fut détruit par le roi de Danemark, qui obligea les marchands à se fixer à Haithabu pour pouvoir mieux percevoir le tonlieu. *Annales regum Franc.*, éd. Kurze, a° 808, p. 126.

[810] E. de MOREAU, *Saint Anschaire*, 1930, p. 16.

[811] Sur Birka, voir la *Vita Anskarii*, éd. G. Waitz, M. G. H. SS. in us. schol., p. 41.

Pays-Bas, à cause du commerce frison et scandinave. Ce sont les deux endroits où débutera la renaissance économique du XIe siècle. Mais aucun des deux n'a pu se développer pleinement avant cette dernière époque : le premier sera bientôt écrasé par les Normands, l'autre entravé par les Arabes et par les troubles d'Italie.

On ne pourrait trop insister sur l'importance des Scandinaves à partir de la fin du VIIIe siècle[812]. Ils s'emparent de la Frise et rançonnent toutes les vallées des fleuves, à peu près comme font les Arabes dans la Méditerranée, à la même époque. Mais ici, il n'y a pour leur résister ni Byzance, ni Venise, ni Amalfi. Ils ont tout écrasé devant eux, en attendant le moment où ils reprendront des négociations pacifiques.

En 734, les Normands dirigent leur première attaque sur Duurstede et brûlent un quartier de la ville[813]. Pendant les trois années qui suivent, Duurstede est attaquée tous les ans. Son déclin, et celui de la Frise tout entière, date de cette époque, quoique quelques traces d'activité s'y conservent jusqu'à la fin du IXe siècle.

En 842, Quentovic est attaquée à son tour[814] et, en 844, la ville est livrée à un terrible pillage dont elle ne se releva pas. Son commerce se transporta soixante-dix ans plus tard, lorsque les incursions des Normands auront pris fin, à Étaples[815].

Ce commerce florissant, dont Duurstede et Quentovic étaient les ports d'exportation, différait totalement du commerce

---

[812] H. PIRENNE, *Les villes du Moyen Age*, p. 46 et ss.

[813] VOGEL, *Die Normannen*, p. 68 et p. 72. D'après Holwerda, Duurstede aurait disparu en 864.

[814] VOGEL, *op. cit.*, p. 88.

[815] *Ibid.*, p. 100.

pratiqué par les Scandinaves. En effet, tandis que le commerce scandinave ne cessait de se développer à cause du contact qu'il entretenait, par Byzance, avec le monde oriental, celui des Frisons n'avait aucun rapport avec le sud. Il était strictement cantonné dans le Nord. Et en cela il se distingue très nettement de ce commerce qu'avait connu la Gaule à l'époque mérovingienne et qui faisait pénétrer partout, avec le vin, les épices, le papyrus, la soie et les produits d'Orient, la civilisation méditerranéenne.

Il n'y a presque pas d'autres centres commerciaux dans l'Empire carolingien que Quentovic et Duurstede.

On peut attribuer une certaine importance à Nantes, brûlée en 843, et dont les bateliers faisaient quelque commerce avec les pays de la Loire[816], mais il faut se garder d'admettre que la présence d'un tonlieu suffise pour prouver l'existence d'un transit commercial[817].

Sans doute, il n'est pas difficile de glaner dans Théodulphe, dans Ermolus Nigellus, dans les vies de saints, dans les poèmes du temps, sans parler du trop fameux moine de Saint-Gall, des mentions sporadiques de marchands et de marchandises. Et l'on se laisse aller à construire, avec ces éléments épars, un édifice qui n'est qu'une fantaisie de l'imagination. Il suffira qu'un poète dise qu'un fleuve porte des bateaux pour que l'on conclue aussitôt, de cette banalité, à l'existence d'un puissant trafic commercial ; et l'on se contentera de la présence de quelques pèlerins à Jérusalem, ou de quelque artiste ou érudit oriental à la cour carolingienne pour affirmer qu'un mouvement de navigation reliait l'Occident à l'Orient.

---

[816] *Ibid.*, p. 90.

[817] Voyez un bon exemple dans VOGEL, *op. cit.*, p. 138, n. 2. En 856, le duc de Bretagne Erispoë donne à l'évêque le tonlieu des bateaux à Nantes. Or, à cette époque, le commerce de cette ville est anéanti par les Normands.

Certains ne se sont pas fait faute enfin d'invoquer le mouvement maritime de Venise et des villes de l'Italie du Sud, qui appartiennent à l'économie byzantine, en faveur de l'économie carolingienne.

Et qu'importe même que l'on ait encore pu frapper, au IXe siècle, quelques pièces d'or[818] ? Ce qui compte, ce n'est pas de savoir si l'on possède dans les textes quelques mentions relatives au commerce et à l'échange. Le commerce et l'échange ont existé à toutes les époques. Ce qui est en question, c'est leur importance et leur nature. Ce qu'il faut pour apprécier un mouvement économique, ce sont des faits de masse, non des faits divers, des raretés et des singularités. La présence d'un colporteur ou d'un batelier isolé ne prouve pas l'existence d'une économie d'échange. Si l'on s'avise qu'à l'époque carolingienne le monnayage de l'or a disparu, que le prêt à intérêt est interdit, qu'il n'y a plus une classe de marchands de profession, que l'importation de produits orientaux (papyrus, épices, soie) a cessé, que la circulation monétaire est réduite au minimum, que le savoir lire et écrire a disparu parmi les laïques, que l'on ne trouve plus d'organisation d'impôts, que les villes ne sont plus que des forteresses, on pourra décider sans crainte que l'on se trouve en présence d'une civilisation qui a rétrogradé à ce stade purement agricole qui n'a plus besoin de commerce, de crédit et d'échanges réguliers pour le maintien du corps social.

On a vu plus haut que cette grande transformation, c'est la fermeture par l'Islam de la Méditerranée occidentale qui en a été la cause essentielle. Les Carolingiens ont pu arrêter la montée des Sarrasins vers le nord ; ils n'ont pu rouvrir la mer et, d'ailleurs, ne l'ont pas essayé.

---

[818] F. VERCAUTEREN, dans LOT, PFISTER et GANSHOF, *Histoire du Moyen Age*, t. I, p. 608. Cf. Offa, roi de Mercie, qui frappe encore quelques pièces d'or, *ibid.*, p. 693.

Vis-à-vis des Musulmans leur attitude a été purement défensive. Les premiers d'entre eux, et jusqu'à Charles Martel lui-même, ont encore augmenté le désordre pour mettre en état de défense le royaume attaqué partout. Tout, sous Charles Martel, a été impitoyablement sacrifié aux nécessités militaires. L'Église a été mise au pillage. Il y a eu partout des troubles profonds, provoqués par la substitution des vassaux germaniques aux aristocrates romains, partisans d'Ébroïn ou d'Eudes d'Aquitaine. Il semble bien que le règne de Charles ait vu se répéter des troubles analogues à ceux des invasions germaniques. N'oublions pas qu'il brûle les villes du Midi et fait certainement disparaître ainsi tout ce qui subsistait encore d'organisation commerciale et municipale. Et il en a été de même de ce grand corps ecclésiastique sur lequel reposaient la charité publique, les hôpitaux et l'instruction que les écoles ont cessé dès lors de dispenser.

Quand Pépin succède à son père, toute l'aristocratie, et par conséquent tout le peuple, devait être aussi illettré que lui-même. Les négociants des villes se sont dispersés. Le clergé lui-même est dans un état de barbarie, d'ignorance et d'immoralité dont on se fera une idée en lisant les lettres de saint Boniface. « A cette époque lamentable, dit Hincmar[819], non seulement on enleva à l'Église de Reims tout ce qu'elle possédait de précieux, mais les maisons des religieux furent détruites et dilapidées par l'évêque. Les quelques malheureux clercs qui subsistaient, cherchaient les moyens de vivre en commerçant et ils cachaient les deniers qu'ils gagnaient ainsi, dans des chartes et des manuscrits. »

On peut juger, par cet état d'une des plus riches églises du royaume, de ce qui dut se passer ailleurs.

---

[819] *Vita S. Remigii*, M. G. H. SS. rer. Merov., t. III, p. 251.

Le rapport de Leidrade sur Lyon nous apprend d'ailleurs que les choses n'y allaient pas mieux. Saint Boniface ne reçoit d'encens que par des petits paquets que lui envoyaient ses amis de Rome.

Quant aux monnaies, elles sont dans un désordre affreux. Il n'y a pour ainsi dire plus de monnaies d'or. Au VIIIe siècle apparaissent dans les contrats de fréquentes mentions de prix de vente acquitté en blé ou en animaux[820]. Les faux monnayeurs ont beau jeu. Il n'y a plus pour les monnaies, ni poids, ni aloi.

Pépin entreprit sans grand succès de réformer le système monétaire. La double initiative qu'il prit dans ce domaine fut une rupture complète avec le système monétaire méditerranéen des Mérovingiens. On ne frappa désormais plus que des pièces d'argent et le sou comprit dorénavant 12 deniers, le denier étant maintenant la seule monnaie réelle. La livre de 327 grammes d'argent (la livre romaine) comprend, depuis Pépin, 22 sous ou 264 deniers ; elle devait être réduite par Charlemagne à 20 sous ou 240 deniers[821].

Charlemagne acheva la réforme monétaire de son père. Il est le fondateur du système monétaire médiéval. Ce système a donc été établi à une époque où la circulation de la monnaie a atteint le degré le plus bas qu'elle ait jamais connu. Charlemagne l'a adapté à une époque où le grand commerce a disparu. A l'époque mérovingienne, tout au contraire, on avait continué à frapper des monnaies d'or à cause de l'activité commerciale régnante et on n'en peut douter quand on voit l'or se perpétuer avec l'hyperpère, continuateur du sou d'or, dans le monde commercial byzantin et s'installer dans celui de l'Islam. Dans l'Empire carolingien lui-même, il est caractéristique que l'on frappe encore pendant un petit temps des pièces d'or là où se

---

[820] PROU, *Catalogue des monnaies mérovingiennes*, p. VII.

[821] Luschin von EBENGREUTH, *Allgemeine Münzkunde*, 2ᵉ éd., 1926, p. 161.

conserve l'activité commerciale, c'est-à-dire au pied des Pyrénées où se nouent quelques relations avec l'Espagne musulmane, et en Frise où le commerce scandinave entretient un certain mouvement d'affaires.

Charlemagne a encore frappé quelques sous d'or dans le royaume lombard, avant d'y imposer son système monétaire[822], ce qui prouve bien que, normalement, il ne frappe pas l'or. On a quelques sous d'or de l'atelier d'Uzès du temps de Charlemagne. Et l'on possède encore quelques belles pièces d'or de Louis le Pieux[823] portant l'inscription *munus divinum*. Le cours de ces pièces a été assez répandu pour qu'elles aient été imitées par les peuples commerçants du Nord, probablement les Frisons[824]. La plupart des exemplaires connus proviennent de la Frise, mais on en a découvert aussi en Norvège.

« En résumé, s'il est vrai qu'on rencontre quelques monnaies d'or, d'un caractère tout à fait exceptionnel, frappées aux noms de Charles et de Louis le Pieux, on n'en n'est pas moins autorisé à dire que ces monnaies ne rentrent pas dans le système monétaire carolingien. Ce système ne comporte que des monnaies d'argent ; il est essentiellement monométallique »[825], car il ne peut être question de voir dans ce petit monnayage d'or la preuve d'un système bimétalliste[826].

---

[822] PROU, *Catalogue des monnaies carolingiennes*, p. XXXII.

[823] Le roi Offa de Mercie (757-796) frappe des monnaies d'or, mais imitées des monnaies arabes. LOT, PFISTER et GANSHOF, *Histoire du Moyen Age*, t. I, p. 693. Cet or-là était sans doute fourni par le commerce scandinave, tout comme celui des monnaies frisonnes. C'est en tout cas une preuve de la nécessité de la monnaie d'or pour le commerce à longue distance et une confirmation de la disparition de ce commerce là où se substitue à elle la monnaie d'argent.

[824] PROU, *op. cit.*, p. XXXIII.

[825] PROU, *op. cit.*, p. XXXV.

[826] DOPSCH, *Naturalwirtschaft und Geldwirtschaft*, 1930, p. 120, se trompe ici complètement. Il reprend ce qu'il dit au t. II 2e éd., 1922, de sa *Wirtschaftsentwicklung*

Ce qu'il faut retenir, c'est qu'avec les Carolingiens se produit une rupture complète du système monétaire. C'en est fait, non seulement de l'or, mais du sou, base monétaire. On abandonne de plus la livre romaine, pour une livre beaucoup plus lourde de 491 grammes, au lieu de 327. Elle est débitée en 240 rondelles d'argent pur qui portent ou conservent le nom de deniers. Ces deniers et les oboles d'un demi-denier sont les seules monnaies réelles. Mais il y a à côté d'elles des monnaies de compte, simples expressions numérales correspondant chacune à une quantité déterminée de deniers. C'est le sou qui, probablement en vertu de la numérotation duodécimale des Germains, correspond à 12 deniers, et la livre qui comprend 20 sous. Évidemment, cette petite monnaie n'est pas faite pour le grand commerce ; sa mission principale est de servir à la clientèle dans ces petits marchés locaux si fréquemment mentionnés dans les capitulaires et où les ventes et marchés se font *per denaratas*. Les capitulaires d'ailleurs ne citent jamais que des deniers d'argent.

Le système monétaire de Charles marque donc une rupture complète avec l'économie méditerranéenne qui a duré jusqu'à l'invasion de l'Islam et qui était devenue inapplicable après celle-ci, comme le prouve bien la crise monétaire du VIIIe siècle. Il s'explique par la volonté de s'accommoder à l'état actuel des choses, d'adapter la législation aux conditions

---

des Karolingerzeit, p. 306. Il veut tout d'abord prouver que, à l'encontre de la théorie courante, qui admet à tort, selon lui, la frappe de l'argent parce qu'il n'y a plus d'or, ce dernier métal n'a pas disparu au VIIIe siècle. Il essaie de le prouver en citant les amendes en or que Charlemagne et Louis imposent au duc de Bénévent (*ibid.*, p. 319), le butin fait sur les Avars et l'or apporté dans le sud de la France par les Musulmans d'Espagne (*ibid.*, p. 319). Il fait allusion à la somme de 900 sous d'or donnée par le maire du palais à Saint-Corbinian (*ibid.*, p. 319), à la trouvaille à Ilanz (Coire, Suisse) de quelques pièces d'or (*ibid.*, p. 320), ainsi qu'aux monnaies d'or frisonnes ; enfin, il invoque le grand luxe de l'époque ! D'après lui, *loc. cit.*, t. II, p. 309 et ss., si les Carolingiens ont frappé des monnaies d'argent, c'est parce qu'ils se sont trouvés en présence d'une formidable crise monétaire et qu'ils ont voulu faire disparaître la méfiance qui se manifestait à l'égard des mauvaises pièces d'or, en les remplaçant par de bons et forts deniers d'argent. Cet historien se trompe entièrement à mon avis, en comparant cette réforme avec celle des gros deniers au XIIIe siècle.

nouvelles qui s'imposent à la société, d'accepter les faits et de s'y soumettre afin de pouvoir substituer l'ordre au désordre. Le nouveau système, monométalliste argent, correspond à la régression économique à laquelle on est arrivé.

Là où la nécessité de gros paiements continuait à exister, on a utilisé l'or, soit celui des pays où l'on frappe encore, soit des espèces arabes ou byzantines[827].

Il faut aussi remarquer la pauvreté du stock monétaire et le peu de diffusion de la monnaie. Elle apparaît comme liée à ces petits marchés locaux dont il sera question plus loin. Et l'on comprend facilement qu'elle ne joue plus qu'un rôle tout à fait secondaire dans une société où l'impôt a disparu. On arrive à la même conclusion en constatant l'insignifiance du trésor royal qui, jadis, était si essentiel. La richesse mobilière est infime comparée à l'immobilière.

Charlemagne a aussi introduit de nouveaux poids et mesures dont les étalons étaient déposés au palais. Il y a donc ici aussi une rupture avec la tradition antique. Mais, en 829 déjà, les évêques signalent à Louis le Pieux que les mesures sont diverses dans toutes les provinces. Évidemment Charlemagne ici, comme en beaucoup d'autres choses, a voulu faire plus qu'il ne pouvait.

Les Carolingiens ont rendu à la monnaie son caractère royal. Ils la font surveiller par les comtes et les *missi* et règlent le nombre des ateliers[828]. Ils voulurent pourtant, en 805, centraliser la frappe au palais[829], mais n'y réussirent pas. Dès le règne de

---

[827] PROU *Catalogue des monnaies carolingiennes*, p. XXXI-XXXII ; M. BLOCH, Le problème de l'or au Moyen Age, *Annales d'histoire économique et sociale*, 1933. p. 14.

[828] PROU, *op. cit.*, p. LXXIV.

[829] *Ibid.*, p. LXIX.

Louis le Pieux, on monnayait dans la plupart des cités[830]. Mais sous le règne de Charles le Chauve, les comtes usurpent le droit de battre monnaie. En 827, Louis le Pieux cède déjà un atelier monétaire à une Église, mais la monnaie qu'on y frappe y est encore royale. En 920, des Églises obtiennent le droit de frapper monnaie à leur marque propre. C'est l'usurpation complète qu'avait préparée l'abandon par le roi de ses droits utiles[831].

On peut donc dire que si, jusqu'à la réforme carolingienne, il n'y a eu pour l'Europe chrétienne qu'un seul système monétaire : romain et méditerranéen, il y en a deux maintenant, correspondant chacun à un domaine économique spécial : le byzantin et le carolingien, l'oriental et l'occidental. La monnaie a suivi le bouleversement économique de l'Europe. Les Carolingiens ne continuent pas les Mérovingiens. Entre les uns et les autres, il y a le même contraste complet qu'il y a entre l'or et l'argent. Que le grand commerce ait disparu et que cette disparition explique celle de l'or, c'est ce qu'il faut montrer maintenant avec quelques détails, puisque la chose a été contestée.

Ce grand commerce, on l'a vu, et tout le monde l'admet, s'entretenait par la navigation de la Méditerranée occidentale. Or, on a vu plus haut que l'Islam, dans le courant du VIIIe siècle, a fermé la mer à la navigation chrétienne partout où la flotte byzantine n'a pu la protéger. Et les invasions arabes du VIIIe siècle en Provence, avec l'incendie des villes par Charles Martel, ont fait le reste. Certes, Pépin a repris pied sur les côtes du golfe du Lion en rétablissant, en 752, son pouvoir sur Nîmes, Maguelonne, Agde et Béziers, qui lui ont été livrées par

---

[830] *Ibid.*, p. LI.

[831] *Ibid.*, p. LXI.

le Goth Ansemundus[832] ; mais il y avait dans ces villes wisigothiques des garnisons sarrasines. La population dut se soulever contre elles. Narbonne tint le plus longtemps. C'est seulement en 759 que les habitants massacrèrent la garnison et consentirent à recevoir une garnison franque, à condition de conserver leur droit national[833].

La fondation du khalifat Omiyade en Espagne, en 765, a donné aux relations de l'État carolingien avec l'Islam un caractère plus paisible. Ni cette accalmie, ni la reprise de la côte du golfe du Lion n'a ranimé le commerce maritime[834]. C'est que les Carolingiens n'ont pas de flotte et ne peuvent donc nettoyer la mer des pirates qui l'infestent.

Pourtant, ils cherchent à s'assurer la sécurité de la mer : en 797, ils occupent Barcelone[835], et en 799 les Baléares que les Sarrasins viennent de dévaster et qui se donnent à Charles[836]. En 807, Pépin chasse les Maures de Corse avec une flotte italienne[837]. Charles semble avoir voulu, un moment, entreprendre la lutte sur mer ; en 810, il ordonna la construction d'une flotte[838], mais il n'en résulta rien et il ne put empêcher les Maures, en 813, de ravager la Corse, la Sardaigne, Nice, Civita-Vecchia.

---

[832] RICHTER et KOHL, *Annalen des Fränkischen Reichs im Zeitalter der Karolinger*, t. II, 1ᵉ partie, p. 1. L. OELSNER, *Jahrbücher des Fränkischen Reiches unter König Pippin*, p. 340.

[833] RICHTER et KOHL, *op. cit.*, t. II, 1ᵉ partie, 1885, p. 16.

[834] Charles a été au moins avec Haroun, de 797 à 809. KLEINCLAUSZ, *Charlemagne*, p. 342.

[835] RICHTER et KOHL, *op. cit.*, p. 116.

[836] *Ibid.*, p. 144.

[837] *Ibid.*, p. 173. Cf. *ibid.*, p. 184, a° 810.

[838] *Ibid.*, p. 186.

L'expédition organisée en 828 par Boniface de Toscane contre la côte d'Afrique[839], ne donna pas plus de résultats. Incapable d'assurer la sécurité de la mer, Charles dut se borner à faire protéger la côte contre les Maures qui y exercent la piraterie[840]. Le pape, lui aussi, en est réduit à mettre la côte en état de défense, pour la protéger contre les expéditions des Sarrasins[841].

Après Charles, qui a eu du moins une politique défensive utile, c'est la misère. En 838, Marseille est envahie. En 842 et 850, les Arabes pénètrent jusqu'à Arles. En 852, ils prennent Barcelone. La côte est maintenant ouverte à toutes les attaques. En 848, elle est même infestée par des pirates grecs, et en 859, les Danois qui ont doublé l'Espagne, paraissent en Camargue.

Vers 890, des Sarrasins d'Espagne s'installent entre Hyères et Fréjus, et établissent une forte position à Fraxinetum (La Garde-Frainet), dans la chaîne des Maures[842]. De là, ils dominent la Provence et le Dauphiné qu'ils soumettent à de continuelles *razzias*[843]. Il est inouï que ce soit une flotte grecque qui, en 931, leur ait infligé une défaite.

Ce ne devait être qu'en 973 que le comte Guillaume d'Arles parvint à les bouter dehors. Mais jusque-là, ils ont, non seulement maîtrisé la côte, mais encore dominé les cols des Alpes[844].

---

[839] KOHL, *Annalen des Fränkischen Reichs im Zeitalter der Karolinger*, t. II, 2ᵉ partie, 1887, p. 260.

[840] ABEL et SIMSON, *Jahrbücher des Fränkischen Reiches unter Karl dem Grossen*, t. II, p. 427.

[841] *Ibid.*, t. II, p. 488-489.

[842] En août 890 un texte dit que : *Sarrazeni Provinciam depopulantes terram in solitudinem redigebant.* M. G. H. Capit., éd. Boretius-Krause, t. II, p. 377.

[843] A. SCHAUBE, *Handelsgeschichte des Romanischen Völker*, p. 98.

[844] SCHAUBE, *op. cit.*, p. 99.

La situation n'est pas meilleure sur la côte italienne. En 935, Gênes est pillée[845].

On comprend que, dans ces conditions, les ports soient fermés à tout trafic. Pour qui veut, du nord, aller en Italie, il n'y a plus de passage possible que par les passes des Alpes, où l'on risque souvent d'être détroussé ou massacré par les gens de Fraxinetum. On constate d'ailleurs que les cols conduisant vers la Provence sont maintenant désertés.

Et ce serait une erreur de croire qu'il ait existé un commerce entre la *Francia* et l'Espagne[846]. Cependant, l'Espagne est en pleine prospérité. Le port d'Almeria aurait eu, en 970, des hôtelleries. La seule importation de Gaule que l'on y puisse constater, c'est celle des esclaves amenés par des pirates sans doute et aussi par les Juifs de Verdun.

Le grand commerce est donc bien mort de ce côté, depuis le commencement du VIIIe siècle. Tout ce qui a pu se conserver, c'est un colportage d'objets précieux, de provenance orientale, exercé par les Juifs. C'est à lui sans doute que Théodulfe fait allusion.

Peut-être subsiste-t-il un certain trafic entre Bordeaux et la Grande-Bretagne[847], mais, en tout cas, c'est bien peu de chose.

Ainsi donc tout concorde.

---

[845] En 979, l'archevêque de cette ville déclare que *res nostrae ecclesiae vastatae et depopulatae et sine habitatore relicte*.

[846] LEVI PROVENÇAL, *L'Espagne musulmane au Xe siècle*, 1932, p. 183, fait observer que le Languedoc fut, sans doute, le tributaire des industries musulmanes d'Espagne au Xe siècle, « mais le manque absolu de documents sur la question n'autorise malheureusement pour l'instant que des présomptions ».

[847] THOMPSON, *An economic and social history of the Middle Ages*, 1928, p. 314.

On a constaté plus haut la fin de l'importation du papyrus, des épices, des soieries dans la *Francia*. Aucun mouvement d'affaires n'a lieu avec l'Islam. Ce que Lippmann dit de la fabrication du sucre qui se répand dans l'Italie du Sud, mais pas dans le nord de la péninsule avant le XIIe siècle, est probant[848]. Les Grecs d'Italie auraient pu être intermédiaires. Ils ne l'ont pas été. On ne voit que trop bien pourquoi[849].

La classe des grands marchands a disparu. On trouve bien çà et là un *mercator*[850] ou un *negociator*, mais ce qu'on ne trouve plus, ce sont des marchands professionnels comme ceux de l'époque mérovingienne. Plus d'hommes d'affaires donnant des terres aux Églises et entretenant les pauvres. Plus de capitalistes prenant les impôts à ferme et prêtant de l'argent aux fonctionnaires. On n'entend plus parler de commerce aggloméré dans les villes. Ce qui subsiste, parce que cela se rencontre à toutes les époques, ce sont des marchands occasionnels. Mais ce n'est pas là une classe de marchands. Il y a, sans doute, des gens qui profitent d'une famille pour aller vendre du blé au-dehors ou qui vendent même leurs propres biens[851]. Il y a surtout des gens qui suivent les armées pour en tirer profit. Il y en a qui s'aventurent aux frontières pour vendre des armes à l'ennemi ou faire du troc avec les Barbares. C'est là un négoce d'aventuriers, dans lequel on ne peut voir une activité économique normale. Le ravitaillement du palais à Aix a donné naissance à un service régulier.

---

[848] LIPPMANN, *Geschichte des Zuckers*, 2e éd., 1929, p. 283.

[849] Le moine de Saint-Gall rapporte que Louis le Pieux donnait aux grandes fêtes des *preciosissima vestimenta* aux grands officiers de son palais. Était-ce de la soie ? Cf. R. HAEPKE, Die Herkunft des friesischen Gewebe, *Hansische Geschichtsblätter*, t. XII, 1906, p. 309.

[850] E. SABRE Quelques types de marchands des IXe et Xe siècles, *Revue belge de phil. et d'hist.*, t. XIII, 1934, p. 176-187.

[851] M. G. H. Capit., éd. Boretius-Krause, t. I, p. 131 : Ordre aux évêques de surveiller les trésors des églises *quia dictum est nobis, quod negociatores Judaei necnon et alii gloriantur, quod quicquid eis placeat possint ab eis emere*.

Mais ce n'est pas là non plus une manifestation commerciale. Ces fournisseurs sont soumis à un contrôle que le palais exerce sur eux[852]. D'ailleurs, un fait est à signaler qui montre combien le capital mobilier a diminué d'importance, c'est l'interdiction du prêt à intérêt. Sans doute, faut-il voir là l'influence de l'Église qui l'a de bonne heure interdit à ses membres ; mais que cette interdiction ait été imposée au commerce sur lequel elle devait peser durant tout le Moyen Age, il y a là sans nul doute une preuve de la disparition du grand commerce. Déjà, le capitulaire de 789 interdit tout profit sur l'argent ou toute autre chose donnée en prêt[853]. Et l'État adopte l'interdiction que publie l'Église[854].

Il n'y a donc plus, en règle générale, de marchands de profession à l'époque carolingienne ; tout au plus trouve-t-on, surtout pendant les famines, des marchands occasionnels et des serfs d'abbaye qui convoitent les produits des terres et les vendent ou les achètent en cas de disette. Si le commerce s'est éteint, c'est qu'il n'y a plus pour lui de débouchés parce que la population urbaine a disparu ; pour mieux dire, il n'y a plus de commerce qu'au palais pendant le temps où, sous Charlemagne et Louis le Pieux, il est resté fixé à Aix. Ici, on a recours aux

---

[852] WAITZ, *Deutsche Verfassungsgeschichte*, t. IV, 2ᵉ éd., 1885, p. 45.

[853] WAITZ, *op. cit.*, t. IV, 2ᵉ éd., p. 51, M. G. H. Capit., t. I, p. 53 ss. et p. 132 : *Usura est ubi amplius requiritur quam datur ; verbi gratia si dederis solidos 10 et amplius requisieris ; vel si dederis modium unum frumenti et iterum super aliud exigeris.* M. DOPSCH a beau faire pour prouver que les Carolingiens n'ont pas agi contre l'intérêt, il n'y parvient que par un détour : il n'y a pas, dit-il, *op. cit.*, t. II, p. 278, de défense de la part des laïques de prélever un intérêt.

[854] D'après M. DOPSCH, Charles n'a rien innové en matière de législation antiusuraire et il s'est borné à continuer la tradition mérovingienne qui défend l'intérêt aux clercs, *op. cit.*, t. II, p. 281. Le même auteur donne quelques exemples peu convaincants pour prouver que le prêt à intérêt a été pratiqué à l'époque carolingienne. C'est évident ; puisqu'on l'interdit, c'est qu'il existait. Le seul fait intéressant est son interdiction, *op. cit.*, t. II, p. 282-284. Il conclut, t. II, p. 286, par cette affirmation invraisemblable : *Von einer verkehrsfeindlichen Tendenz des Karolinger oder ihrer Gesetzgebung kann also wohl doch nicht die Rede sein.*

marchands, mais à des marchands spéciaux qui sont dans une certaine mesure des agents du ravitaillement, qui sont justiciables du palais et placés sous les ordres de *magistri*[855].

Ils sont exempts du paiement des tonlieux aux Cluses, à Duurstede et à Quentovic. Ils paraissent d'ailleurs avoir fait leurs affaires en même temps que celles de l'empereur[856].

Dans certaines villes et sûrement à Strasbourg, en 775[857], l'évêque avait organisé un service de ravitaillement avec des hommes à lui que Charles exempte du tonlieu dans tout son royaume, excepté à Quentovic, Duurstede et aux Cluses.

Et il en était de même, on le sait, pour les grandes abbayes[858]. Mais on voit trop bien que tout cela n'est pas, à proprement parler, du commerce. C'est du ravitaillement privilégié. C'est d'ailleurs un ravitaillement à rayon très étendu, puisqu'il s'étend de la mer du Nord aux Alpes.

On pourrait considérer comme étant en contradiction avec tout ceci le nombre très grand et sans cesse croissant de marchés fondés dans l'Empire de tous côtés. On peut admettre qu'il y en a régulièrement un dans chaque *civitas* et on en trouve dans

---

[855] Le capitulaire *de disciplina palatii* (vers 820), M. G. H. Capit., t. I, p. 298, confie à un certain Ernaldus la surveillance des *mansiones omnium negociatorum, sive in mercato sivi aliubi negotientur, tam christianorum quam et judaeorum*. Il y a donc là, semble-t-il, des boutiques à demeure. *Ernaldus seniscalcus* (?), disent Boretius-Krause, à la table. Une formule des *Formulae Imperiales* de 828, éd. Zeumer, *Formulae*, p. 314, ajoute que les marchands viendront présenter leur compte en mai au palais.

[856] *Et si vehicula infra regna... pro nostris suorumque utilitatibus negotiandi gratia augere voluerint.* M. G. H. Formulae, éd. Zeumer, p. 315.

[857] G. G. DEPT, *op. cit., Mélanges Pirenne*, t. I, p. 89.

[858] Voyez sur la circulation des bateaux des abbayes, LEVILLAIN, *Recueil des actes de Pépin Ier et de Pépin II, rois d'Aquitaine*, 1926, p. 19, n° VI, p. 59 ; n° XVII, p. 77 ; n° XXI, p. 170 ; n° XLI. Cf. IMBART DE LA TOUR, Des immunités commerciales accordées aux églises du VIIe au IXe siècle, *Études d'Histoire du Moyen Age dédiées à G. Monod*, 1896, p. 71.

quantité de bourgs, à côté d'abbayes, etc. Il faut bien se garder cependant de les confondre avec les foires ; on ne retrouve, en réalité, à l'époque carolingienne qu'une seule foire, celle de Saint-Denis.

Tout ce que nous savons nous montre que ces petits marchés ne sont fréquentés que par les paysans des alentours, par des colporteurs et des bateliers. On y vend « par deniers », c'est-à-dire en détail. Ils ont autant de signification comme lieux de réunion que comme lieux de vente[859]. Les capitulaires qui les visent nous les montrent surtout fréquentés par des serfs, donc par des paysans. Il y paraît des colporteurs marrons comme ce *negociator*, qui va de marché en marché, offrir en vente une épée volée au comte de Bourgogne et qui, ne parvenant pas à la placer, la rapporte au volé[860]. On y voyait aussi des Juifs. Agobart se plaint même de ce que, pour leur en faciliter l'accès, on change le jour des marchés qui sont placés le samedi[861].

Le jour de la fête du saint dans les monastères, il y avait afflux de la *familia* venant de fort loin et des transactions se faisaient entre ses membres[862]. Les Miracles de saint Remacle rapportent que le serf chargé de garder la vigne du monastère à Remagen,

---

[859] M. G. H. Capit., t. I, p. 88 : *Ut... familia nostra ad eorum opus bene laboret et per mercata vacando non eat*. Charles défend de tenir des marchés le dimanche, mais seulement *in diebus in quibus homines ad opus dominorum suorum debent operari* (M. G. H. Capit., t. I p. 150, § 18). Cf. aussi les prêtres qui *per diversos mercatus indiscrete discurrunt*, M. G. H. Capit., t. II, p. 33. Sur le caractère infime des transactions et les ruses des femmes qui se servent de mauvais deniers, voyez M. G. H. Capit., t. II, p. 301, *sub anno* 861. Voyez encore pour ce petit commerce au détail : *ibid.*, t. II, p. 319, a° 864 : *illi, qui panem coctum aut carnem per deneratas aut vinum per sextaria vendunt*.

[860] FLODOARD, *Historia Remensis*, IV, 12, M. G. H. SS., t. XIII, p. 576. Un autre colporteur est le *mercator* signalé dans la *Vita S. Germani* qui, monté sur son âne, *quidquid in una villa emebat, carius vendere satagebat in altera*. HOVELIN, *Essai historique sur le droit des marchés et des foires*, p. 151, n. 4.

[861] WAITZ, *op. cit.*, t. IV, 2e éd., p. 47, n. 3.

[862] WAITZ, *op. cit.*, t. IV, 2e éd. p. 52. C'est ce qu'on appelle *forum anniversarium* ou *mercata annuale* par opposition au *forum hebdomadarium*.

étant venu au marché, y avait acheté deux bœufs qu'il perdit en chemin par suite des copieuses libations auxquelles il s'était livré[863]. La fête religieuse coïncidait donc avec une foire. D'après Waitz, l'autorisation royale n'est pas requise pour la fondation d'un marché, à moins qu'elle ne comportât une exemption ou une donation du tonlieu. Plus tard, un atelier monétaire est parfois érigé auprès du marché et, dans ce cas, il y a concession royale. L'édit de Pîtres[864] montre que le nombre de marchés ne cessait de grandir, puisqu'il parle de ceux qui existaient sous Charlemagne, de ceux qui commencèrent sous Louis et de ceux qui s'ouvrirent sous le règne de Charles le Chauve. Or, la décadence économique ne cessait de s'accentuer à cause des incursions normandes ; c'est bien la preuve que le nombre des marchés n'explique pas un soi-disant développement du commerce, mais plutôt son repliement sur lui-même.

Dès 744, le capitulaire de Soissons avait chargé les évêques d'ouvrir dans chaque cité un *legitimus forus*[865]. Aucun de ces petits marchés n'était très fréquenté[866]. La plupart du temps, on n'y vendait que des poulets, des œufs, etc. Mais sans doute, dans quelques marchés plus favorisés, pouvait-on se procurer des objets fabriqués. Il en était probablement ainsi pour les tissus dans la région flamande. Un formulaire du *Codex Laudunensis*, qui est d'origine gantoise, donne le texte d'une lettre où un clerc quelconque envoie 5 sous à un ami en le priant de lui acheter un capuchon (*cucullum spissum*)[867]. Mais il est

---

[863] *Miracula S. Remacli Stabulenses*, M. G. H. SS., t. XV1, p. 436.

[864] WAITZ, *op. cit.*, t. IV, 2ᵉ éd., p. 53 et p. 54 n.

[865] M. G. H. Capit., t. I, p. 30.

[866] VERCAUTEREN, *Étude sur les Civitates*, p. 334, montre que M. Dopsch s'est servi pour donner une grande signification au marché de Laon, de textes qui, en fait, n'en parlent pas.

[867] F. VERCAUTEREN, *Étude sur les Civitates*, p. 334.

impossible d'en conclure qu'il y ait eu là des marchés de gros et quoi que ce soit qui ressemblât à un mouvement d'affaires.

Ces petits marchés, si nombreux, devaient être alimentés par l'industrie domestique des potiers, forgerons, tisserands ruraux, pour les besoins de la population locale, comme dans toutes les civilisations primitives. Mais rien de plus, certainement ; on n'y trouve aucune trace de fixation de marchands ou d'artisans. Le fait que très souvent on établit un petit atelier monétaire aux marchés prouve encore l'absence de circulation. En 865 d'ailleurs, Charles le Chauve accorde le droit d'ouvrir un atelier monétaire à l'évêque de Châlons parce que celui-ci ne peut pas se procurer des deniers frappés dans les ateliers royaux[868].

A ces marchés, on ne peut rien se procurer d'origine lointaine. Aussi Alcuin a-t-il un *negociator* qu'il envoie faire des achats en Italie[869]. Ce n'est guère qu'à la foire de Saint-Denis, au VIIIe siècle, que l'on trouve des Saxons et des Frisons[870].

Les transactions les plus importantes, pour autant qu'il y en eût, ne se faisaient pas aux marchés. Elles devaient avoir lieu là où l'occasion s'en présentait. Elles portaient sur des objets précieux, perles, chevaux, bétail. Le texte d'un capitulaire montre que c'est en cela que consistait le commerce des *negociatores* proprement dits ; ceux-ci[871] « les spécialistes, les professionnels », étaient à peu près exclusivement des Juifs.

Avec eux, on se trouve en présence de gens qui vraiment vivent du commerce. Et il n'y a guère qu'eux, avec quelques Vénitiens, qui soient dans ce cas. Il suffit, pour s'en convaincre, de lire les

---

[868] PROU, *Catalogue des monnaie carolingiennes*, p. LXII.
[869] WAITZ, *op. cit.*, t. IV, 2e éd., p. 42, n. 3.
[870] HUVELIN, *op. cit.*, p. 149.
[871] M. G. H. Capit., t. I, p. 129, c. 11.

capitulaires où le mot *judaeus* apparaît continuellement accolé au mot *mercator*[872]. Ces Juifs continuent évidemment l'activité de leurs compatriotes que nous avons vus éparpillés dans tout le bassin de la Méditerranée avant l'invasion de l'Islam[873]. Mais ils la continuent dans des conditions assez différentes.

La persécution à laquelle ils avaient été en butte en Espagne à la fin de l'époque wisigothique, lorsqu'Egica (687-702) avait été jusqu'à leur interdire le commerce avec l'étranger et avec les Chrétiens, ne s'est pas communiquée à l'Empire franc. Au contraire, ils sont placés sous la protection du souverain qui les affranchit du tonlieu. Louis le Pieux a promulgué en leur faveur un capitulaire, perdu aujourd'hui, qui défend de les poursuivre autrement que *secundum legem eorum*[874]. Le meurtre commis sur leur personne entraînait une amende au profit de la *camera* du roi. Ce sont là des privilèges très importants, dont ils n'avaient pas joui auparavant et qui montrent que le roi les considérait comme indispensables.

Les Carolingiens, d'ailleurs, se servaient très fréquemment d'eux. Ce sont des Juifs qu'ils envoyaient comme ambassadeurs à Haroun-al-Raschid ; et on a vu plus haut qu'il y avait des Juifs parmi les marchands du palais, fixés à Aix-la-Chapelle.

Louis le Pieux avait pris à son service et accordé une protection spéciale au juif Abraham de Saragosse qui le servait fidèlement

---

[872] DOPSCH, *op. cit.*, t. I, 2ᵉ éd., p. 168, déclare lui-même : *Die Handelsleute und Juden, was ja vielfach dasselbe war.*

[873] On trouve au IXe siècle des Juifs à Narbonne, à Vienne, surtout à Lyon et peut-être ailleurs encore dans le Midi.

[874] DOPSCH, *op. cit.*, t. II, 2ᵉ éd., p. 345. M. G. H. Formulae, éd. Zeumer, *Formulae Imperiales* p. 311, n° 32 ; p. 314, n° 37 ; p. 309, n° 30 ; p. 310, n° 31 ; p. 325, n° 52. Toutes ces formules sont du règne de Louis le Pieux, probablement d'avant 836. Voyez COVILLE, *Recherches sur l'histoire de Lyon*, p. 540.

dans son palais[875]. Rien de pareil ne se rencontre en faveur d'un marchand chrétien.

Un privilège de Louis le Pieux est accordé, vers 825, à David Davitis, à Joseph et à leurs coreligionnaires habitant Lyon[876]. Ils sont affranchis du tonlieu et autres droits frappant la circulation, et placés sous la protection de l'empereur (*sub mundeburdo et defensione*). Ils peuvent vivre selon leur foi, célébrer leurs offices au palais, engager des Chrétiens *ad opera sua facienda*, acheter des esclaves étrangers et les vendre dans l'Empire, faire des échanges et trafiquer avec qui il leur plaît, donc au besoin avec l'étranger[877].

Ce que nous savons des Juifs par les Formules est confirmé par ce qu'écrit Agobard dans ses opuscules, rédigés de 822 à 830. Avec fureur, il y relève les richesses des Juifs, le crédit dont ils jouissent au palais, les actes que l'empereur a fait apporter pour eux par des *missi* à Lyon, et la clémence de ces *missi* à leur égard. Les Juifs, dit-il, fournissent du vin aux conseillers de l'empereur ; les parents des princes, les femmes des palatins envoient des cadeaux et des vêtements à des femmes juives ; de nouvelles synagogues s'élèvent[878]. On croirait entendre un antisémite parlant de « barons » juifs. On a incontestablement affaire ici à de grands marchands dont on ne peut se passer. On va jusqu'à leur permettre d'avoir des serviteurs chrétiens. Ils peuvent posséder des terres ; on en a la preuve pour le pays de Narbonne où ils sont propriétaires de terres qu'ils font cultiver par des Chrétiens, car ils ne sont pas ruraux. Déjà le pape se

---

[875] DOPSCH, *op. cit.*, t. I, 2ᵉ éd, p. 68, M. G. H. Formulae, éd. Zeumer, *Formulae Imperiales*, p. 325, n° 52, *liceat illi sub mundeburdo et defensione nostra quiete vivere et partibus palatii nostri fideliter deservire*.

[876] M. G. H. Formulae, éd. Zeumer, p. 310.

[877] COVILLE, *op. cit.*, p. 540.

[878] A Lyon. Cf. COVILLE, *op. cit.*, p. 541.

plaignait de cet état de choses en 768-772[879]. Ils ont aussi des terres et des vignes à Lyon, à Vienne en Provence, dans la banlieue des villes. Sans doute les ont-ils acquises comme placements de bénéfices.

Le commerce qu'ils font est donc généralement du grand commerce et c'est en même temps du commerce extérieur. C'est par eux que le monde occidental correspond encore avec l'Orient. L'intermédiaire n'est plus la mer, mais l'Espagne. Par elle, les Juifs sont en rapport avec les puissances de l'Afrique musulmane et avec Bagdad. Ibn Kordadbeh, dans le Livre des Routes (854-874), nous parle des Juifs Radamites qui, dit-il, « parlent le persan, le romain, l'arabe, les langues franque, espagnole et slave. Ils voyagent de l'Occident en Orient et d'Orient en Occident, tantôt par terre et tantôt par mer. Ils apportent de l'Occident des eunuques, des femmes esclaves, des garçons, de la soie, des pelleteries et des épées. Ils s'embarquent dans le pays des Francs, sur la mer Occidentale, et se dirigent vers Farama (Peluse)[880], ... ils se rendent dans le Sind, l'Inde et la Chine. A leur retour, ils se chargent de musc, d'aloès, de camphre, de cannelle et d'autres produits des contrées orientales. Quelques-uns font voile vers Constantinople, afin d'y vendre leurs marchandises ; d'autres se rendent dans le pays des Francs »[881]. Peut-être quelques-uns venaient-ils par le Danube ; mais sûrement la plupart arrivaient par l'Espagne. C'est sans doute à leurs importations que se rapportent les vers de Théodulphe relatifs aux richesses de l'Orient[882]. L'Espagne est encore mentionnée dans le texte d'une formule de Louis le Pieux, à propos du juif Abraham de

---

[879] JAFFÉ-WATTENBACH, *Regesta pontificum Romanorum*, n° 2389.

[880] Ville détruite près de Port-Said.

[881] Le livre des routes et des voyages, éd. et trad. franç. C. BARBIER DE MAYNARD, dans le *Journal asiatique*, 6ᵉ série, t. V, 1865, p. 512.

[882] Ed. Dümmler, M. G. H. Poetae latini aevi carolini, t. I, p. 460-461, p. 499, etc.

Saragosse. Et ce que nous savons des marchands verdunois[883] nous les montre en rapport avec ce même pays. Enfin, on sait aussi que des Juifs importaient des étoffes de Byzance et d'Orient dans le royaume de Léon[884]. Les Juifs sont donc des pourvoyeurs d'épices et d'étoffes précieuses. Mais on voit par les textes d'Agobard qu'ils vendent aussi du vin[885]. Et ils s'occupent, au bord du Danube, du commerce du sel[886]. Au Xe siècle, les Juifs possèdent des salines près de Nuremberg[887]. Ils font aussi le commerce d'armes. En outre, ils exploitaient les trésors des églises[888].

Mais leur grande spécialité, c'est, comme on l'a vu plus haut, le commerce des esclaves. Quelques-uns de ceux-ci se vendent dans le pays, mais la majorité est exportée en Espagne. On sait qu'à la fin du IXe siècle, le centre de ce commerce des esclaves et des eunuques était Verdun[889]. Les renseignements sur la vente des eunuques datent du Xe siècle, mais déjà entre 891 et 900, les *Miracula S. Bertini* parlent des *Verdunenses negotiatores* se rendant en Espagne. D'après Luitprand, ce commerce rapportait un énorme bénéfice. Le commerce des esclaves avait été rigoureusement interdit en 779 et 781[890], et cette défense fut renouvelée en 845[891]. Mais il continua néanmoins.

---

[883] ROUSSEAU, *La Meuse et le pays mosan en Belgique*, 1930, p. 72.

[884] SANCHEZ-ALBORNOZ, *Estampas de la Vida en Léon durante el sigla X*, 1926, p. 55.

[885] AGOBARD, *Epistolae*, éd. Dümmler, M. G. H. Epist., t. V, p. 183.

[886] M. G. H. Capit., t. II, p. 250.

[887] ARONIOS, *Regesten zur Geschichte des Juden*, p. 56.

[888] *Dictum est nobis, quod negotiatores Judaei necnon et alii gloriantur, quod quicquid eis placeat possint ab eis emere.* M. G. H. Capit., t. I, p. 131, a° 806.

[889] AGOBARD, *Epistolae*, M. G. H. Epist., t. V, p. 183, et ROUSSEAU, *op. cit.*, p. 72.

[890] M. G. H. Capit., t. I, p. 51 et p. 190.

[891] *Ibid.*, t. II, p. 419.

Agobard nous montre que ce commerce remontait haut, continuant sans doute celui de l'époque mérovingienne. Il raconte qu'au commencement du IXe siècle un homme était venu à Lyon, après s'être échappé de Cordoue où il avait été vendu comme esclave par un juif de Lyon. Et il affirme à ce propos qu'on lui a parlé d'enfants volés ou achetés par des Juifs pour être vendus[892].

Enfin, il faut ajouter à cela que les Juifs se livraient au commerce de l'argent sur lequel nous avons d'ailleurs assez peu de renseignements.

Il y a eu probablement, à côté de ces Juifs riches et voyageurs, des petits colporteurs fréquentant les marchés. Mais ce sont les Juifs qui ont continué le grand commerce. Et les objets de ce commerce sont justement ceux qu'un texte de 806 nous signale comme la spécialité des *mercatores* : l'or, l'argent, les esclaves et les épices[893].

En dehors des Juifs et des Frisons, il n'y a guère eu à cette époque de marchands proprement dits (je ne parle pas des marchands occasionnels). On peut déjà déduire cela de la faveur dont jouissent les Juifs ; s'ils n'avaient pas été indispensables, on ne les aurait pas protégés à ce point. D'autre part, puisque les Juifs pouvaient employer des Chrétiens, beaucoup de leurs agents auront passé pour être des *mercatores christiani*. D'ailleurs, le langage est là pour le prouver : « juif » et « marchand » deviennent des termes synonymes[894].

---

[892] *Epist., loc. cit.*, p. 185, et COVILLE, *op. cit.*, p. 541-542.

[893] *Auro, argento et gemmis, armis ac vestibus necnon et mancipiis non casatis et his speciebus quae proprie ad negotiatores pertinere noscuntur.* M. G. H. Capit., t. I, p. 129.

[894] *Mercatorer, id est Judaei et ceteri mercatores*, M. G. H. Capit., t. II, p. 252 ; *mercatores hujus regni, christiani rive Judei*, ibid., t. II, p. 419 ; *mansiones omnium negotiatorum... tam christianorum quam et Judaeorum*, ibid., t. I, p. 298 ; *de cappis et aliis negotiatoribus, videlicet ut Judaei dent decimam et negotiatores christiani undecimam*, ibid., t. II, p. 361.

A côté des Juifs, il y a peut-être eu, çà et là, un Vénitien qui a traversé les Alpes, mais ce dut être bien rare.

En somme, le Juif est le marchand professionnel des temps carolingiens. Mais il va de soi qu'il n'a pu alimenter une importation considérable. On le voit à la rareté des épices et au déclin du luxe. Le fait que ce commerce est terrien et non maritime le condamne encore à être fort réduit. Mais il a été d'autant plus lucratif.

Une preuve du manque d'importance du commerce réside dans le fait que ni dans les *Formulae* ni dans les actes divers de l'époque il n'y est fait allusion. S'il est question, dans un capitulaire de 840, de *cautiones* et d'argent confié *ad negociandum*[895] et dans un autre, de 880, de *scriptum fiduciationis*[896], c'est qu'il s'agit de Venise. Le droit commercial s'est maintenu là où s'est maintenu le commerce méditerranéen. Il a disparu quand la mer a été fermée.

De tout ceci, on peut donc conclure à une régression commerciale qui a eu pour conséquence de faire plus que jamais de la terre la base essentielle de la vie économique. Elle l'était déjà à l'époque mérovingienne, mais la circulation des marchandises jouait cependant encore un rôle important. Avant la fermeture de la mer, on a vu qu'il subsistait encore un trafic de produits du sol, trafic sur lequel on est d'ailleurs très mal renseigné, mais qui existait. On doit même le déduire du fait que les grands propriétaires payent l'impôt en monnaie et que leurs *conductores* leur versent les revenus de leurs domaines en argent. Cela implique naturellement la vente des produits du sol. A qui les vendent-ils ? Aux habitants des villes sans doute qui sont encore nombreux. Et peut-être aussi en vue de commercer. Or, sous les Carolingiens, on ne trouve plus trace

---

[895] M. G. H. Capit., t. II, p. 134.

[896] *Ibid.*, p. 140.

de cette circulation normale des produits du sol. La meilleure preuve en réside dans la disparition de l'huile comme luminaire des églises, ainsi que de l'encens. Il n'en vient plus, même de Provence. Et de là l'apparition des *cerarii* qui ne sont pas antérieurs à la fin de la période mérovingienne. Eginhard à Seligenstadt ne peut se procurer de la cire et est forcé d'en faire venir de ses domaines de Gand.

Même observation, mais bien plus frappante encore pour le vin. On ne peut plus s'en procurer par le commerce, sauf çà et là par l'intermédiaire d'un Juif. Alors, comme il est indispensable, ne fût-ce que pour le culte, on fait tout pour se procurer des terres qui en produisent. Le fait est frappant et significatif pour les abbayes des Pays-Bas. Et il est d'autant plus éloquent que ces abbayes appartiennent précisément à ce pays de fleuves sur lesquels les Frisons circulent. Le petit trafic auquel ceux-ci se livrent n'est donc pas suffisant pour se procurer du vin ; pourtant, il subsiste jusqu'aux incursions des Normands un certain transit de vin de France vers la Scandinavie.

Pour être sûr d'avoir du vin, il faut pouvoir le produire soi-même car, quand bien même il y en aurait dans le commerce, on n'est pas sûr de pouvoir disposer d'assez d'argent pour l'acheter. Il n'y a qu'un moyen, c'est d'obtenir des vignobles. Les abbayes de la vallée de la Meuse s'en font donner sur les bords du Rhin et de la Moselle ; celles du bassin de l'Escaut, sur les bords de la Seine[897]. Ce vin qu'on possédait, on se le faisait amener par des serfs qui le convoyaient au monastère, dans des conditions excellentes, grâce aux exemptions de tonlieu. Toute abbaye a donc en elle-même ses moyens et ses organes de ravitaillement. Elle n'a besoin de personne. Elle constitue un

---

[897] VAN WERVEKE Comment les établissements religieux belges se procuraient-ils du vin au haut Moyen Age ?, *Revue belge de phil. et d'hist.*, t. II, 1923, p. 643. Ce qui prouve bien que ces domaines servent à suppléer aux insuffisances du commerce, c'est qu'on les vendra quand celui-ci reparaîtra.

petit *commonwealth* qui se suffit à lui-même. Il ne faut pas considérer ces abbayes, ainsi que le fait Imbart de La Tour, comme des marchands privilégiés, mais il faut dire avec lui que : « c'est par un ensemble de corvées que les Églises ont organisé leurs transports sur les rivières ou les chemins »[898]. Et ce qu'elles se faisaient amener ainsi, c'étaient les produits nécessaires pour leur consommation[899].

Certes, pendant les famines, les propriétaires domaniaux qui pouvaient disposer de blé ou de vin, étaient sollicités de le vendre et augmentaient les prix. Ce qui amena d'ailleurs l'intervention de l'empereur qui voulut empêcher ces bénéfices injustes. Mais on ne peut voir là, comme le fait Dopsch, la preuve d'un commerce régulier, pas plus d'ailleurs que dans la défense de vendre des chevaux hors de l'Empire[900].

Si on lit la correspondance de Loup de Ferrières, on voit qu'il considère la nécessité de vendre et d'acheter comme une chose déplorable. Aussi cherche-t-on la possibilité d'y échapper.

Le fait que le roi Charles le Chauve a repris la « celle » de Saint-Josse[901], au monastère de Ferrières, a comme conséquence que les moines ne reçoivent plus de vêtements et presque plus de

---

[898] IMBART DE LA TOUR, Des immunités commerciales accordées aux églises du VIIe au IXe siècle, *Études d'Histoire du Moyen Age dédiées à G. Monod*, 1896, p. 77.

[899] DOPSCH, *op. cit.*, t. I, 2ᵉ éd., p. 324 et ss., cherche à prouver qu'elles produisaient pour les marchés. Je ne vois nulle part cela. Mais il est vrai qu'en cas d'insuffisance de sa propre récolte, on cherchait à se procurer du *vinum peculiare*, M. G. H. Capit., t. I, p. 83, *Capit. de Villis*, c. 8, pour pouvoir fournir les *villae dominicae*. Je suppose qu'on achetait cela lors d'une récolte surabondante. Mais on ne peut pas tirer de là, avec DOPSCH, *ibid.*, p. 324, l'existence d'un *beträchtlicher Weinhandel*. D'autres textes, qu'il cite pour prouver que la production domaniale travaille en vue du marché, sont sans aucune pertinence.

[900] DOPSCH, *op. cit.*, t. I, 2ᵉ éd., p. 324 et ss.

[901] Saint-Josse, département du Pas-de-Calais, arrondissement et canton de Montreuilsur-Mer.

poisson ni de fromage ; aussi doivent-ils vivre de légumes achetés[902], mais c'est là un fait exceptionnel.

Le domaine de l'abbaye de Saint-Riquier est organisé de façon à produire tout ce qui est nécessaire à la subsistance des moines[903].

Les évêques adressent au roi, en 858, une lettre où ils lui recommandent de gouverner ses *villae* de telle façon qu'elles puissent se suffire à elles-mêmes[904].

Dans les statuts d'Adalhard de Corbie de la première moitié du IXe siècle, on surprend sur le vif une administration domaniale tout à fait fermée. Nulle part il n'est question de vente. Les prestations à fournir au monastère, dont la population maximum est de 400 personnes, sont minutieusement établies par semaine pour toute l'année, du 1er janvier au 1er janvier suivant. Il y a, dans le monastère, des *matricularii* et de *laïci* qui travaillent pour lui ; on y trouve notamment : des cordonniers, des foulons, des orfèvres, des charpentiers, des préparateurs de parchemin, des forgerons, des médecins, etc.[905]. On vit des prestations, le plus souvent en nature, des serfs et de leurs corvées. De là, l'organisation des *curtes* qui me paraît une création de l'époque[906].

---

[902] LOUP DE FERRIÈRES, *Correspondance*, éd. L. Levillain, t. I, 1927, p. 176, n° 42, a° 845.

[903] *Ut omnis ars, omneque opus necessarium intra loci ambitum exerceretur.* HARIULF, *Chronique de Saint-Riquier*, éd. F. Lot, 1894, p. 56.

[904] *Sufficienter et honeste cum domestica corte vestra possitis vivere.* M. G. H. Capit., t. II, p. 438.

[905] L. LEVILLAIN, Les statuts d'Adalhard, *Le Moyen Age*, 1900, p. 352. Voyez aussi HARIULF, *Chronique de Saint-Riquier*, éd. F. Lot, p. 306.

[906] D'après J. HAVET, Œuvres, t. I, p. 31, le mot *mansus* serait un mot carolingien. BRUNNER, *Deutsche Rechtsgeschichte*, t. I, 2e éd., p. 370, mentionne cependant des *servi mansionarii* depuis la seconde moitié du VIIe siècle.

Or, il faut se représenter la société de cette époque comme parsemée de monastères et de fondations ecclésiastiques qui en sont les organes caractéristiques. Il n'y a plus que là que, grâce à l'écriture, puisse exister une économie.

La terre ecclésiastique est la seule qui augmente à cause des dons pieux faits par les fidèles. Le domaine royal, lui, diminue constamment à cause des bénéfices qu'il faut créer sans cesse. Ces bénéfices passent à l'aristocratie militaire qui, soit qu'elle se compose de grands fonctionnaires, soit de petits vassaux (*milites*), est tout ce qu'il y a de moins productive. On ne peut vraiment supposer chez elle un commerce quelconque. Aussi les grands cherchent-ils à exploiter les terres d'Église en s'y imposant comme avoués, et en en dévorant les ressources. À la rigueur, les tenanciers pourraient, théoriquement, produire pour la vente, mais ils sont accablés de plus en plus de corvées et de redevances[907].

Il y a parmi eux quantité de miséreux qui vivent d'aumônes, ou qui se louent au temps de la moisson. On n'en voit pas qui travaillent pour le marché. Le plus cher désir de tous les gens qui ont quelque terre, est de se placer sous la protection des monastères pour échapper aux exactions que les seigneurs justiciers exercent sur eux.

En somme, toute cette société tombe sous la dépendance des détenteurs du sol ou des détenteurs des justices, et le pouvoir public a pris ou prend de plus en plus un caractère privé. L'indépendance économique est à son point le plus bas tout comme la circulation monétaire.

---

[907] Voyez le tableau que les évêques font de ceux du roi en 858. M. G. H. Capit., t. II, p. 437, § 14.

Dans les capitulaires, on parle bien encore des *pauperes liberi homines* ; mais dans une foule de cas, il est visible que ces *homines* ont, chacun, un seigneur.

Le pouvoir royal est intervenu tant qu'il lui est resté quelque prestige, dans un but de moralité chrétienne, pour empêcher l'oppression des faibles et des pauvres. La législation économique de Charles et de Louis, au lieu de chercher à fomenter le profit, le condamne au contraire comme un bénéfice illicite (*turpe lucrum*).

Puis, toute intervention royale disparaît dans l'anarchie de la féodalité, au-dessus de laquelle continue à flotter le mirage de l'Empire chrétien. C'est le Moyen Age.

II. L'ORGANISATION POLITIQUE

Beaucoup d'historiens considèrent ce qu'ils appellent l'époque franque comme un bloc, faisant ainsi de la période carolingienne la continuation et le développement de la mérovingienne. C'est là une erreur évidente pour plusieurs raisons.

1° La période mérovingienne appartient à un milieu tout différent de celui de la carolingienne. Il y a encore aux VIe et VIIe siècles une Méditerranée avec laquelle on est en rapports constants et la tradition impériale se continue en toutes sortes de domaines.

2° L'influence germanique, refoulée au nord sur la frontière, est très faible, et sensible seulement dans certaines branches du droit et de la procédure.

3° Entre la belle période mérovingienne, qui s'étend jusque vers le milieu du VIIe siècle et la période carolingienne, il y a un bon siècle de fangeuse décadence, au cours duquel bien des caractères de la civilisation ancienne s'effacent ; d'autres, au contraire, s'élaborent ; c'est là qu'est l'origine de la période carolingienne. Les ancêtres des Carolingiens ne sont pas les rois mérovingiens, mais les maires du palais. Charlemagne ne continue pas du tout Dagobert, mais Charles Martel et Pépin.

4° L'identité du nom *regnum Francorum* ne doit pas faire illusion. Le nouveau royaume va jusqu'à l'Elbe et englobe une partie de l'Italie. Il renferme presque autant de populations germaniques que romanes.

5° Enfin, les rapports avec l'Église se sont complètement modifiés. L'État mérovingien, comme l'Empire romain, est laïque. Le roi mérovingien est *rex Francorum*. Le roi carolingien est *Dei gratia rex Francorum*[908], et cette petite addition est l'indice d'une transformation profonde. Cela est si vrai que les générations postérieures n'ont pas compris l'usage mérovingien. Copistes postérieurs et faussaires ont truffé d'un *Dei gratia* le titre, à leurs yeux inadmissible, des rois mérovingiens.

Ainsi les deux monarchies, dont on a essayé de montrer ici que la seconde est due en quelque sorte à la submersion du monde européen par l'Islam, au lieu de se prolonger l'une dans l'autre, s'opposent au contraire l'une à l'autre.

Dans la grande crise où s'abîme l'État fondé par Clovis, ce qui croule à fond, ce sont les bases romaines.

Et, tout d'abord, la conception même du pouvoir royal. Sans doute elle n'est pas, dans la forme qu'elle a prise sous les Mérovingiens, une simple transposition de l'absolutisme impérial. Je veux bien que la puissance royale ne soit, en grande partie, qu'un despotisme de fait. Mais il n'en reste pas moins

---

[908] La formule n'est pas encore de règle sous Pépin, mais elle l'est à partir de Charlemagne. GIRY, *Manuel de diplomatique*, p. 318.

que, pour lui-même et pour ses sujets, toute la puissance de l'État est concentrée dans le roi.

Tout ce qui lui appartient est sacré ; il peut s'élever au-dessus des lois sans que personne y contredise, faire crever les yeux de ses ennemis et confisquer les propriétés sous prétexte de lèse-majesté[909]. Il n'a rien, ni personne, à ménager. Le pouvoir qui ressemble le plus au sien est celui de l'empereur byzantin, compte tenu des différences énormes que le niveau inégal des civilisations fait apparaître entre eux.

Toute administration mérovingienne conserve, tant bien que mal, le caractère bureaucratique de la romaine. Sa chancellerie avec ses référendaires laïques est calquée sur celle de Rome ; le roi prend ses agents où il veut, même parmi les esclaves[910] ; sa garde d'antrustions rappelle la garde prétorienne. Et à vrai dire, les populations sur lesquelles il règne, ne conçoivent pas une autre forme de gouvernement. C'est d'ailleurs celui de tous les rois du temps, ostrogoths, wisigoths, vandales. Il est à remarquer que, si les rois s'assassinent entre eux, les peuples ne se soulèvent pas. Il y a des tentatives d'ambitieux, il n'y a pas de soulèvements populaires.

La raison de la décadence mérovingienne est la faiblesse croissante du pouvoir royal. Cette faiblesse, dont les Carolingiens profitent, a pour cause le détraquement de l'administration financière et, ici encore, nous sommes en pleine Rome. Car, on l'a vu plus haut, le roi alimente surtout son trésor par l'impôt. Et c'est cet impôt qui s'effondre avec la monnaie d'or, pendant la grande crise du VIIIe siècle. La

---

[909] A l'époque carolingienne, le crime de lèse-majesté devient synonyme d'*Herisliz* et d'*infidelitas*. WAITZ, *op. cit.*, t. III, 2e éd., p. 308-309. On ne le cite plus que par imitation de l'Antiquité. WAITZ, *op. cit.*, t. IV, 2e éd., p. 704.

[910] Voyez l'exemple caractéristique du comte Leudaste, l'ennemi de Grégoire de Tours.

notion d'impôt public disparaît en même temps que disparaissent dans les villes les curiales.

Les monétaires qui faisaient parvenir cet impôt au trésor, sous forme de sous d'or, cessent d'exister. Le dernier, je crois, est mentionné sous Pépin. Ainsi les maires du palais cessent de recevoir l'impôt. La royauté qu'ils érigent, lors de leur coup d'État, est une royauté dans laquelle la notion romaine d'impôt public est abolie.

Les rois de la nouvelle dynastie, comme longtemps après eux les rois du Moyen Age, n'auront comme ressources régulières que les revenus de leur domaine[911]. Sans doute, il subsiste encore des prestations (*paraveredi*, *mansiones*), qui remontent à l'époque romaine et particulièrement le tonlieu. Mais tout cela se dégrade. Le droit de gîte appartient plus aux fonctionnaires qu'au roi. Quant au tonlieu qui rapporte de moins en moins à mesure que la circulation se restreint, les rois en font donation à des abbayes et à des grands.

On a voulu prouver l'existence d'un impôt sous les Carolingiens. Il existe, en effet, dans la partie germanique de l'Empire, la coutume des « dons » annuels. En outre, les rois ont édicté des collectes et des levées d'argent à l'époque des invasions normandes. Ce sont des expédients qui ne se sont pas maintenus. En réalité, il faut toujours le redire, ce qui fait la puissance financière du roi, c'est son domaine, son fisc si l'on veut. Il y faut, au moins sous Charlemagne, ajouter le butin de guerre. La base financière ordinaire du pouvoir royal est purement rurale. C'est pour cela que les maires du palais ont confisqué tant de terres d'Église. Le roi est, et doit rester pour se maintenir, le plus grand propriétaire du royaume. Plus de cadastre, plus de registres de taxes, plus de fonctionnaires financiers ; partant plus d'archives, plus de bureaux, plus de

---

[911] De l'impôt romain, il reste les *justiciae*.

comptes. Les rois n'ont donc pas de finances, et on comprend quelle nouveauté cela introduit dans le monde. Le roi mérovingien achetait ou payait les hommes en or. Le roi carolingien doit leur abandonner des morceaux de son domaine. Il y a là une cause formidable de faiblesse qui est compensée par le butin, tant que dure la guerre, sous Charlemagne, mais dont les effets apparaîtront bientôt après lui. Et redisons-le encore, cela marque une rupture nette avec la tradition financière romaine.

A cette première différence essentielle entre le Mérovingien et le Carolingien, s'en ajoute une seconde. Le nouveau roi, nous l'avons déjà dit, est roi par la grâce de Dieu. Le sacre, nouveauté introduite sous Pépin, fait de lui en quelque sorte un personnage sacerdotal[912]. Le Mérovingien était lui, tout laïque. Le Carolingien ne ceint la couronne qu'avec l'intervention de l'Église. Et le roi, par le sacre, entre en elle. Il a maintenant un idéal religieux et à son pouvoir il y a des limitations, celles que lui impose la morale chrétienne. On ne voit plus les rois se permettre ces assassinats arbitraires et les débordements du pouvoir personnel qui sont choses courantes à l'époque mérovingienne. Il suffit de lire, à cet égard, le *De rectoribus Christianis* de Sedulius de Liège, ou le *De via regia* de Smaragde, composé, comme le croit Ébert, entre 806 et 813.

Par le sacre, l'Église a prise sur le roi. Le caractère laïque de l'État, dès lors, s'est effacé. On peut alléguer ici deux textes d'Hincmar[913] : « c'est à l'onction, acte épiscopal et spirituel », écrit-il en 868 à Charles le Chauve, « c'est à cette bénédiction, beaucoup plus qu'à votre puissance terrestre, que vous devez la dignité royale ». On lit, en outre, dans les actes du Concile de Sainte-Macre : « La dignité des pontifes est supérieure à celle

---

[912] Il n'y a pas d'onction à Byzance à cette époque. M. BLOCH, *Les rois thaumaturges*, 1924, p. 65.

[913] Cités par BLOCH, *op. cit.*, p. 71.

des rois : car les rois sont sacrés rois par les pontifes, tandis que les pontifes ne peuvent être consacrés par les rois. » Le sacre impose au roi des devoirs vis-à-vis de l'Église. D'après Smaragde, il doit, de toutes ses forces, redresser ce qui pourrait s'être glissé en elle de défectueux. Mais il doit aussi la favoriser et faire qu'on lui paye la dîme[914].

On comprend, dans ces conditions, que la royauté associe maintenant son action à celle de l'Église. Il suffit de lire les Capitulaires pour voir que ceux-ci se préoccupent autant de discipline ecclésiastique et de morale que d'administration séculière.

Aux yeux des rois carolingiens, administrer leurs sujets, c'est les pénétrer de la morale ecclésiastique. On a déjà dit que leurs conceptions économiques sont dominées par l'Église. Les évêques sont leurs conseillers et leurs fonctionnaires. Les rois leur confient les fonctions de *missi* et font entrer des clercs dans leur chancellerie. Il y a là un contraste éclatant avec les Mérovingiens qui récompensent leurs référendaires laïques en les nommant évêques. A partir de Hithérius, le premier ecclésiastique qui apparaît dans la chancellerie sous Charlemagne, il n'y aura plus, pendant des siècles, de laïques dans la chancellerie royale[915]. Bresslau croit, à tort, que l'envahissement des bureaux du palais par l'Église vient de ce que les premiers Carolingiens voulurent substituer un personnel austrasien au personnel roman des Mérovingiens, et que pour cela ils durent s'adresser à des Austrasiens clercs, les seuls qui sussent écrire. Non, ils voulurent faire collaborer l'Église avec eux.

---

[914] EBERT, *Histoire de la littérature du Moyen Age*, trad. franç. J. AYMÉRIC et CONDAMIN, t. II, p. 127.

[915] BRESSLAU, *Handbuch des Urkundenlehre*, t. I, 2ᵉ éd., p. 373 et 374.

Ils ne peuvent d'ailleurs plus trouver de gens instruits que parmi les clercs. Durant la crise, l'instruction des laïques a disparu. Les maires eux-mêmes ne savent pas écrire. Les efforts platoniques de Charlemagne, pour répandre l'instruction dans le peuple, ne pouvaient aboutir et l'Académie du palais n'a eu que quelques élèves. Nous entrons dans la période où clerc et lettré sont synonymes ; de là l'importance de l'Église qui, dans un royaume où personne à peu près ne comprend plus le latin, impose sa langue pour de longs siècles à l'administration. Il faut faire effort pour comprendre la portée de ce fait ; elle a été énorme. C'est un nouveau trait médiéval qui apparaît : celui d'une caste religieuse qui soumet l'État à son influence.

Et à côté de celle-ci, le roi est contraint, en outre, de compter avec la classe militaire qui renferme toute l'aristocratie laïque et tous les hommes libres demeurés indépendants. Sans doute, on surprend la naissance de cette classe militaire dès l'époque mérovingienne. Mais l'aristocratie de cette époque présente un singulier contraste avec celle des temps carolingiens. Les grands propriétaires romains, les *senatores*, n'apparaissent pas avant tout, qu'ils demeurent à la campagne ou dans les cités, comme des militaires. Ils sont instruits. Ils recherchent surtout les fonctions au palais et dans l'Église. C'est probablement parmi ses antrustions germaniques que le roi a recruté plus spécialement ses chefs de guerre et ses soldats de garde. Il est certain que l'aristocratie foncière a essayé de bonne heure de le dominer. Mais elle n'y est pas parvenue[916].

On ne voit pas que le roi gouverne avec elle, ni qu'il lui concède quelque part dans le gouvernement aussi longtemps qu'il reste puissant. Et s'il lui confère l'immunité, il ne lui abandonne aucun droit régalien, pas plus d'ailleurs qu'aux Églises. Il a, en effet, contre elle des armes terribles : les procès de lèse-majesté et les confiscations.

---

[916] Voyez ce qui a été dit plus haut d'Ebroïn et de Brunehaut.

Mais, pour tenir tête à cette aristocratie, le roi devait évidemment rester très puissant, c'est-à-dire très riche. Car l'aristocratie, comme d'ailleurs l'Église, augmente sans cesse son autorité sur le peuple. Cette évolution sociale, commencée dès le Bas-Empire, se continue. Les grands ont des soldats privés, quantité de *vassi* qui se sont recommandés à eux et qui leur font une redoutable clientèle.

A l'époque mérovingienne, cette autorité seigneuriale des propriétaires ne se manifeste pas encore en dehors du droit privé. Mais au milieu de l'anarchie et de la décadence, quand la lutte éclate entre les maires du palais groupant derrière eux des factions d'aristocrates, l'institution vassalique se transforme. Elle prend une importance croissante et son caractère militaire apparaît pleinement lorsque le Carolingien a triomphé de ses rivaux. A partir de Charles Martel, le pouvoir que le roi exerce repose essentiellement sur ses vassaux militaires du nord[917].

Il leur donne des « bénéfices », c'est-à-dire des terres, en échange du service militaire, terres qu'il confisque aux Églises. « Or, dit Guilhiermoz[918], par leur importance, les concessions vassaliques se trouvaient tenter désormais, non plus seulement des personnages de petite ou de moyenne condition, mais les grands eux-mêmes. »

Et cela correspondait à l'intérêt du concédant qui donne désormais de larges bénéfices « à charge pour le concessionnaire de servir, non plus seulement de sa personne, mais avec un nombre de vassaux proportionnel à l'importance du bénéfice concédé »[919]. C'est certainement ainsi que Charles

---

[917] L'Empire de Charlemagne est un empire vassalique. Charles a espéré gouverner avec ses vassaux et a poussé les hommes à devenir vassaux de ceux-ci. LOT, PFISTER et GANSHOF, *Histoire du Moyen Age*, t. I, p. 668.

[918] GUILHIERMOZ, *Essai sur les origines de la noblesse*, p. 125.

[919] *Ibid.*, p. 123.

Martel put constituer sa puissante clientèle austrasienne avec laquelle il fit ses guerres. Et le système continua après lui.

Au IXe siècle, les rois se font prêter serment de vassalité par tous les grands du royaume et même par les évêques[920]. De plus en plus, il paraît qu'il n'y a plus de vraiment soumis au roi que ceux qui lui ont fait hommage. Ainsi le sujet disparaît derrière le vassal et Hincmar fait déjà observer à Charles le Chauve le danger qui en résulte pour l'autorité royale[921]. La nécessité pour les premiers maires de se constituer une troupe fidèle, formée de bénéficiaires assermentés, a amené une transformation profonde de l'État. Car, dorénavant, le roi sera forcé de compter avec ses vassaux qui ont la force militaire. L'organisation des comtés se détraque, car les vassaux échappent à la juridiction du comte. A la guerre, ils commandent eux-mêmes leurs vassaux, le comte ne conduisant que les hommes libres. Peut-être leurs domaines jouissent-ils de l'immunité[922]. On les appelle *optimates regis*.

La chronique de Moissac, en 813, les nomme *senatus* ou *majores natu Francorum* et, en effet, avec les hauts ecclésiastiques et les comtes, ils forment le Conseil du roi[923]. Le roi les admet donc à partager son pouvoir politique. L'État commence à reposer sur des liens contractuels établis entre le roi et ses vassaux.

On entre dans la période féodale.

Encore, si le roi avait pu conserver ses vassaux. Mais, sauf sur son propre domaine, ils passent à la fin du IXe siècle sous la suzeraineté des comtes. Car, à mesure que le pouvoir décline à

---

[920] *Ibid.*, p. 128.

[921] *Ibid.*, p. 129, n. 13.

[922] *Ibid.*, p. 134.

[923] *Ibid.*, p. 139, n. 4.

partir des guerres civiles qui marquent la fin du règne de Louis le Pieux, les comtes se rendent indépendants. Ils n'ont plus avec le roi que des rapports de suzerain à vassal. Ils perçoivent pour eux les *regalia*. Ils réunissent plusieurs comtés en un seul[924]. Le royaume perd son caractère administratif pour se transformer en un bloc de principautés indépendantes, rattachées au roi par une vassalité que celui-ci ne peut plus faire respecter. Le pouvoir royal s'est éparpillé entre les mains de ses détenteurs.

Et il était inévitable qu'il en fût ainsi. Le prestige de Charlemagne ne doit pas faire illusion. Il a pu gouverner encore, à cause de sa puissance militaire, de sa richesse qui provient du butin, de sa prééminence de fait dans l'Église. C'est pour cela qu'il a pu régner sans finances régulières et se faire obéir encore par des fonctionnaires qui, étant tous des grands propriétaires, auraient pu vivre d'une façon indépendante. Qu'est-ce qu'une administration qui n'est plus soldée ? Comment l'empêcher, quand elle le voudra, d'administrer pour elle-même et non pour le roi ? Que pourront faire des surveillants comme des *missi* ? Sans doute Charles a voulu administrer, mais il ne l'a pas pu. Quand on lit les capitulaires, on est frappé de la différence qu'il y a entre ce qu'ils ordonnent et ce qui se fait. Charles a ordonné que chacun envoie ses fils à l'école ; qu'il n'y ait qu'un atelier monétaire ; qu'on abolisse les prix usuraires en temps de famine. Il a établi des prix maxima. Tout cela fut impossible à réaliser parce que cela supposait l'obéissance, irréalisable, des grands qui se savaient indépendants, ou des évêques qui, lui mort, proclamèrent la supériorité du spirituel sur le temporel.

---

[924] Fort caractéristique est, à ce propos, l'histoire de la formation du comté de Flandre.

La base économique de l'État ne répondait pas au caractère administratif que Charlemagne s'est évertué à conserver. Il reposait sur la grande propriété sans débouchés.

Les propriétaires n'avaient donc pas besoin de sécurité, puisqu'ils ne faisaient pas de commerce. Une forme de propriété comme celle-là s'arrange très bien de l'anarchie. Tous ceux qui détiennent le sol, n'ont pas besoin du roi.

Est-ce pour cela que Charles s'est encore efforcé de conserver la classe des hommes libres de petite condition ? Il l'a essayé, il ne l'a pas pu. Les grands domaines ont continué à s'étendre et la liberté à disparaître.

Lorsque commencent les invasions normandes, l'État est déjà impuissant. Il est incapable de prendre des mesures de défense suivant un plan quelconque et de grouper des armées qui puissent tenir tête aux envahisseurs. Chacun tire de son côté. On peut dire avec Hartmann : *Heer und Staat werden durch die Grundherrschaft und das Lehnwesenzersetzt*[925].

Ce qui restait encore au roi de ses *regalia*, il le galvaude. Il abandonne maintenant son tonlieu, son droit de monnaie. De tout ce qu'elle avait encore hérité, et c'est bien peu, la royauté elle-même s'est dépouillée. Elle finit par n'être plus qu'une forme. Et l'évolution est achevée quand en France, avec Hugues Capet, elle devient élective.

III. LA CIVILISATION INTELLECTUELLE

Comme on l'a vu plus haut, les invasions germaniques n'ont pas fait disparaître le latin en tant que langue de la *Romania*, sauf dans les territoires où il y a eu établissement massif de

---

[925] *Op. cit.*, t. III1, p. 22.

Francs-Saliens et Ripuaires, d'Alamans et de Bavarois. Ailleurs, la romanisation des Germains immigrés s'est faite avec une rapidité surprenante[926].

Les vainqueurs, éparpillés, et mariés à des femmes indigènes lesquelles imposent leur langue, ont tous appris le latin. Ils n'ont exercé sur lui aucune action, sinon celle d'y introduire bon nombre de termes de droit, de chasse, de guerre, d'agriculture[927], qui se sont répandus des régions belges où les Germains étaient nombreux, jusque dans le Sud.

Plus rapide encore fut la romanisation des Burgondes, des Wisigoths, des Ostrogoths, des Vandales et des Lombards. D'après Gamillscheg[928], il ne subsistait plus de la langue gothique, lorsque les Maures s'emparèrent de l'Espagne, que des noms de personnes et de lieux.

Au contraire, la perturbation apportée dans le monde méditerranéen par l'introduction de l'Islam a provoqué, dans le domaine des langues, une transformation profonde. En Afrique, le latin disparaît devant l'arabe. En Espagne, par contre, il se conserve, mais il n'a plus de bases : plus d'écoles, plus de monastères, plus de clergé instruit. Les vaincus ne se servent plus que d'un patois roman qui ne s'écrit pas. Ainsi le latin, qui s'était si bien conservé dans la péninsule jusqu'à la veille de la conquête, disparaît ; l'espagnol commence.

En Italie, par contre, il se conserve mieux ; quelques écoles isolées continuent d'ailleurs à subsister à Rome et à Milan.

---

[926] D'après GAMILLSCHEG, *Romania Germanica*, t. I, p. 294, elle devait avoir fait de grands progrès déjà en 600 et elle est complètement achevée en 800.

[927] GUILHIERMOZ, *op. cit.*, p. 152 et ss.

[928] *Op. cit.*, t. I, p. 397-398.

Mais c'est en Gaule que l'on peut le mieux surprendre la perturbation et ses causes.

On connaît suffisamment l'incorrection barbare du latin mérovingien ; cependant, c'est encore du latin vivant[929]. On l'enseigne aussi, semble-t-il, dans les écoles destinées à la pratique, encore que, çà et là, des évêques et des sénateurs lisent et parfois même cherchent à écrire le latin classique.

Le latin mérovingien n'est en rien une langue vulgaire. Les influences germaniques qu'il a subies sont insignifiantes. Ceux qui le parlent peuvent comprendre et se faire comprendre partout dans la *Romania*. Il est peut-être plus incorrect qu'ailleurs dans la France du Nord, mais, malgré tout, c'est une langue qu'on parle et qu'on écrit pour se faire comprendre. L'Église n'hésite pas plus à s'en servir pour ses besoins de propagande que l'administration et la justice[930].

On enseigne cette langue dans les écoles. Les laïques l'apprennent et l'écrivent. Elle se rattache à la langue de l'Empire comme la cursive, dans laquelle on l'écrit, à l'écriture de l'époque romaine. Et puisqu'on l'écrit encore et beaucoup pour les services de l'administration et du commerce, on la fixe.

Seulement, elle devait disparaître au cours de la grande perturbation du VIIIe siècle. L'anarchie politique, la réorganisation de l'Église, la fin des cités, la disparition du commerce et de l'administration, surtout celle des finances, la disparition des écoles laïques, l'empêchent de se conserver avec son âme latine. Elle s'abâtardit et se transforme suivant les régions en dialectes romans. Le détail échappe, mais le fait

---

[929] LOT, A quelle époque a-t-on cessé de parler latin ?, *Bulletin Ducange*, t. VI, 1931, p. 97 et ss.

[930] H. PIRENNE, De l'état de l'instruction des laïques à l'époque mérovingienne, *Revue bénédictine*, t. XLVI, 1934, p. 165-177.

certain est que le latin comme tel a cessé d'être entendu vers 800, sauf par le clergé[931].

Or, c'est précisément à ce moment où le latin cesse d'être une langue vivante et cède la place aux idiomes rustiques d'où dériveront les langues nationales, qu'il devient ce qu'il va rester à travers les siècles : une langue savante ; nouveau caractère médiéval qui date de l'époque carolingienne.

Il est curieux d'observer que l'origine de ce phénomène doit être cherchée dans le seul pays romain où l'invasion germanique avait complètement extirpé le romanisme : en Bretagne, chez les Anglo-Saxons.

La conversion de ce pays était partie, on l'a vu, de la Méditerranée et non de la Gaule toute proche. Ce sont les moines d'Augustin, envoyés par Grégoire le Grand en 596, qui provoquèrent le mouvement déjà commencé avant eux par les moines celtiques de l'Irlande[932].

Au VIIe siècle, saint Théodore de Tarse et son compagnon Adrien ajoutèrent à la religion qu'ils apportaient avec eux des traditions gréco-romaines. Une nouvelle culture se développa aussitôt dans l'île, fait que Dawson considère avec raison comme « l'événement le plus important survenu entre l'époque de Justinien et celle de Charlemagne »[933]. Chez ces purs Germains qu'étaient les Anglo-Saxons, la culture latine s'introduisit tout à coup, en même temps que la religion, et elle bénéficia de l'enthousiasme ressenti pour celle-ci. Dès la

---

[931] En 813, un synode provincial à Tours statue : *Ut easdem homilias quisque aperte transferre studeat in rusticam Romanam linguam, aut Theotiscam, quo facilius cuncti possint intelligere quae dicuntur.* Cf. GAMILLSCHEG, *Romania Germanica*, t. I, p. 295.

Le texte est dans MANSI, *Sacrorum Conciliorum... Collectio*, t. XIV, col. 855.

[932] DAWSON, *Les origines de l'Europe*, trad. franç., p. 208.

[933] DAWSON, *op. cit.*, p. 213.

conversion, qui se fit sous l'influence et la direction de Rome, les Anglo-Saxons ont les yeux fixés sur la ville sainte. Ils y vont sans cesse et en rapportent reliques et manuscrits. Ils se soumettent à son impulsion et apprennent sa langue qui, pour eux, n'étant pas langue vulgaire, mais langue sacrée, jouit d'un prestige incomparable. Dès le VIIe siècle, il y a chez eux des hommes comme le poète Aldhelm et comme Bède le Vénérable, dont la science contraste étonnamment avec ce qui existe, à ce point de vue, en Occident.

C'est aux missionnaires anglo-saxons qu'il faut attribuer le réveil intellectuel qui se place sous Charlemagne. Avant eux, il y avait bien eu les moines irlandais, et surtout le plus grand de tous, Colomban, débarqué en Gaule vers 590, le fondateur de Luxeuil et de Bobbio. Ils avaient prêché l'ascétisme au milieu d'une religion en décadence, mais on ne voit pas qu'ils aient eu la moindre influence littéraire.

Il en va tout autrement des Anglo-Saxons ; leur but est de répandre le christianisme dans la Germanie, pour laquelle l'Église mérovingienne n'avait rien fait ou à peu près. Et en cela ils se rencontrent avec la politique des Carolingiens. D'où l'influence énorme d'un Boniface, l'organisateur de l'Église germanique, et, de ce fait, l'intermédiaire entre le pape et Pépin le Bref.

Charlemagne se consacra à l'œuvre de renaissance littéraire en même temps qu'à la restauration de l'Église. Le principal représentant de la culture anglo-saxonne, Alcuin, le chef de l'école d'York, entre à son service en 782, comme directeur de l'école du palais, et exerce désormais une influence décisive sur le mouvement littéraire du temps.

Ainsi, par le plus curieux renversement des choses et qui est la confirmation la plus éclatante de la brisure provoquée par l'Islam, c'est le nord qui, en Europe, s'est substitué au sud, aussi bien comme centre littéraire que comme centre politique.

C'est lui qui va projeter maintenant autour de lui la culture qu'il a reçue de la Méditerranée. Le latin qui avait été, de l'autre côté du détroit, langue vivante, n'est chez lui, dès le principe, que langue de l'Église. Ce qu'on lui a apporté, ce n'est pas la langue incorrecte des affaires et de l'administration, faite pour les besoins de la vie laïque, c'est la langue qui se conservait dans les écoles méditerranéennes. Théodore était de Tarse en Cilicie et avait étudié à Athènes avant de venir à Rome. Adrien, Africain de naissance, était abbé d'un monastère voisin de Naples et était aussi versé dans la langue grecque que dans la langue latine[934].

Ce qu'ils vont propager chez leurs néophytes, c'est donc la tradition classique, la langue correcte qui ici n'a pas besoin, comme sur le continent, de faire des concessions à l'usage pour se faire comprendre, puisque le peuple ne parle pas latin, mais anglo-saxon. Ainsi, les monastères anglais reçoivent directement l'héritage de la culture antique. Il en fut de même au VIe siècle, lorsque les savants byzantins apportèrent en Italie, non le grec vulgaire et vivant de la rue, mais le grec classique des écoles.

Les Anglo-Saxons se trouvèrent de la sorte, tout à la fois les réformateurs de la langue[935] en même temps que les réformateurs de l'Église. La barbarie où était tombée celle-ci, se manifestait à la fois par ses mauvaises mœurs, son mauvais latin, son mauvais chant, sa mauvaise écriture. Réformer, c'était réformer tout cela à la fois. Des questions de grammaire et d'écriture prenaient tout de suite, par cela même, la signification d'un apostolat. Pureté du dogme et pureté de la langue allaient de pair. De même que les Anglo-Saxons qui l'avaient tout de

---

[934] *Graecae pariter et latinae linguae peritissimus.* BÈDE, *Hist. Ecclesiastica*, IV,1e éd. ; MIGNE, *Patr. lat.*, t. XCV, c. 171.

[935] On doit à Boniface lui-même un traité de grammaire, DAWSON, *op. cit.*, p. 229.

suite adopté[936], le rite romain se répandit dans tout l'Empire en même temps que la culture latine. Celle-ci fut donc l'instrument par excellence de ce qu'on appelle la Renaissance carolingienne, encore qu'il y ait eu à côté d'elle des Paul Diacre, des Pierre de Pise et des Théodulphe. Seulement, il importe de remarquer tout de suite que cette Renaissance est purement cléricale. Elle n'a pas touché le peuple qui ne la comprend plus. Elle est à la fois une reprise de la tradition antique et une rupture avec la tradition romaine, interrompue par la mainmise de l'Islam sur les régions méditerranéennes. La société laïque purement agricole et militaire de ce temps-là n'a plus que faire du latin. Celui-ci n'est plus que la langue de la caste sacerdotale où se concentre toute l'instruction et qui s'écarte de plus en plus de ce peuple dont elle se considère, par ordre divin, comme la conductrice. Pour des siècles, il n'y aura plus de science que dans l'Église. Ainsi donc, la science et la culture intellectuelle, en même temps qu'elles s'affirment, se raréfient. La Renaissance carolingienne coïncide avec l'analphabétisme général des laïques. Ceux-ci savaient encore lire et écrire sous les Mérovingiens ; ils ne le savent plus sous les Carolingiens. Le souverain qui a provoqué et soutenu ce mouvement, Charlemagne, pas plus que son père Pépin le Bref, ne savait écrire. Il ne faut pas attacher d'importance aux velléités qu'il a eues de répandre cette culture à sa cour et dans sa famille. Quelques courtisans, pour lui plaire, apprirent le latin. Des hommes comme Éginhard, Nithard, Angilbert sont des météores fugitifs. Dans l'ensemble, l'immense majorité de l'aristocratie laïque demeura à l'écart d'un mouvement qui n'intéressait que ceux de ses membres qui voulaient faire carrière dans l'Église.

A l'époque mérovingienne, l'administration royale requérait une certaine culture de la part des laïques qui s'y destinaient. Aujourd'hui, dans la mesure où elle doit se recruter encore

---

[936] DAWSON, *op. cit.*, p. 231.

parmi des lettrés, — par exemple pour les services de la chancellerie — elle les prend dans l'Église. Pour le reste, n'ayant plus de bureaucratie, elle n'a plus que faire des gens instruits. Sûrement l'immense majorité des comtes sont des illettrés. Le type du *senator* mérovingien a disparu. L'aristocratie ne parle plus latin, ne lit plus et n'écrit plus, sauf d'infimes exceptions qui confirment la règle[937].

La réforme de l'écriture qui s'accomplit à la même époque, achève de caractériser la Renaissance carolingienne. Cette réforme consiste dans la substitution de la minuscule à la cursive, c'est-à-dire d'une calligraphie à main posée à une écriture courante. Aussi longtemps que la tradition romaine s'est conservée, la cursive romaine s'est maintenue chez tous les peuples du Bassin méditerranéen. C'est, dans un certain sens, une écriture d'affaires, l'écriture en tout cas d'une époque où écrire est un besoin journalier. Et la diffusion du papyrus va de pair avec ce besoin constant de correspondre et de consigner. La grande crise du VIIIe siècle a, nécessairement, restreint l'usage de l'écriture. Celle-ci n'est plus guère requise que pour la copie des livres. Or, pour cela, on usait de la majuscule et de l'onciale. Ces écritures s'étaient introduites en Irlande lors de l'évangélisation de l'île[938]. C'est là que, de l'onciale (semionciale) sortit, au plus tard à la fin du VIIe siècle, la minuscule qui apparaît déjà dans l'antiphonaire de Bangor (680-690)[939]. Les Anglo-Saxons prirent ces manuscrits, ainsi que ceux que

---

[937] BRUNNER, *Deutsche Rechtsgeschichte*, t. II, 2e éd., p. 250, le constate en faisant observer qu'après Charles, les scribes judiciaires dont il avait ordonné la nomination, n'ont pu se maintenir à cause de la répugnance des laïques (germains) à l'égard de l'*Urkundenbeweis*.

[938] L'Irlande fut convertie par les Bretons d'Angleterre (saint Patrick) au Ve siècle, peu avant l'arrivée des Saxons, DAWSON, *op. cit.*, p. 103.

[939] PROU, *Manuel de paléographie*, 4e éd., 1924, p. 99.

leur apportèrent les missionnaires venus de Rome, comme exemple et comme modèle[940].

C'est de la minuscule insulaire et des *scriptoria* romains, où la semi-onciale fut fort en honneur, que sortit, au commencement du IXe siècle, la minuscule parfaite ou minuscule caroline[941].

Le premier exemple daté en est l'évangéliaire, écrit par Godescalc en 781, sur l'ordre de Charlemagne qui ne savait pas écrire[942]. Alcuin fit du monastère de Tours un centre de diffusion de cette nouvelle écriture qui devait déterminer toute l'évolution scripturaire postérieure du Moyen Age[943].

Plusieurs monastères, que l'on pourrait comparer aux officines typographiques de la Renaissance, pourvoient au besoin croissant de livres et à la diffusion de ces nouveaux caractères : tels, à côté de Tours, Corbie, Orléans, Saint-Denis, Saint-Wandrille, Fulda, Corvey, Saint-Gall, Reichenau, Lorsch. Dans la plupart d'entre eux, surtout à Fulda, on rencontrait des moines anglo-saxons[944]. On remarquera que presque tous ces monastères sont situés dans le Nord, entre la Seine et le Weser. C'est dans ce pays, dont les domaines carolingiens primitifs forment le centre, que la nouvelle culture ecclésiastique ou, si l'on veut, la renaissance carolingienne, connaît sa plus grande efflorescence.

---

[940] PROU, *op. cit.*, p. 102.

[941] PROU, *op. cit.*, p. 105.

[942] PROU, *op. cit.*, p. 169. M. Rand pense avoir découvert déjà un exemple de minuscule précarolingienne dans l'Eugippius de la B.N. de Paris, qu'il place en 725-750. Cf. *Speculum*, avril 1935, p. 224.

[943] Tours est aussi un centre de peinture. Voyez W. KÖHLER, *Die Karolingischen Miniaturen. Die Schule von Tours*, t. 12 : *Die Bilder*, Berlin, 1933.

[944] DAWSON, *op. cit.*, p. 231.

Le même phénomène se constate donc toujours. La culture, qui s'épanouissait jusque-là dans les régions de la Méditerranée, a émigré vers le nord. C'est là que s'élaborera la civilisation du Moyen Age. Il est frappant d'ailleurs de constater que la majorité des écrivains de l'époque sont originaires des régions irlandaises, anglo-saxonnes ou franques, situées au nord de la Seine ; c'est le cas, par exemple, pour Alcuin, Nason, Ethelwulf, Hibernicus exul, Sedulius Scotus, Angilbert, Éginhard, Raban Maur, Walahfrid Strabon, Gottschalc, Ermenrich, Wandalbert, Agius, Thegan de Trèves, Nithard, Smaragde, Ermoldus Nigellus, Agobard archevêque de Lyon, Paschase Radbert, Ratram, Hincmar, Milon de Saint-Amand. Des régions méridionales et méditerranéennes sont originaires : Paul Diacre, Théodulphe d'Orléans, Paulin d'Aquilée, Jonas, Prudence évêque de Troyes, Bertharius abbé du Mont-Cassin, Audradus, Florus de Lyon, Heric d'Auxerre, Servat Loup de Sens.

La Germanie convertie prend donc tout à coup une part essentielle à la civilisation à laquelle elle est restée jusque-là étrangère. La culture avait été jusqu'ici toute romaine, elle devient romano-germanique, mais se localise, à vrai dire, dans le sein de l'Église.

Cependant, il est évident qu'il s'opère inconsciemment en Europe une orientation nouvelle à laquelle le germanisme collabore. La cour de Charlemagne, et Charlemagne lui-même, sont certainement beaucoup moins latinisés que les Mérovingiens. Depuis le nouveau cours des choses, quantité de fonctionnaires ont été pris en Germanie et des vassaux austrasiens ont été casés dans le Sud. Les femmes de Charlemagne sont toutes des Allemandes. Des réformes judiciaires comme celle des échevins, par exemple, tirent leur origine des régions d'où vient la dynastie. Sous Pépin, le clergé se germanise[945] et, sous Charlemagne, les Germains abondent parmi les évêques en pays roman. A Auxerre, Angelelme et Heribald sont tous deux Bavarois ; à Strasbourg, Bernold est Saxon ; au Mans, trois Westphaliens se succèdent ; à Verdun, Hilduin est Allemand ; à Langres, Herulfus et Ariolfus viennent d'Augsbourg ; à Vienne, Wulferius, à Lyon, Leidrade sont Bavarois. Et je crois bien que la réciproque n'est pas vraie. Que l'on compare pour apprécier la différence, un Chilpéric, poète latin, et Charlemagne qui fait recueillir les anciens chants germaniques !

Tout cela devait produire un décalage d'avec les traditions romaines et méditerranéennes, faire vivre l'Occident sur lui-même, produire une aristocratie mélangée par ses ascendances, ses hérédités. N'est-ce pas alors que seront entrés dans le vocabulaire bien des termes dont on place l'origine sûrement trop tôt ? Il n'y a plus de Barbares. Il y a une grande communauté chrétienne aussi large que l'*ecclesia*. Et cette *ecclesia* sans doute regarde vers Rome, mais Rome s'est détachée de Byzance et il faut bien qu'elle regarde vers le nord. L'Occident vit maintenant de sa vie propre. Il s'apprête à déployer ses possibilités, ses virtualités sans recevoir d'autre mot d'ordre que celui de la religion.

Il existe une communauté de civilisation dont l'Empire carolingien est le symbole et l'instrument. Car, si l'élément germanique y collabore, c'est un élément germanique romanisé par l'Église. Il subsiste, sans doute, des différences. L'Empire se démembrera, mais chacune de ses parties subsistera, puisque la féodalité respectera la royauté. En somme, la culture qui sera celle du Moyen Age primitif jusqu'à la Renaissance du XIIe siècle — une vraie renaissance celle-ci — sera marquée, et le restera, de l'empreinte carolingienne. L'unité politique a

---

[945] H. WIERUZOWSKI, Die Zusammensetzung des gallischen und fränkischen Episkopats bis zum Vertrag von Verdun, *Bonner Jahrbücher*, t. 127, 1922, p. 1-83.

disparu, mais il subsiste une unité internationale de culture. De même que les États, fondés au Ve siècle en Occident par les rois barbares, ont conservé l'empreinte romaine, de même la France, l'Allemagne, l'Italie ont conservé l'empreinte carolingienne.

Conclusion

De tout ce qui précède se dégagent, semble-t-il, deux constatations essentielles :

1° Les invasions germaniques n'ont mis fin ni à l'unité méditerranéenne du monde antique, ni à ce que l'on peut constater d'essentiel dans la culture romaine, telle qu'elle se conservait encore au Ve siècle, à l'époque où il n'y a plus d'empereur en Occident.

Malgré les troubles et les pertes qui en ont résulté, il n'apparaît de principes nouveaux, ni dans l'ordre économique, ni dans l'ordre social, ni dans la situation linguistique, ni dans les institutions. Ce qui subsiste de civilisation est méditerranéen. C'est aux bords de la mer que se conserve la culture et c'est de là que sortent les nouveautés : monachisme, conversion des Anglo-Saxons, art barbare, etc.

L'Orient est le facteur fécondant ; Constantinople, le centre du monde. En 600, le monde n'a pas pris une physionomie qualitativement différente de celle qu'il avait en 400.

2° La rupture de la tradition antique a eu pour instrument l'avance rapide et imprévue de l'Islam. Elle a eu pour conséquence de séparer définitivement l'Orient de l'Occident, en mettant fin à l'unité méditerranéenne. Des pays comme l'Afrique et l'Espagne, qui avaient continué à participer à la communauté occidentale, gravitent désormais dans l'orbite de Bagdad. C'est une autre religion, une autre culture dans tous les domaines, qui y apparaît. La Méditerranée occidentale, devenue un lac musulman, cesse d'être la voie des échanges et des idées qu'elle n'avait cessé d'être jusqu'alors.

L'Occident est embouteillé et forcé de vivre sur lui-même, en vase clos. Pour la première fois depuis toujours, l'axe de la vie historique est repoussé de la Méditerranée vers le nord. La décadence, où tombe à la suite de cela le royaume mérovingien, fait apparaître une nouvelle dynastie, originaire des régions germaniques du Nord, la Carolingienne.

Le pape s'allie à elle, rompant avec l'empereur qui, absorbé par la lutte contre les Musulmans, ne peut plus le défendre. Ainsi l'Église s'allie au nouveau cours des choses. Dans Rome, dans le nouvel Empire qu'elle fonde, il n'y a plus qu'elle. Et son emprise est d'autant plus grande que l'État, incapable de conserver son administration, se laisse absorber par la féodalité, suite fatale de la régression économique. Toutes les conséquences de ceci apparaissent éclatantes après Charlemagne. Avec des nuances différentes suivant les régions, l'Europe, dominée par l'Église et la féodalité, prend alors une physionomie nouvelle. Le Moyen Age, pour conserver la locution traditionnelle, commence. La transition a été longue. On peut dire qu'elle occupe tout le siècle, qui va de 650 à 750. C'est pendant cette période d'anarchie que la tradition antique se perd et que les éléments nouveaux prennent le dessus.

L'évolution s'achève en 800, par la constitution du nouvel Empire, qui consacre la rupture de l'Occident et de l'Orient par cela même qu'il donne à l'Occident un nouvel Empire romain ; c'est la preuve évidente qu'il a rompu avec l'ancien qui se continue à Constantinople.

Uccle, 4 mai 1935, 10 h 30.

CARTE I.

Carte II

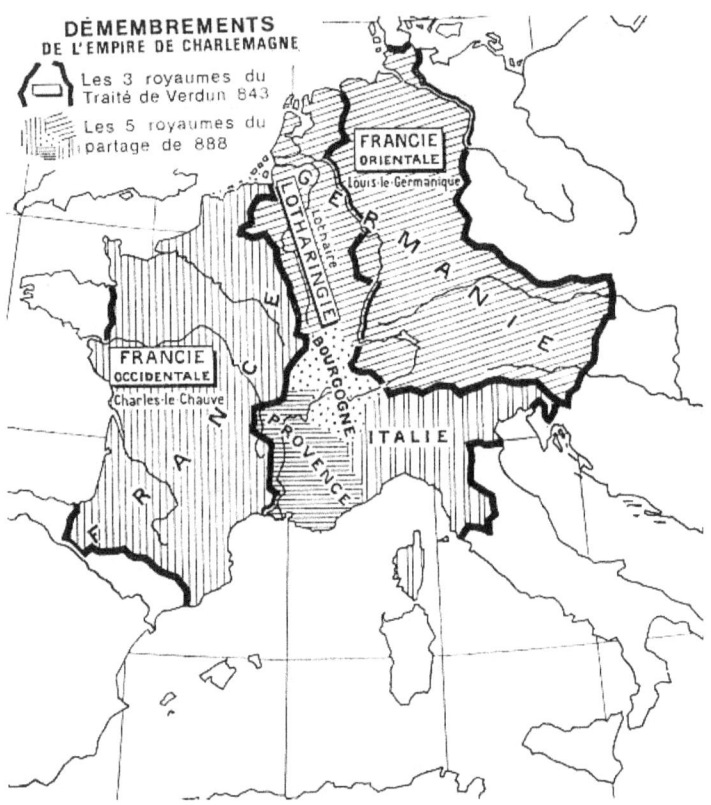

CARTE III

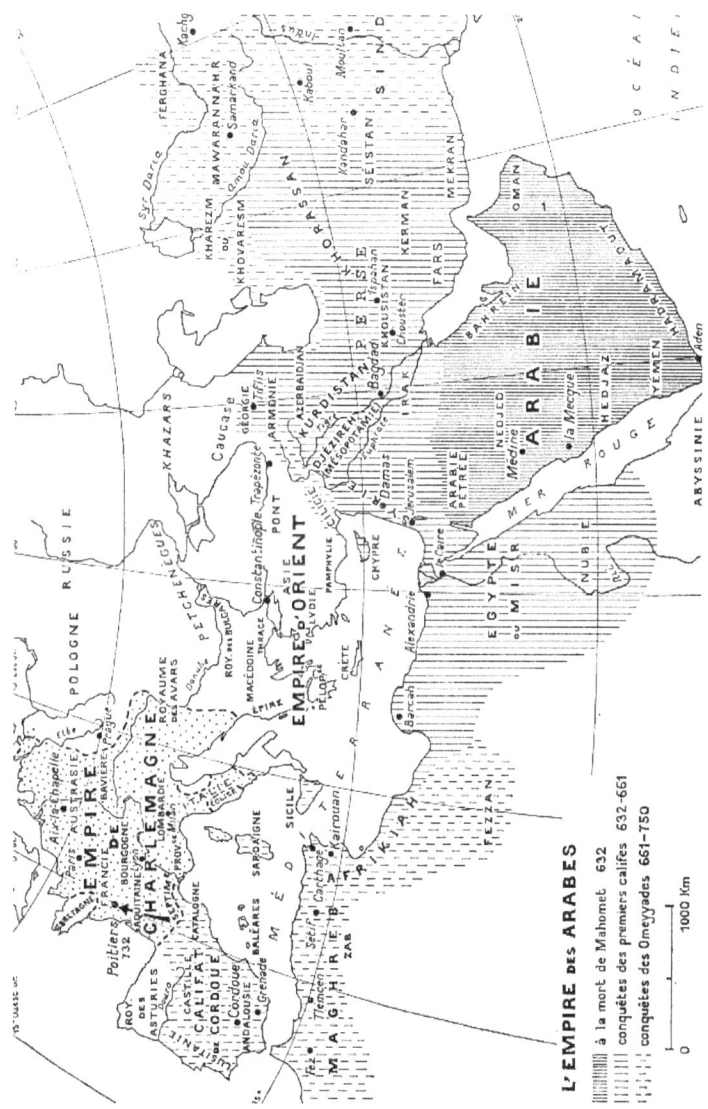

www.ingramcontent.com/pod-product-compliance
Lightning Source LLC
Chambersburg PA
CBHW050127170426
43197CB00011B/1748